チェコスロヴァキア軍団

チェコスロヴァキア軍団

ある義勇軍をめぐる世界史

林 忠行
Tadayuki Hayashi

岩波書店

プロローグ――無名戦士の墓をめぐって

シベリア出兵とチェコスロヴァキア軍団

一九一八年(大正七年)五月末、ロシアのシベリア横断鉄道沿線で四万人ほどのチェコ人、スロヴァキア人からなる義勇軍が、ソヴィエト政権に対して反乱を起こした。この反乱を契機に、ヴォルガ、ウラル、シベリア各地でロシア人の反ソヴィエト派の蜂起も始まった。八月末までには、その反ソヴィエト派の部隊とともに、この義勇軍はヴォルガ地域からシベリアまでの鉄道沿線を支配するに至った。この義勇軍が本書で述べようとする物語の主人公となる。

この四年前、一九一四年に第一次世界大戦が勃発したとき、ロシアで暮らしていたチェコ人、スロヴァキア人の移民たちがこの義勇軍を編成した。彼らのもともとの居住地は当時のオーストリア＝ハンガリー君主国にあった。移民たちはロシア帝国の支援を受けて、「チェコスロヴァキア国家」なるものの独立を目指したのである。のちに義勇軍は戦争捕虜を加えて規模を拡大し、「チェコスロヴァキア軍団」という呼び名で知られるようになった。この部隊は、大戦勃発直後から東部戦線のロシア側で、オーストリア＝ハンガリーや、その同盟者であるドイツなどの中央同盟軍と戦っていた。しかし、一九一七年のロシア十月革命でソヴィエト政権が樹立されると、同政権は一九一八年三月にブレスト＝リトフスク条約に調印し、中央同盟諸国との講和に至った。義勇軍が新国家の独立を掲げてオーストリア＝ハンガリー軍と戦うための戦場が消失したのである。そこで義勇軍は、ロシアを離れて海路でフランスに渡り、西部戦線で戦うことになった。義勇軍は駐屯地であったウクライナを離れ、ヴォルガ地方のペンザを経由して、そこから極東のウラジオストクに向けてシベリア横断鉄道で移動を始めた。混沌とした当時の情勢のなかで、他のルートでの移動は困難であると判断されたのである。そして、その途中、軍団は鉄道沿線各地でソヴィエト政権との軍事衝突に陥ったのである。

一九一八年五月末からのチェコスロヴァキア義勇軍の反乱を引き金としてロシアの内戦は本格化した。ロシアは連合国の一翼をなしていたが、ソヴィエト政権の樹立後に戦争から離脱した。また社会主義政権の成立は、資本主義世界では大きな脅威と受け取られた。その結果、連合国内ではソヴィエト政権に対する武力干渉の是非が議論されることになるが、チェコ人、スロヴァキア人の義勇軍の反乱事件によって武力干渉論は高まり、「チェコスロヴァキア軍団救出」を理由として、八月二日に日本政府はロシア極東への出兵を宣言した。その翌日には米国が同様に出兵宣言を行い、英仏などもそれに続いた。いわゆる「シベリア出兵」の開始であった。

日本政府内には、この派兵について意見の相違はあったが、出兵の背後にはロシア極東地域に対する日本の勢力拡張の意図が存在しており、「チェコスロヴァキア軍の救出」はたんなる口実にすぎなかった。いずれにせよ、当時の日本人にとってこの軍隊は、突如として目の前に姿を現した未知の存在であった。

第一次世界大戦後、義勇軍の将兵は建国間もないチェコスロヴァキア共和国に帰還し、「建国の英雄」として迎えられた。彼らの行動が、新国家建設の礎になったと見なされたからである。その歴史は新国家の「建国神話」の重要な部分となる。しかし、祖国におけるこの義勇軍に対する評価は、その後のこの地域の政治的な変遷に翻弄され、紆余曲折をたどることになる。その一端をヴィートコフの丘にある無名戦士の墓の物語で見ておこう。

現在のチェコ共和国の首都プラハの中心に位置する旧市広場から東へ二キロメートルほど行くと、ヴィートコフと呼ばれる丘の麓にたどりつく。この丘全体が緑に包まれた公園として整備されており、市民の散歩道となっている。丘を登ると、東西に延びる石造りの大きな建物が目に入ってくる。その手前側、すなわち建物の西の端には、建物を背にして大きなヤン・ジシュカの騎馬像が立ち、プラハ市街を見おろしている。ブロンズの騎馬像としてはチェコ最大のものということになっており、この像とその背後の建物はチェコスロヴァキア共和国の建国を記念するモニュメントとされている。

図 P-1　ヴィートコフのヤン・ジシュカ像(2017 年 5 月 5 日，著者撮影)

ジシュカは、一五世紀にフス派の兵たちを率いて神聖ローマ皇帝の派遣した十字軍と戦った軍人であった。一四一二年に、プラハ大学の学長で、ベツレヘム礼拝堂の説教師でもあったヤン・フスは、贖宥状（免罪符）の販売をめぐってカトリック教会を批判した。これは、マルティン・ルターの教会批判よりも一世紀ほど先行していた。フスの批判はコンスタンツの公会議で「異端」とされ、フスは一四一五年に火刑に処せられた。フスの教えを信奉する人々は一四一九年に反乱を起こした。ジシュカはフス派の軍隊を率いて、神聖ローマ皇帝のジギスムントと、その娘婿でオーストリア大公（のちに神聖ローマ皇帝）であったアルブレヒト二世が派遣した十字軍といくたびも戦い、一度も負けることがなかったといわれる。ジギスムントはルクセンブルク家の皇帝であったが、アルブレヒトはハプスブルク家の出身であった。一四二〇年にはこのヴィートコフの丘でも十字軍と戦い、勝利を収めた。ジシュカは、皇帝権力に対する「チェコ人」の抵抗を象徴する人物として、一九世紀以降のチェコ人ナショナリズムによって神話化されることになった(1)。

第一次世界大戦後、チェコスロヴァキア共和国の建国を記念するモニュメントの建設が計画された。一九二八年に工事は始まり、建国二〇周年に当たる一九三八年に記念館は完成した。しかし、同年九月のミュンヘン会談によって国家は存亡の危機を迎え、モニュメントの開館どころではなくなった。それが開館するのは、国家の解体とその後の解放をへた第二次世界大戦後のことで、ジシュカ像はようやく一九五〇年に除幕式を迎えた。このジシュカ像の立つ台座の下には石室があり、第一次世界大戦期の「ズボロフの戦い」で倒れた無名戦士の遺骨が納められることになっていた。

一九一七年七月にロシアのチェコスロヴァキア義勇軍は、ズボロフという場所でオーストリア＝ハンガリー軍と戦い、勝利を収めた。この戦いは、第一次世界大戦中のチェコ人、スロヴァキア人の独立闘争の象徴的な出来事とされたのである。第一次世界大戦後に、この戦いで倒れた兵士の遺骨がプラハに運ばれ、旧市の市庁舎のなかにある礼拝堂に納められた。そこは「建国の聖地」とされていたが、ナチスの支配下にあった一九四一年に、遺骨は廃棄されてしまった。

第二次世界大戦後にあらためて、ヴィートコフの丘のヤン・ジシュカ像の足もとの石室に、ズボロフの戦いの無名戦士の墓がおかれることになった。しかし、第二次世界大戦後のチェコスロヴァキアはソ連の勢力圏に入ることになった。ソ連はこの義勇軍を顕彰する無名戦士の墓について異議を唱えた。冒頭で述べたように、義勇軍は一九一八年五月からソヴィエト政権に対して反乱を起こし、それはロシアでの内戦の拡大と、連合国による対ソ武力干渉の引き金となった。その歴史が問題となったのである。結局、ジシュカ像の足もとの石室には、第二次世界大戦期にソ連で編成されたチェコスロヴァキア義勇軍兵士で、ドゥクラ峠の戦闘で倒れた無名戦士の遺骨が納められた。ドゥクラ峠はポーランドとスロヴァキアとのあいだの国境にある峠で、このときの義勇軍はソ連軍とともにそこでドイツ軍と戦い、勝利を収めたのであった。また、完成した建物のそれ以外の部分は共産党指導者の霊廟などとして使われることになった。

それから四〇年ほどの歳月をへて、一九八九年末に共産党体制が崩壊した。そのあとしばらくしてからこの像と建物の大規模な改修工事が行われ、二〇一〇年にそれは完了した。建物全体は新しい歴史記念館となり、ジシュカ像の足もとの石室には、ドゥクラ峠の戦いとズボロフの戦いの無名戦士の遺骨がともにならべて納められた。

チェコスロヴァキア軍団の将兵たちは、両大戦間期においては「建国の英雄」であったが、第二次世界大戦後、とくに一九四八年の共産党体制樹立後には、ソヴィエトに対する反乱を起こした「革命への敵対者」とされ、それについて語ることはタブーになってしまった。そして、一九八九年末に共産党政権が崩壊するとふたたびその歴史が見直され、国家によるその顕彰が行われることになったのである。ヴィートコフの丘の記念館と無名戦士の墓の歴史はチェコスロヴァキア軍団の評価をめぐる祖国での紆余曲折の歴史と重なっているのである(2)。

「軍団」という用語

物語を始める前に、「チェコスロヴァキア軍団」という名称について説明しておこう。この「軍団」はふたつの異なる語の訳語となっている。ひとつは、陸軍における部隊編成上の用語で、「軍団」は複数の師団からなる部隊を意味し、数万規模の部隊である。その上位には複数の軍団からなる「軍」という単位がおかれている。欧州では、一九世紀はじめにナポレオン軍においてこの「軍団」という単位が使われるようになったが、旧日本陸軍ではこの単位は用いられず、師団の上位には直接、「軍」という単位がおかれていた。ロシアで反乱を起こしたときの義勇軍は、二個師団からなる「軍団」であり、日本を含む各国でこの義勇軍について報じられたときには、この意味で「軍団」であった。

もうひとつの「軍団」はフランスで組織された義勇軍の名称に由来する。第一次世界大戦期にチェコ系、スロヴァキア系の移民や捕虜からなる部隊はフランスでも編成されたが、一九一七年末以降、その部隊のフランス語での名称は「レジョン・チェコスロヴァク」(Légions tchécoslovaques)であった。フランス語の「レジョン」という語は、外国人からなる部隊、いわゆる「外人部隊」で使われたが、もともとは古代ローマの歩兵部隊の単位であった「レギオ」(legio)に由来する語で、この語も「軍団」

と訳される。独立後のチェコスロヴァキアでは、フランス語の「レジョン」に対応するチェコ語の「レギエ」(legie)という語が第一次世界大戦期のロシアを含む国外のすべての義勇軍の総称として一般に使われるようになったのである。ここでは、この「レギエ」も「軍団」という訳語をあてることにする。

正確には、前者の「軍団」は一九一七年夏以降のロシアでの呼称であり、後者の「軍団」は一九一八年初頭からのすべての国外の義勇軍の呼称ということになるが、後者の「軍団」はそれ以前の義勇軍も含めて使われることが多い。ここでも、両方の意味での「軍団」という呼称を適宜、使うことにする。

ここで、第一次世界大戦の両陣営の呼び名についても簡単に説明しておこう。大戦が勃発したとき、英仏露三国は「三国協商」(Triple Entente)と呼ばれていた。その後に、日本、イタリア、ルーマニアなどがそこに加わり、一般には同盟諸国(Allied Powers もしくは Allies)と呼ばれるようになった。さらに一九一七年に米国が参戦したが、米国は他の諸国とは同盟関係にはないという立場をとり、自らは「連合国」(Associated Power)であるとした。その結果、米国を加えたこの陣営の総称は「同盟および連合諸国」(Allied and Associated Powers)となった。それらの総称として、英語の文献では「同盟諸国」(Allies)が用いられるが、日本語では「連合国」と呼ばれることが多い。ここでは「同盟諸国」を米国参戦前後にかかわりなく、「協商側諸国」と呼び、米国を含む場合は「連合国」を用いることにする。また、独墺伊三国は「三国同盟」と呼ばれていたが、イタリアは協商国側で参戦した。その後、この陣営にはオスマン帝国とブルガリアが加わり、「中央諸国」(Central Powers)と呼ばれるようになるが、日本語では「中央同盟（諸国」と呼ばれることも多い。ここでもこれらの諸国全体の呼称としては「中央同盟諸国」を使うことにする。(3)

図 P–2　第一次世界大戦期の欧州（有賀貞『国際関係史――16 世紀から 1945 年まで』東京大学出版会，2010 年，218 頁）

旧著との関係

ここで旧著との関係についても述べておく必要があろう。私は一九九三年に『中欧の分裂と統合――マサリクとチェコスロヴァキア建国』（中公新書）という本を出版している。この本は、チェコスロヴァキアの初代大統領となるトマーシュ・マサリクの生涯をたどりつつ、チェコスロヴァキアの建国へと至る歴史を述べることを目的としていた。そのため、旧著の後半部分が扱っている内容は、本書の主題と重なる。しかし、旧著はマサリクの伝記というかたちをとっており、マサリクの思想や行動をとおして一九世紀後半からチェコスロヴァキア独立に至る歴史を見ようとしている。それに対して、本書は、チェコスロヴァキア軍団という義勇軍とそれを構成した人々を物語の中心においている。四半世紀前に旧著を執筆したときには見えていなかったこの人々の姿をとおして、チェコスロヴァキア建国の歴史を見直したいというのが本書執筆の動機である。

[注]

（1）南塚信吾編『新版世界各国史19 ドナウ・ヨーロッパ史』山川出版社、一九九九年、第二章を参照。

（2）ヴィートコフの丘の記念館については、国民博物館のパンフレットであるNárodní museum, *Národní památník na Vítkově*(n.d.)を参照。また、ズボロフの戦いの「記憶」については、次も参照。Nancy M. Wingfield, "The Battle of Zborov and the Politics of Commemoration in Czechoslovakia," *East European Politics and Societies: and Cultures*, 17-4(2003), 654-681.

（3）ここでの用法とは異なるが、牧野雅彦『ヴェルサイユ条約――マックス・ウェーバーとドイツの講和』二〇〇九年、中公新書、の巻頭凡例も参照。

目　次

序 章

「祖国」のかたち

—その土地と住民—

聖ヴァーツラフの王冠(Wikimedia Commons, CrownBohemia2.jpg)

一　「世界戦争」と「世界革命」のなかの義勇軍

独立運動の空間

ここで目指しているのは、チェコスロヴァキア軍団と呼ばれた義勇軍の歴史を視野の中心におきつつ、チェコスロヴァキア国家（一九一八―九二年）の形成の歴史をたどることにある。軍団は、第一次世界大戦期に国外で展開されたチェコスロヴァキア独立運動の一部であり、その歴史は世界大戦全体の推移や連合国の戦時外交、ロシアでの革命や内戦などと複雑に絡んでいた。さらに、チェコ系、スロヴァキア系の亡命政治家たちや移民たちによる協商国側での独立運動と、国内にとどまった政党政治家たちとの関係や、それら全体を規定していたオーストリア＝ハンガリーの内外政なども視野に入れる必要がある。あえていえば、この大戦で動員された世界中の膨大な数の兵士たち全体から見ると、ほんの一握りの数にすぎないこの義勇兵たちの行動を追いながら、それが世界戦争の総体とどのように連動していたのかを見ることになる。義勇軍の歴史とチェコスロヴァキア国家の形成過程を、世界史という文脈のなかで、できるだけグローバルな空間で見てみようというのが、ここでの試みである。

いうまでもなく、独立に先立つ歴史のなかには、チェコ人やスロヴァキア人がつくりあげたナショナリズムの展開があった。このナショナリズムの展開がその後の独立に単線的につながるという理解はすべきでないが、それなくして独立はなかった。しかし、第一次世界大戦やロシア革命による国際環境の急激な変化と、それに沿って展開された国外の独立運動がなければ、そして国外、とりわけロシアで編成された義勇軍の存在がなければ、そのナショナリズムの帰結は異なるものになっていた。ひいては、第一次世界大戦後の東欧の国際関係も別なかたちのものとなっていたはずである。独立当時の人口で一三六一万人の小国の誕生は、そうした意味で総体としての世界戦争の帰結のひとつであった。

第一次世界大戦は国家間の戦争として始まった。そこでは様々なレベルでの覇権や国益をめぐる闘争が展開された。戦争目的とされたものは、同じ陣営で戦う諸国のあいだでもしばしば矛盾していた。またそれ以上に、交戦諸国が内包していた複合性が大戦の性格をより複雑なものとしていた。そもそも、オーストリア＝ハンガリーがセルビアに宣戦を布告したのは、国内の南スラヴ系の人々の存在を強く意識した行動であった。セルビアのバルカン地域での影響力の拡大が国内の南スラヴ系住民のナショナリズムを高揚させることを恐れていたのである。このように交戦諸国は、その内部に自立や独立を志向する地域とその住民を抱え、また植民地というかたちで外部に従属地域をもっていた。それらの地域の人々は様々なかたちで戦争に動員されたが、その結果として、それまでは考えられなかったような自立や独立の可能性を戦争に見いだすことになった。また、大戦はそれらの人々のあいだでの対立や、内部での闘争をも引き起こすことになった。チェコスロヴァキアとは異なる展開ではあったが、たとえば連合王国（イギリス）のなかにいたアイルランド人の事例もそのひとつといえる(1)。

一九一八年五月からの軍団の反乱は、これまではおもに対ソヴィエト干渉戦争史の文脈で捉えられてきた。日本でも、細谷千博の『シベリア出兵の史的研究』（一九五五年）や原暉之の『シベリア出兵』

（一九八九年）がこの話題を扱っている。他方、私は、チェコスロヴァキア史や東欧国際関係史という文脈で、チェコスロヴァキア独立運動や軍団に関していくどか論文を発表している。しかし、ロシア革命とその後の内戦、そして対ソヴィエト干渉戦争と接合してこの主題を語るということは十分にはできていなかった。しかし、英語圏でこの問題に関心をもつ研究者たち——そのなかには複数のチェコ系の研究者も含まれる——のいくつかの研究によって、対ソ干渉戦争史とハプスブルク君主国史の二つの領域での問題が接合され、それ以前と比べるとかなり見通しがよくなった。それらを手がかりにして、私なりの二つの分野にまたがる物語を、できるだけ簡潔なかたちで読者に伝えるということがここでの目的となる。少なくとも日本語の世界では、ロシア史や対ソヴィエト干渉戦争史という領域でも、またハプスブルク君主国史においても、チェコスロヴァキア軍団は歴史の舞台に前ぶれもなく突然現れ、短い期間で視野から消える不思議な存在であり、またチェコスロヴァキア史という文脈では、ヴィートコフの記念館の話でも述べたように、肯定と否定の二つの神話に包まれ、その位置づけがなお定まっていないということになる。

あえていえば、本書は、この義勇軍の物語を補助線にして、ロシア革命史と内戦史、ハプスブルク君主国の解体とその領域の国際関係の再編という複数の大きな物語が、世界大戦によってどのようにつながっていたのかを考えてみようとするものである。

国際内戦

現代紛争の特質のひとつは、それが内戦というかたちをとることにある。協商側諸国で組織されたチェコ人、スロヴァキア人の義勇軍が、東部戦線やイタリア戦線でオーストリア＝ハンガリー軍のドイツ系やハンガリー系の兵士と戦ったとき、それは理念的には複合国家という枠のなかでの内戦であった。しかも、オーストリア＝ハンガリー軍のなかにはチェコ系、スロヴァキア系兵士たちが含まれ、義勇軍はそれらの同胞たちとも銃火を交わした。したがって、その戦いはチェコ人、スロヴァキア人のなかでの内戦でもあった。そうした事態はポーランド人、ウクライナ人、南スラヴ人たちもそれぞれのかたちで経験した。

また、十月革命につづいてロシアで戦われた内戦は、ソヴィエト政権とそれに対抗する反ソヴィエト派の諸勢力とのあいだの体制選択をめぐる内戦であったが、ロシア国家自身が複合性の高い国家であったため、内戦はロシア人以外の様々な人々を巻き込むことになった。すでに述べたように、一九一八年五月末からのチェコスロヴァキア軍団の反乱が、その内戦の引き金となった。軍団はソヴィエト側の赤軍と戦うことになったが、その赤軍のなかにはチェコ系、スロヴァキア系を含むオーストリア＝ハンガリー軍捕虜出身の兵士たちがいた。したがって、チェコスロヴァキア義勇軍はもうひとつの内戦をロシアという土地で戦ったのである。このようなかたちでロシアでの内戦ははじめから「国際化」していた。さらに、この内戦に対して連合国は武力干渉に踏み切り、戦争はさらにグローバルなレベルで国際化した。内戦の国際化が現代紛争の特徴であるとするなら、このロシアでの内戦はまさに現代紛争の幕開けを告げるものであった。

二〇世紀という時代は、残念なことではあるが、世界戦争と内戦の時代であった。その内戦はナショナリズムを原因とするものもあれば、体制選択をめぐるものもあり、またその両者を含むものもあったが、ここで述べるチェコスロヴァキア軍団の物語は、世界戦争が内包していた数多くの内戦のひとつといえる。またそれは、連合国側に与《くみ》することで新国家の独立に至る「成功談」の典型ともいえる。国外の独立運動を指導したマサリクが大戦後に著わした大戦回顧録のタイトルは『世界革命』であった。「世界革命」は赤軍の創始者であるレフ・トロツキーの主張とともに記憶されているが、その赤軍と戦っていたチェコスロヴァキア軍団を政治面で指導していたマサリクもまた、自らの闘争を「世界革命」ととらえていたのである。

本書の構成について

本書の構成について述べておこう。

序章の残りの部分では、本書を読むうえで前提となるいくつかの基礎知識を整理しておこう。独立運動の目的とされた「チェコ」と「スロヴァキア」という土地とその住民、およびそれを含むハプスブルク君主国の土地と住民についてごく簡単に整理し、また、チェコ人とスロヴァキア人のナショナリズムの展開に関しても簡潔に述べておきたい。

第1章「義勇兵たち」では、ロシアでの義勇軍の編成と、その兵士たちの姿を紹介し、初期の戦場での彼らの行動をたどることにする。また、ロシア以外の土地で編成されたチェコ人、スロヴァキア人の義勇軍についても紹介する。さらに、ロシアで編成された様々な義勇軍の一例として、セルビア人たちの義勇軍についても少しだけ触れておくことにする。

第2章「独立運動　一九一四―一六年」では、一九一六年末までの時期の軍団を取り巻く国内外の政治を扱う。まず、ボヘミア諸邦での国内政治の動きを眺め、とくにその後の独立運動にとって重要な意味をもっていたカレル・クラマーシュの「スラヴ帝国論」を紹介し、それとの関連で、西欧でのトマーシュ・マサリクの独立運動についても整理しておこう。また、それらとの関わりを意識しながらロシアと米国のチェコ系、スロヴァキア系の移民組織の動きをたどることにする。

第3章「ロシア革命と軍団　一九一七年」では、大戦の大きな転換となる一九一七年という時期を扱う。ロシア二月革命が独立運動と義勇軍に与えた影響を確認し、のちに神話化される「ズボロフの戦い」の様子を眺め、それによって、東部戦線での戦争の姿の一端を紹介することにしたい。さらに、ロシア十月革命後に、軍団が西部戦線へと戦いの場を移すべく、東方への移動を開始する経緯を説明する。またこの時期に、西欧での独立運動は停滞することになるが、その過程を連合国の動きと重ねて見たうえで、それらと合わせつつ国内の動向を眺めることにしたい。

第4章「反乱　一九一八年」では、一九一八年五月末の軍団の反乱へと至る過程をたどり、また反乱の具体的な姿を少し詳しく紹介する。またロシア内戦の展開のなかでの軍団の立ち位置を見ることにしたい。

第5章「干渉戦争と新国家の独立」では、軍団の反乱という事態を踏まえつつ、連合国の対ソ干渉政策の展開をたどり、さらにそれと並行して進んだ連合国の対ハプスブルク君主国政策の転換とその性格を検討する。そしてチェコスロヴァキア国家の独立と国家形成の過程をたどる。

終章「独立後の軍団」では、新国家独立後もロシアに残った軍団の行動をたどり、パリ平和会議の場での「ロシア問題」についての議論を軍団の存在と重ねながら紹介し、軍団と日本軍との関係に触れたのちに、まとめとして、新国家が抱えた課題を述べることにする。
最後の「エピローグ」では、新共和国における軍団員たちのその後をたどって、この物語を閉じることにしたい。

二　新国家の空間と住民

ボヘミア諸邦

本書では、紙幅の制約もあるため、国内の政治動向については最小限の言及にとどめることにしたい。国外での義勇軍の歴史とそれを取り巻く国際環境の変化の過程が、検討のおもな対象となるからである。とはいえ、国外の独立運動が目指していた新国家の地理的な範囲や、そこに住む人々について一応の説明をしておかなくてはならない。それは、国外での独立運動や義勇軍の歴史を理解するための大前提だからである。

一九九二年末日をもって、チェコスロヴァキアという国家――その時点での正式名称は「チェコおよびスロヴァキア連邦共和国」であった――は解消され、チェコ共和国とスロヴァキア共和国に分かれた。第一次世界大戦後に独立するチェコスロヴァキア共和国の領土は、現在のチェコ共和国とスロヴァキア共和国の領土と重なるが、正確にはその東方に位置する土地を含んでいた。チェコ語ではポトカルパツカー・ルスと呼ばれ、第二次世界大戦後にソ連領となり、現在はウクライナ領のザカルパッチャ州となっている。ここではとりあえずこの土地については除いて、現在のチェコ共和国とスロヴァキア共和国の領土と重なる土地およびその住民たちの歴史と、それを包含するハプスブルク君主国の歴史を必要な範囲でごく簡単に整理しておこう。

現在のチェコ共和国の領土は、歴史的には英語でボヘミア、モラヴィア、シレジアと呼ばれるかつての領邦からなっている。中世に成立した神聖ローマ帝国の版図は、おおよそのところで現在のドイツ、オーストリア、チェコ、それにイタリアの一部などと重なる。この帝国は数多くの領邦国家と呼ばれる地方の統治単位で構成されていた。ボヘミア、モラヴィア、シレジアはこの領邦国家であった。ボヘミアという英語の地名に対応するドイツ語はベーメン、チェコ語ではチェヒとなる。ヴルタヴァ川(ドイツ語ではモルダウ川)の流域と、それが合流するラベ川(ドイツ語ではエルベ川)の上流域からなるボヘミアという土地は、一三世紀以降に王国となった。邦語の歴史書では「チェコ王国」ないし「ベーメン王国」という表記も見られるが、ここでは「ボヘミア王国」を使うことにする。

このボヘミア王国は、隣接するシレジア(ポーランド語ではシロンスク、ドイツ語ではシュレージエン、チェコ語ではスレスコ)公国や、辺境伯領であったモラヴィア(ドイツ語ではメーレン、チェコ語ではモラヴァ)だけでなく、現在はドイツ領となっている上・下ルサティア(ドイツ語ではラウジッツ、チェコ語ではルジツェ)などの諸邦を自らの王冠の従属下においていた。これらの諸邦は、ボヘミア王国の王冠、すなわち聖ヴァーツラフの王冠のもとにあるという意味で「聖ヴァーツラフ王冠の諸邦」と呼ばれる。邦語文献では「チェコ王冠の諸邦」とか「ボヘミア王冠の諸邦」とも呼ばれるが、ここでは「ボヘミア諸邦」と呼ぶことにする。このボヘミア諸邦という領邦の結合が生まれたのは一四世紀のことであったが、その範囲が現在のチェコ共和国の領土と重なるようになるまでには、かなり長い歴史の変遷があった。

ハプスブルク君主国

このボヘミア諸邦は一五二六年にハプスブルク家の統治下におかれた。この年に、ハンガリー王であったラヨシュ二世はオスマン帝国軍をモハーチで迎え撃ったが、ハンガリー軍は戦いに敗れ、王は戦死した。ちなみに、ラヨシュはハンガリー語での呼び方で、同じ名前はドイツ語ではルートヴィヒ、チェコ語ではルドヴィークとなる。モハーチは、現在の地図で見ると、ハンガリー、セルビア、クロアチアの国境が交わる位置から少しハンガリー領に入ったところにある。ポーランド系のヤゲヴォ家の出身であるラヨシュ二世はボヘミア王でもあった。彼には世継ぎがなく、両王国の王位は、王の姉の夫でかつ妻の兄でもあったハプスブルク家のオーストリア大公、フェルディナント一世が相続することになった。こうして、ハプスブルク家はそれまでの家領であるオーストリア諸邦に加えて、ハンガリー王国領とボヘミア諸邦をその統治下におくことになった。また、フェルディナントはのちに神聖ローマ帝国の皇帝位を継ぐことになる。ただし、この時期に続いていたオスマン帝国との戦いの過程で、ハンガリー王国領のかなりの部分はオスマン帝国に占領されることになる。ハプスブルク家がそれを回復するのは、一六九九年のカルロヴィッツの和約まで待たねばならなかった。ちなみに、ハンガリー王国は神聖ローマ帝国の範囲の外側にあり、したがってハプスブルク家の家領であった地域は、神聖ローマ帝国の内と外にまたがっていた。

このようにして、ボヘミア諸邦はハプスブルク家のもとにおかれたが、フス派の伝統を引き継ぐボヘミアでは、プロテスタント派が優勢であった。当初はハプスブルク家もプロテスタント系の諸宗派を容認していたが、一七世紀にはいるとドイツにおけるプロテスタント同盟とカトリック連盟の対立の影響で、ボヘミア諸邦でも緊張が高まった。また、カトリック教会による対抗宗教改革の熱心な支持者であるハプスブルク家のフェルディナント二世が、一六一七年に王位継承者となったことで、ボヘミアのプロテスタント派は危機感を募らせ、一六一八年にプロテスタント派貴族たちは反乱を起こした。この反乱が引き金となって、欧州全体を覆う三十年戦争が始まったのである。ボヘミアのプロテスタント派は一六二〇年にプラハ近郊のビーラー・ホラで、カトリック派の皇帝軍を迎え撃ったが、短時間の戦いで敗れた。

図 I-1　16世紀半ばのボヘミア諸邦(Hledíková et al., 2005, pp. 498-499)

その後の対抗宗教改革の過程で、ボヘミアのカトリック化が進められた。プロテスタント貴族たちはボヘミアから追放され、その領地は外から入ってきたカトリック派の軍人や貴族たちに分配された。この敗北以降、ボヘミア諸邦は、それまで保持してきた政治的自立性をしだいに失っていくことになる。また、一六三五年に上・下ルサティアがザクセン領となり、ボヘミア諸邦から離れた。一六四八年のウエストファリア条約によって三十年戦争は終結した。この条約によって、ドイツの多くの領邦は主権国家として独立性を高めることになる。しかし、緒戦で敗北したボヘミア諸邦はその自立性を弱め、ハプスブルク家への従属を深めることになったのである。

二重君主国体制

ハプスブルク君主国のその後についても見ておこう。一七四〇年にマリア・テレジアがハプスブルク家の所領を継承した。それを契機にオーストリア継承戦争が始まり、同戦争は一七四八年のアーヘンの和約で終結した。ちなみに、マリア・テレジアの即位以降は「ハプスブルク＝ロートリンゲン」が正式な家名となるが、ここでは以下でも「ハプスブルク」を使う。この戦争後もハプスブルク家は、その所領の多くと神聖ローマ皇帝位を維持することはできたが、それとの引き換えにプロイセンによって奪われたシレジアの大半は、ごく一部の地域を除いて失われた。シレジアでボヘミア諸邦に残された部分は「オーストリア・シレジア」と呼ばれ、一部の修正はあったが、現在はチェコ共和国領となっている。なお、このときにプロイセン領となったシレジアの大部分は第二次世界大戦後にポーランド領となった。

ハプスブルク家の君主のもとにあった諸邦は、当初においては同じ君主を戴くという意味で「同君連合」と呼ばれる複合国家であったが、それをまとめて呼ぶ正式な名称はなかった。ハプスブルク家は神聖ローマ皇帝位を継承していたが、ハプスブルク家の所領は神聖ローマ帝国の一部にすぎず、また同家の所領は、神聖ローマ帝国の外にあったハンガリー王国領などを含んでいた。ナポレオン戦争期の一八〇四年にハプスブルク家のフランツ二世は「オーストリア皇帝」として戴冠し、その所領を

「オーストリア帝国」と呼ぶこととした。また、一八〇六年には実質的な意味を失っていた神聖ローマ帝国を正式に廃止した。

そのオーストリア帝国は一八四八年革命の騒乱を経たのち、一八六六年のプロイセンとの戦争（普墺戦争）に敗れた。この敗戦の結果生じた内政の危機に対応するため、その翌年に、オーストリアとハンガリーのあいだでのアウスグライヒ（妥協）によって、二重君主国体制が生まれた。両者の境界とされたライタ川を挟んで、ハプスブルク家の統治下にあった領邦群はウィーンの統治する「ツィスライタニア」（ライタ川のこちら側）とブダペストの統治する「トランスライタニア」（ライタ川の向こう側）とに分かれ、それぞれに議会と政府がおかれた。ここでは前者を「オーストリア側」、後者を「ハンガリー側」と呼ぶことにする。また、その両者の共通事項とされた

図 I-2 1914年のオーストリア＝ハンガリー（Wikimedia Commons, File: Austro-Hungary 1914.jpg をもとに加筆修正）

外交と軍事およびそれに必要な財務を担当する共通政府がおかれた。ちなみに、ボヘミア諸邦はオーストリア側にあり、スロヴァキアはハンガリー側に位置した。

この国家は正式には「帝国議会に代表される諸王国および諸邦ならびにハンガリーの聖イシュトヴァーン王冠の諸邦」ということになる。このオーストリア側とハンガリー側にはそれぞれの議会と政府がおかれた。なお、オーストリア側の議会は「帝国議会」と呼ばれていた。その君主は「皇帝にして国王」である一人の人物、すなわちフランツ・ヨーゼフ一世であった。この国家の一六世紀からの歴史をたどるときには、その内部での複合的な性格にもとづいて「ハプスブルク帝国」と呼ばれるが、その統治形態の変遷を意識して「ハプスブルク君主国」(Habsburg Monarchy)と呼ばれることも多い。以下では一八六七年のアウスグライヒ以降のこの複合国家全体を呼ぶときにはオーストリア＝ハンガリーとするが、たんに「君主国」ないし「二重君主国」という表現も適宜、使う。また、アウスグライヒ以前の時代を含むときには「ハプスブルク君主国」という名称も使うことにする。

君主国の言語

第一次世界大戦勃発直前のオーストリア＝ハンガリーは、言語で見るときわめて複雑な複合国家となっていた。ドイツ語使用者とハンガリー語使用者が多数を占めていたとはいえ、両者をあわせても過半数にとどかなかった。それ以外に、西スラヴ語群に属するポーランド語、チェコ語、スロヴァキア語の話者や、東スラヴ語群のウクライナ語、ルシーン語の話者、さらには南スラヴ語群のセルビア語、クロアチア語、スロヴェニア語の話者が含まれ、加えてロマンス諸語に属するイタリア語およびルーマニア語の話者もいた。また、イディシュを使うユダヤ系の人々も各地に住んでいた。なお、ルシーン語はウクライナ語に近い言語で、その方言と見なされることもある。また、以下で「南スラヴ系」とか「南スラヴ人」と呼ぶときは、南スラヴ語群の話者たちを指すことにする。

オーストリア側のガリツィアにはポーランド語とウクライナ語の話者が住んでおり、またユダヤ系の住民も数多く居住し、それと隣接するブコヴィナにはルシーン語、ルーマニア語、ドイツ語などの話者がいた。南スラヴ語群の諸語の話者たちは、大戦後にユーゴスラヴィア領となる諸地域、クロアチア、ダルマツィア、スロヴェニア、ボスニア・ヘルツェゴヴィナなどに居住していた。ちなみに、クロアチアはハンガリー側、ダルマツィアとスロヴェニアはオーストリア側、ボスニア・ヘルツェゴヴィナは共通政府の直轄地とされていた。またルーマニア語話者はハンガリー王国領の東部に住み、イタリア語話者たちは南チロルの人々ということであった。なお、「ユーゴスラヴィア」という地名

表 I-1 オーストリア＝ハンガリーの地域別人口構成，1910 年

地　域	人口(万人)
オーストリア側	2,857
ハンガリー側	2,089
ボスニア・ヘルツェゴヴィナ	193
合　計	5,139

表 I-2 オーストリア＝ハンガリーの言語別人口構成，1910 年

言　語	割合(%)
ドイツ語	23.9
ハンガリー語	20.2
チェコ語	12.6
セルビア語・クロアチア語	10.3
ポーランド語	10.0
ウクライナ語・ルシーン語	7.9
ルーマニア語	6.4
スロヴァキア語	3.8
スロヴェニア語	2.6
イタリア語	2.0

(Kann, 1974, pp. 605-608 の数値を一部修正して作成)

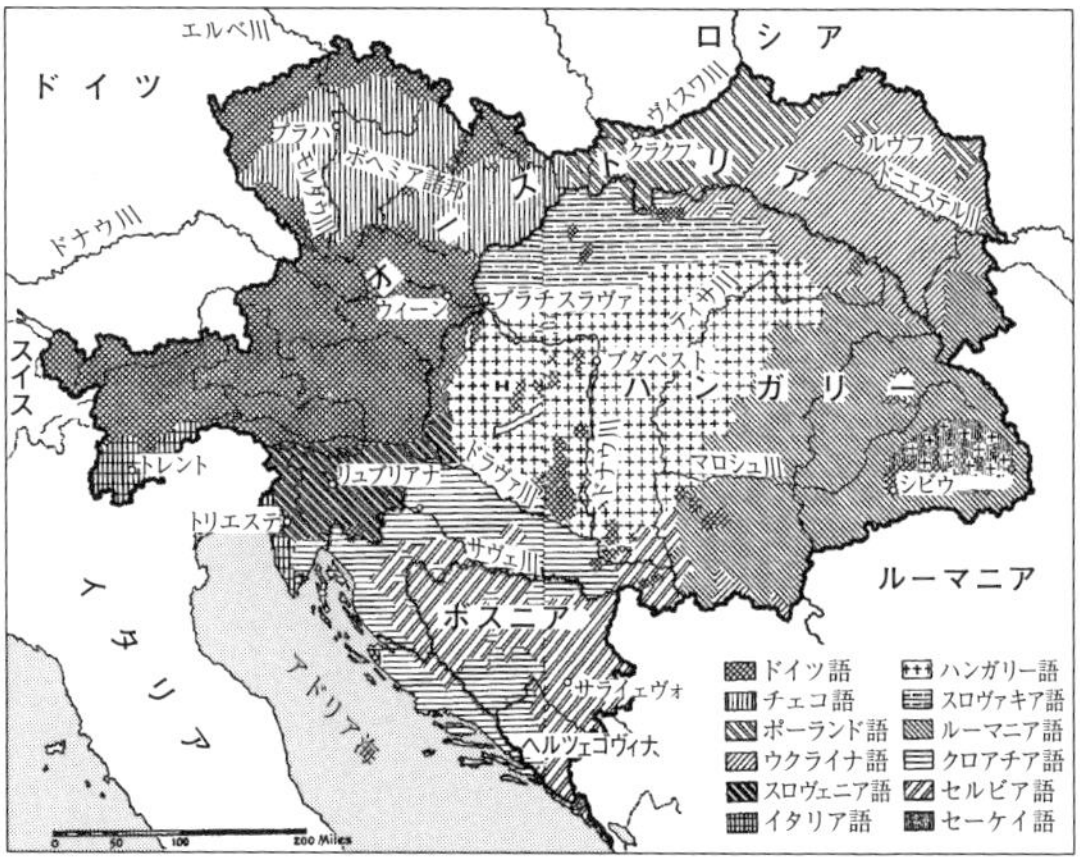

図 I-3 オーストリア＝ハンガリーの言語分布図(Kann, 1974, App. Map-3 をもとに加筆修正)
なお，この地図では，ルシーン語はウクライナ語に加えられている．セーケイ語は，トランシルヴァニアのハンガリー語系の言語．

は、「南スラヴ人の土地」という意味である。

一九一〇年の国勢調査にもとづくオーストリア側、ハンガリー側、ボスニア・ヘルツェゴヴィナの人口は**表I-1**のとおりであった。また**表I-2**は、君主国全体での言語別人口構成を示している。ただし、このときの調査は、オーストリア側とハンガリー側で調査方法が異なるなどの問題がある。したがって、おおよその目安としてこの数字を見てほしい。

オーストリア＝ハンガリーは第一次世界大戦において、言語で見るときわめて多様な臣民を抱えながら、スラヴ系国家であるロシア帝国やセルビア王国を敵として戦い、また一九一五年からはイタリア、一九一六年からはルーマニアとも戦うことになったのである。(2)

二重君主国体制下でのボヘミア経済

二重君主国体制が採用されたのち、しばらくのあいだは経済の拡張が見られた。とくに、その時期には鉄道網の整備が進み、君主国内経済の統合が進んだ。(3) 一八七三年に株価の大暴落が起き、そこから不況期に入るが、一八八〇年代には再度、経済の拡張期に入った。大戦直前で見ると、君主国の経済は、その規模ではロシア、ドイツ、英国に次ぎ、フランスと同規模の水準にあった。ただし、一人あたりの生産額で見ると、君主国経済は西欧諸国の水準に達してはいなかったし、国内での格差もきわめて大きかった。

大戦前の君主国経済の成長を牽引したのはボヘミアでの経済成長であった。一八八〇年にボヘミア諸邦はオーストリア側での工業生産の六三・八パーセントを占め、君主国最大の工業地帯となりつつあった。従来からの伝統産業であるガラスや織物業などに加え、製鉄や機械工業がボヘミアの鉄鋼石や石炭などの地下資源に支えられて成長した。ただし、それらはおもにウィーンを拠点とする資本によるものであり、チェコ系の資本がそこに占める割合は大きなものではなかった。しかし、チェコ系の産業資本も、たとえば農業を基盤とする製糖、食品産業、農機具生産などの分野で成長が見られ、自動車製造ではラウリン&クレメント社のように、ドイツの競争相手と対抗する企業も出現していた。このようなチェコ系の資本の成長はチェコ人のナショナリズムの成長を促進する要因となっていた。

ボヘミアのプルゼニ(ドイツ語ではピルゼン)に立地していた複合企業であるシュコダ社についても言及しておこう。同社は、もともとはボヘミアの貴族であったヴァルトシュテイン家が創業したが、それをエミル・シュコダという技術者が買収し、急成長をとげた。各種の機械生産を行ったが、とくに武器製造で知られ、その機関銃は世界的にも有名になった。第一次世界大戦後に、同社はラウリン&クレメント社を買収し、それは同社傘下のシュコダ自動車となった。第二次世界大戦後に同社は国有化されたが、共産党体制崩壊後の私有化の過程でシュコダ自動車はドイツのフォルクスワーゲン・グループの傘下に入って今日に至っている。ちなみに、名前から見て、エミル・シュコダはチェコ人の家系の出身であるが、その生活はドイツ語とドイツ文化のなかにいたようである。一九〇〇年に死亡しているが、その墓碑銘はドイツ語名(Emil Ritter von Skoda)で記されている。チェコ系の家系に生まれても、おかれた環境によって、ドイツ語文化のなかで暮らすようになる例は、この時代にはとくに珍しいことではなかった。

いずれにせよロシアの義勇軍は、一九一八年に反乱を起こしたのち、自ら鉄道の運行を行い、機関車などを修理し、また一時期は鉱山や様々な工場で生産を行うことになる。それが可能であったのは、チェコ系の将兵たちのなかには、技師や工場労働者として高い水準の技術をもっていた者が多かったことによる。

三　ナショナリズムの展開

チェコ人ナショナリズム

ボヘミア諸邦では、チェコ語使用者とドイツ語使用者が共存していた。チェコ語は、ポーランド語やスロヴァキア語と同系統の西スラヴ語群に属する言語で、ボヘミア諸邦ではこの言語を母語とする人々が多数派を占めていた。しかし、ボヘミア諸邦のなかでドイツ帝国やオーストリア諸邦と接する帯状の地域では、ドイツ語使用者が多数を占めていた(**図I-3**を参照)。一九一〇年の調査では、ボヘミア諸邦でのチェコ語使用者は約六二パーセント、ドイツ語使用者は約三六パーセントであった。ドイツ語使用者がおもに居住する地域は、大戦後の新共和国において「ズデーテン地方」と呼ばれるようになる。このドイツ語使用者たちは一二世紀からの東方植民によって西方からボヘミアやモラヴィアへと入植した人々の子孫ということになる。農業、鉱業、冶金などの優れた技術をもつこれらの人々をボヘミアの君主や貴族たちが招き入れ、その後のボヘミア経済の興隆の基礎を築いたのである。また、チェコ語使用者が多数を占める地域のなかにある都市においても、ドイツ語使用者が数多く居住することになった。

ハプスブルク君主国のもとにおかれたボヘミア諸邦では、チェコ語話者が多数を占めていた。一六二〇年のビーラー・ホラの戦いののち、ボヘミアではチェコ語とならんで、ドイツ語も公用語とされ、その後の長い歴史の過程で、しだいに、貴族、聖職者、都市の上層市民などのなかでは、ドイツ語とドイツ語文化が優位を占め、チェコ語はドイツ語と同等の言語とはみなされなくなっていった。しかし、一八世紀後半以降、チェコ語やそれを基礎とするチェコ語文化の価値を見いだし、それを「再生」しようとする知識人たちの運動が、地方分権を維持したいボヘミアの貴族の支援を受けて育ち始めた。その人々の活動はしだいに裾野を広げて文化的なチェコ人のナショナリズムへと展開し、一九世紀後半に至ると、チェコ人のナショナリズム運動は大衆への支持基盤をひろげることを目指すようになる。運動の目標は、チェコ人の「国民社会」の形成におかれた。また政治運動の目標としては、ボヘミア諸邦の「歴史的権利」に依拠しつつ、自治の獲得におかれた。また、チェコ語がドイツ語と同様に公用語の地位を回復することなどもその目標とされた。(4)

一九世紀末までにボヘミア諸邦では、ドイツ語とチェコ語それぞれの公共圏が生まれた。人々はチェコ語もしくはドイツ語のどちらかの学校に通い、どちらかの新聞や雑誌を購読し、それぞれのクラブでの社交に参加するようになったのである。チェコ語使用者とドイツ語使用者のそれぞれのナショナリストたちのあいだの対立はしだいに厳しさを増し、第一次世界大戦期にその対立はさらに深まることになる。

とはいえ、このようなかたちで「国民社会」形成に向かうナショナリズムの展開を単線的な発展とみなす歴史観や、ナショナリズムの展開で生じた社会の分断を強調しすぎることについては批判もある。異なる言語を基礎とするふたつのナショナリズム運動が対立を深めるなかで、その狭間にあって自らの位置を見いだせない人々、そのときどきで両者のあいだを揺れ動く人々、その対立に無関心な人々も多かったことが指摘されているからである(5)。近年のナショナリズムをめぐる議論では、ナショナリストたちが目指していたのは、むしろ、この無関心層の獲得であった。それは、第一次世界大戦期においても同様であった。

上部ハンガリーのスロヴァキア人

ここで、スロヴァキアという土地と住民についても簡潔に説明をしておこう。スロヴァキア語はチェコ語と同じ西スラヴ語群に属している。スロヴァキア語とチェコ語は極めて近い言語で、それぞれを母語とする者同士であれば意思疎通は可能である。現在のスロヴァキア共和国の領土と重なる地域は、中世期にハンガリー王国が形成されたときにその版図に組みこまれた。その後、すでに述べたようにハンガリー王国はボヘミア諸邦とおなじハプスブルク家の家領となった。スロヴァキア語使用者たちが居住するこの土地は「上部ハンガリー」と呼ばれていたが、それ自体がひとつの行政上の単位となることはなかった。この地域はいくつかの県に分けられていたが、とくに「スロヴァキア」と「ハンガリー」を分かつ明快な行政上の境界というものは存在しなかったのである。

ハンガリー王国は、ハプスブルク君主国内では相対的には高い自律性を維持したので、スロヴァキアはボヘミア諸邦とは異なる統治のもとにおかれていた。また、一八六七年からの二重君主国体制下で、ハンガリー政府はスロヴァキア人の「ハンガリー化」政策をとり、たとえば、スロヴァキア語による初等教育の展開を抑制しようとした。また、オーストリア側の帝国議会選挙では一九〇七年から男子普通選挙制が導入されたが、ハンガリー王国議会では厳しい制限選挙が維持されていた。このような環境のなかで、スロヴァキア人のナショナリズムの展開もまた押さえ込まれていた。

ボヘミア諸邦においては、一九世紀末から政党政治の分岐が始まり、ほぼ両大戦間期の政党システムの原型は第一次世界大戦前の段階で形成されていたが、スロヴァキアではそのような政党政治の分岐はその緒についたばかりであった。それまでスロヴァキア人ナショナリズムを代表していたのはスロヴァキア国民党であったが、カトリック派のアンドレイ・フリンカを中心とするグループが人民党を結成し、また、ミラン・ホジャらを中心としてのちにスロヴァキアの農業党につながる勢力が現れ、さらにヴァヴロ・シュロバールたちのリベラル派はマサリクの影響を受けつつ、「フラス派」――「フラス」はスロヴァキア語で「声」という意味である――と呼ばれるグループをつくり、スロヴァキア人とチェコ人の連携を唱えていた。しかし、全体としてみると、これらの動きはごく一部の知識人のあいだにとどまっていた。国民党の主流派の目標は普通選挙の導入や市民的権利の獲得におかれ、自治権を要求するだけの余裕はまだなかったのである。(6)

[注]

(1) 小関隆『アイルランド革命 一九一三—二三——第一次世界大戦と二つの国家の誕生』岩波書店、二〇一八年。

(2) この複合国家の言語にまつわる問題については大津留厚『ハプスブルクの実験』中公新書、一九九五年を参照。また、中世から現代に至るハプスブルク君主国史の研究動向については大津留厚他編『ハプスブルク史研究入門——歴史のラビリンスへの招待』昭和堂、二〇一三年も参照。

(3) この時期の君主国の経済についての概観は、ロビン・オーキー『ハプスブルク君主国 一七六五—一九一八——マリア゠テレジアから第一次世界大戦まで』三方洋子訳、NTT出版、二〇一〇年の第八章を参照。ボヘミアの経済については、次を参照。Jaroslav Pánek, Oldřich Tůma, eds., *A History of the Czech Lands*, Karolinum Press, 2011, 348-354. 鉄道については、佐々木洋子『ハプスブルク帝国の鉄道と汽船——19世紀の鉄道建設と河川・海運航行』刀水書房、二〇一三年も参照。

(4) 一九世紀後半からのチェコ人のナショナリズムないし政党政治の展開については、以下を参照。福田宏『身体の国民化——多極化するチェコ社会と体操運動』北海道大学出版会、二〇〇六年、篠原琢「祭典熱の時代——「つくられたチェコ性」によせて」近藤和彦編『歴史的ヨーロッパの政治社会』山川出版社、二〇〇八年、五五三—五九二頁、同「国民が自らの手で!——チェコ国民劇場の建設運動」篠原琢・中澤達哉編『ハプスブルク帝国政治文化史——継承される正統性』昭和堂、二〇一二年、一八三—二四〇頁、桐生裕子『近代ボヘミア農村と市民社会——一九世紀後半ハプスブルク帝国における社会変容と国民化』

刀水書房、二〇一二年、中根一貴『政治的一体性と政党間競合——二〇世紀初頭チェコ政党政治の展開と変容』吉田書店、二〇一八年。

（5）大津留厚他編『ハプスブルク史研究入門』一六七頁、篠原琢「「名前のないくに」——「小さな帝国」チェコスロヴァキアの辺境支配」大津留厚編『「民族自決」という幻影——ハプスブルク帝国の崩壊と新生諸国家の成立』昭和堂、二〇二〇年、一一五—一一七頁。

（6）二〇世紀初頭までのスロヴァキア人のナショナリズムについては以下を参照。中澤達哉『近代スロヴァキア国民形成思想史研究——「歴史なき民」の近代国民法人説』刀水書房、二〇〇九年、井出匠「二〇世紀初頭のスロヴァキア語印刷メディアによる「国民化」の展開」井内敏夫編『ロシア・東欧史における国家と国民の相貌』晃洋書房、二〇一七年、一〇一—一二二頁。また、大戦前のスロヴァキア政治の概観としては次を参照。Dušan Kováč, *Dějiny Slovenska*, Praha: Nakadatelství Lidové noviny, 1998, 153-161.

第1章

義勇兵たち

―ガリツィアの前戦へ―

ドルジナの軍旗，1915年ごろのもの
(Kudela, 1929, p. 57)

一　ロシアにおける義勇軍の編成

チェコ・ドルジナ

一九一四年六月二八日、オーストリア＝ハンガリーの君主位継承予定者、フランツ・フェルディナント大公がボスニア・ヘルツェゴヴィナの州都、サライェヴォで暗殺された。この事件で生じたバルカンでの危機は、ひと月ほどのやりとりをへて欧州全体を覆う大戦争となった。

大戦が勃発したとき、ロシア帝国領に居住していたチェコ系、スロヴァキア系の移民の正確な数は不明であるが、六万人から一〇万人ほどとされている。一八七〇年代から八〇年代にかけてヴォルィニ地方（現在のウクライナ北西部地域）に入植したチェコ系の移民たちは、おもに農業を営んでいた。大戦勃発時において、ヴォルィニ地方にいたチェコ系の移民は二万七〇〇〇人ほどで、これらの人々の多くはロシア国籍を取得し、ロシア正教に改宗していた。それ以外に、サンクトペテルブルク――大戦が始まるとドイツ語に由来するこの名称は嫌われ、ロシア風にペトログラードと改称される――、モスクワ、キエフなどの諸都市に、数多くのチェコ系移民が居住していた。米国における日系移民と同様に、そこには出稼ぎを目的とする者も少なくなかったが、その生涯をロシアという土地で過ごそうとする者もいた。そのなかには中小の企業家として活躍する者も含まれていた。また、スロヴァキア系の移民の数は二〇〇〇人ほどで、そのうち約六〇〇人がワルシャワに住んでいたという(1)。

ロシアのチェコ系、スロヴァキア系移民組織は、開戦とほぼ同時に、ロシア帝国への忠誠を具体的に示すための行動をとった。ロシア軍当局に対してチェコ系、スロヴァキア系移民からなる義勇軍の設立を提案したのである。ロシア政府はそれに対して迅速に対応した。八月一二日にチェコ系、スロヴァキア系移民の義勇軍設立が認められ、チェコ系移民の拠点都市であったキエフで部隊の編成が開始された(2)。

なお、ロシアではこの時期までユリウス暦が用いられていた。ユリウス暦は一六世紀まで広くヨーロッパで使われていた暦である。それ以後は現在も世界で使われているグレゴリオ暦に切り替えられたが、ロシアでは一九一八年一月末日までユリウス暦が使われていた。本書では、ロシアでの出来事についても旧暦のユリウス暦ではなく、グレゴリオ暦で日付を示すことにする。この時期、旧暦はグレゴリオ暦から一三日遅れていた。

ロシア軍当局はこの義勇軍の対敵宣伝面での利用価値に注目していた。開戦から間もない時期にかなり迅速に部隊編成の決定が行われているので、この義勇軍の編成はむしろロシア軍の主導でなされたと見ることもできる。その一〇年前の日露戦争期(一九〇四—〇五年)にロシア軍内では、占領行政にあたるために中国系の兵士からなる部隊が編成されたが、このチェコ系、スロヴァキア系移民による義勇軍設立は、その前例に倣ったものでもあったという(3)。もしそうであるとしたら、ロシア軍は、オーストリア＝ハンガリー領内のボヘミア諸邦などへの侵攻と占領を想定していたということになる。

大戦勃発によって、ロシアではオーストリア＝ハンガリー出身の移民たちは「敵国人」として監視下におかれ、さらには財産没収や強制収容ということも懸念しなければならなくなった。義勇軍設立はそのような環境下で、移民たちが自らの地位や財産を守るためにとった行動といえるが、同時に、それはこの移民たちがもっていたスラヴ主義や親ロシア主義の発露ともいえた。それについては後述する。

設立当初のこの部隊は「チェコ・ドルジナ」(Česká družina)と呼ばれた。この「ドルジナ」という名称は、中世の君主たる公に直属した部隊の呼称に由来しており、日本語では「従士団」と訳されている。

義勇軍の編成はキエフで行われた。キエフがチェコ系移民たちの拠点都市のひとつであったからである。この部隊に志願した移民たちは、その時点ではなおオーストリア=ハンガリー国籍を保持していた人々であった。彼らは入隊と同時にロシア国籍を取得することになる。それに対して、すでに長期にわたってロシアに居住していたチェコ系移民たちは、ロシア国籍をすでに取得していることが多かった。これらの移民のなかの適格者は、ロシア帝国臣民の義務として通常の手続きに従ってロシア軍に召集されることになるが、志願してドルジナに入隊した者もいた。いずれにせよ、短期間のうちにロシア各地から志願者たちはキエフに集まった。

部隊の編成は八月末から始まり、一〇月一一日にキエフの聖ソフィア大聖堂前の広場で、宣誓式と軍旗授与式が挙行された。ロシアの旧暦では九月二八日で、ボヘミアの守護聖人である聖ヴァーツラフの日にあたった。式典はすべてロシア正教の礼式に則して執り行われた。軍旗は片面が上から白、青、赤のロシア三色旗、もうひとつの面が上から白、赤の二色旗で、それはボヘミア王国旗であった。ボヘミア王国旗の中央にはボヘミア王冠(聖ヴァーツラフ王冠)の紋章がおかれ、旗竿の頂点にはロシアの双頭の鷲の竿頭《かんとう》が配されていた。また、のちにはこの旗の中央におかれたボヘミア王冠を取り囲むようにボヘミア、モラヴィア、シレジア、スロヴァキアの紋章が配されることになる（本章扉の写真参照）。この旗の紋章の配置を見ると、スロヴァキアは、ボヘミア諸邦の各領邦と同列に扱われていたということになる。そこには、少なくともチェコ系の人々が抱いていた将来の国家に関する意識が投影されていた。スロヴァキア人のナショナリストたちは、チェコスロヴァキア独立後にスロヴァキアがボヘミア諸邦全体と対等な地位を得ることを求めることになるが、そのようなスロヴァキア人のナショナリストたちの意識は、少なくともこの旗のデザインには反映されていなかったということになる。

ドルジナは四個中隊からなる大隊で、同年九月半ばの時点では、兵士および下士官が九二一人、将校、事務官、軍医等が二一人、後方支援要員が一四九人という構成であった。そのうち七二〇人がチェコ系、スロヴァキア系の志願兵であったが、大部分はチェコ系で、スロヴァキア系の志願兵は一六人にすぎなかった。大隊長、中隊長などの指揮官はすべてロシア軍から派遣されたロシア人将校であったが、訓練期間中に十数人のチェコ人兵士が士官や下士官に選抜され、各中隊に配属された。そのなかにはこの義勇軍の歴史で中心的な役割を果たすことになる何人かの将校たちも含まれていた。(4)

後述するように一九一六年以降に、義勇軍はチェコ系、スロヴァキア系の戦争捕虜を加えて数を拡大することになる。一九一八年の反乱事件で義勇軍が注目されたとき、その将兵の多くは戦争捕虜出身の人々であった。そのため、この義勇軍は多くの文献で「戦争捕虜からなる部隊」として紹介されている。兵員の数でみるとそれは間違いではない。しかし、この義勇軍の中核を形成したのは、右で

表 1-1　創設期ドルジナのチェコ人士官のプロフィール

名　前	生年	生　地	学　歴	卒業年	ロシアでの職業	大戦後の最終経歴
V. クレツァンダ V. Klecanda	1888	Praha	商業アカデミー (Praha)	1908	ラウリン&クレメント社ハリコフ支店	第1師団長
K. ペトジーク K. Petřík	1885	Nezdice	経済アカデミー (Tábor)	1910	キエフ近郊の農園管理者	ボヘミア西部国境警備隊指令官
J. シュヴェツ J. Švec*	1883	Čenkov	師範学校 (Soběslav)	1903	エカチェリノダルでソコル体操教師	1918年10月に自殺
K. ヴァシャートコ K. Vašátko*	1882	Litohrad	大学 (Praha)	1907	農園管理，外国語教師	1919年1月に戦病死
O. フサーク O. Husák	1885	Nymburk	工科大学 (Praha)	1909	ワルシャワの化学工場長	国防相，国営工場長
J. スィロヴィー J. Syrový*	1888	Třebíč	工業高等専門学校 (Brno)	1907	ワルシャワ国営建設事務所	参謀総長，首相
S. チェチェク S. Čeček*	1886	Líšno	商業アカデミー (Praha)	1904	ラウリン&クレメント社モスクワ支店	大統領府軍事部長，第5師団長

*はソコルでの経歴が確認できる者.

述べた移民たちからなる初期の義勇兵たちであった。その人々がもっていた価値観や生活様式などが、戦争捕虜出身の兵士を数多く含むようになったあとも引き継がれていくことになる。

それでは、一九一四年末から一九一五年春までの期間に、士官や下士官として登用されたチェコ人兵士たちのなかでその経歴が確認できる七人のプロフィールを見てみよう(5)。

彼らは一八八二年から一八八八年のあいだにボヘミア諸邦の各地で生まれており、開戦時では二〇歳代後半から三〇歳代前半という年齢であった。一八九〇年代半ばごろから一九一〇年ごろまでの時期に学生時代を過ごしている。ボヘミア諸邦で中等教育ないし高等教育レベルの教育を受け、ほぼその時期に一年志願兵としてオーストリア＝ハンガリー軍での兵役を経験していた。一年志願兵とは、中等学校卒業資格をもつ者が志願して自己負担で兵役につくことによって、通常は三年間の兵役が一年に短縮され、それが終了したあとに試験を受けることで予備役将校となることができる制度であった。(6)学業と兵役を終えたあとに、彼らはロシア帝国領へと移り住み、そこで職を得て働いていた。その職業としては、事務員、技師、工場や農園の管理人、教師などであり、そのうちの二名はチェコ系資本の自動車会社、ラウリン＆クレメント社の支店に勤めていた。ちなみに、このラウリン＆クレメント社のロシアの支店に勤務していたチェコ人職員で、ドルジナに志願した者はこの二人だけでなく、かなりの数に及んだという。(7)

図 1-1 スタニスラフ・チェチェク（Fidler, 1999, p. 192 以降の別刷図版）

このなかで、その後の義勇軍の歴史で重要な役割を果たすスタニスラフ・チェチェクの経歴について、もう少し述べておこう。(8)チェチェクは、一八八六年に中央ボヘミアのベネショフ郡にあるリーシュノという農村で生まれた。父は森林監督官であった。一八九八年にターボルにある実科ギムナジウムに入学している。実科ギムナジウムというのは、大学への進学を前提に古典語教育を行う通常のギムナジウムとは異なり、現代外国語や数学などの実践教育を重視した中等学校である。チェチェクはさらにプラハの商業アカデミーで学び、一九〇四年に卒業した。その後、ドイツのライプツィヒにある商業高等専門学校でも学んだ。おそらく、ボヘミアで商業関係のそれなりの職につくためには、専門レベルでのドイツ語の習得は欠かせなかったのであろう。一九〇七年に一年志願兵としてプラハの連隊で兵役につき、除隊後はプラハで銀行員として働いた。そして一九一一年にラウリン&クレメント社のモスクワ支店に事務職員として勤めることになった。チェチェクはロシアで働くことを望み、そのためにロシア語の習得にも励んでいた。彼は大戦勃発直前の一九一四年春に故郷に帰っているが、その次に帰郷するのは六年後で、陸軍少将となっていたのである。

ネオスラヴ主義と義勇兵たち

この人々が、学生時代から卒業後しばらくのあいだを過ごした時期が、ネオスラヴ主義運動の高揚期と重なることは注目しておく必要があろう。ハプスブルク君主国内でのチェコ人のナショナリズム運動は、スラヴ系の人々との連帯を呼びかけるスラヴ主義と連動していた。そこでは、おもに君主国内のポーランド系、南スラヴ系などの住民との連帯を求める「オーストリア・スラヴ主義」が主流であった。しかし、それと並行して君主国外のスラヴ系の人々との連帯を模索する汎スラヴ主義的な潮流も間歇的に現れた。

二〇世紀初頭に、チェコ人ナショナリズムを代表する青年チェコ党系の政治家たちを中心にして、ロシア人を含む広いスラヴ人との連帯を求める運動が起き、それはネオスラヴ主義と呼ばれた。青年チェコ党の党首で、帝国議会議員であったカレル・クラマーシュはこの運動の唱道者の一人であった。運動の目的はスラヴ人の文化的な連携の強化にあった。しかし、一九世紀後半からボヘミアで台頭しつつあったチェコ系の資本は、新たな市場をロシアやバルカンに求めた。その結果、チェコ系企業の支店がロシアやバルカンの諸都市に開設されるようになった。そのような動向を背景に、「スラヴ銀行構想」なども模索されていた。外交面では、オーストリア＝ハンガリーとロシアとの提携が唱えられ、さらにロシアの同盟国となっていたフランスを加えた三国の提携も構想にのぼった。

このネオスラヴ主義運動は一九〇八年のプラハ会議と、一九一〇年のソフィア会議で頂点を迎えたが、ポーランド人とロシア人の対立、チェコ人とポーランド人のあいだの対抗意識、ロシア政府の消極的姿勢やオーストリア＝ハンガリー政府の警戒心などによって、具体的な成果を生むことなく終わった(9)。このネオスラヴ主義の運動には、クラマーシュの他に、農業党の帝国議会議員であったヨゼフ・デュリヒやジャーナリストであったボフダン・パヴルーなど、このあとの軍団をめぐる物語で重要な役割を果たす人物が関与していた。なお、マサリクはこの運動に対して懐疑的であった。ロシア人とポーランド人との関係などを考慮に入れると、この会議の掲げる目標は現実的ではないと判断していたからである(10)。

義勇軍はその草創期からソコルと呼ばれたチェコ系の体操運動の強い影響を受けていた。ちなみに「ソコル」はスラヴ系の言葉で「隼」を意味している。この運動は一九世紀後半に組織された(11)。その後、チェコ人以外のスラヴ系の人々のあいだにも浸透し、スラヴ系諸国にソコルの組織がつくられ、そこにはチェコ人のソコルから体操教師が派遣されていた。しかし、ロシア帝国政府はソコル運動の自国への浸透を嫌い、ロシアではその活動は厳しい制約下にあった。帝国政府はこの運動がもつ近代主義的な平等志向や民主政志向を警戒していたと思われる。しかし、ロシアでも一九〇五年革命ののちにソコル運動に対する制約は解かれ、チェコ系の体操教師がロシア各地に派遣されるようになり、一九一四年にその数は二〇〇人におよんだという。[12] このようなかたちで、チェコ人の近代ナショナリズムを基礎とする体操運動は、ロシアの地にも浸透していた。右で述べたネオスラヴ主義運動はスラヴ世界でのソコル運動の組織的連携を促進するという成果を生み出したのである。

初期の義勇軍で士官もしくは下士官として選抜された先述の七人の義勇兵のうち少なくとも四人はソコルでの活動歴を確認でき、ヨゼフ・シュヴェツはソコルの体操教師であった。また、チェチェク、シュヴェツ、それにヤン・スィロヴィーの三人はその後の義勇軍の歴史を語るときに欠くことのできない存在となる。

設立当初から義勇軍の慣行のなかにはソコルの強い影響が見られた。将校も兵士も階級の差に関係なく「兄弟」と呼びかけ、二人称の場合は、家族や親しい友人などのあいだで使われる親称が使われ、丁寧な表現である敬称は使われなかった。また、一般的な挨拶言葉としては「ナズダル」(Nazdar)が用いられた。この挨拶言葉は、一八五〇年代にチェコ人ナショナリズム運動によって推進されたプラハの国民劇場建設のための募金活動で使われた標語に由来する。ボヘミア各地で募金を行った人々は「国民劇場の成功のために」(Na zdar Národního divadla)という標語を掲げたが、それがのちに「成功のために」を意味する「ナズダル」という部分だけになって、一般に使われる挨拶の言葉になった。そして、この挨拶の言葉はソコルの運動のなかでの挨拶の言葉となり、それが義勇軍にも引き継がれたのである。[13] なお、この挨拶言葉は今でも、チェコとスロヴァキアで使われている。

義勇軍の志願者たちは、このようなネオスラヴ主義の広がりという潮流に乗るようにして、ロシアに渡った人々ということになる。彼らは、当時のネオスラヴ主義の影響を受けつつロシアに新天地を求め、ハプスブルク君主国のスラヴ系の人々とロシアとを架橋しようという志を抱いていた。開戦を前にして彼らはオーストリア＝ハンガリーという「祖国」に帰って兵役につくのか、ロシアで新しい道を切り開くのかという選択に迫られ、後者を選んだのである。

二　戦場へ

ロシア南西戦線

開戦から半月が経過した八月半ばから、ロシア軍はドイツ軍およびオーストリア＝ハンガリー軍との戦闘を開始した。この戦線は一般には「東部戦線」と呼ばれるが（図3-2参照）、ロシア側から見れば、その戦線はロシア領の西部国境地域に引かれた戦線であった。

開戦当初、ドイツ軍は主力を英仏軍を敵として戦う西部戦線に投じ、ロシア軍に対する東部戦線では当面は守備に重きをおいた。緒戦でフランスを叩き、そのあとでロシアとの決戦に臨むというのがドイツの戦略であった。広大な国土をもつロシアでの軍事動員はかなり時間がかかるというのが、その戦略の前提であった。またオーストリア＝ハンガリー軍も、まずはバルカン戦線でのセルビアとの戦いを優先した。しかし開戦直後からドイツは、オーストリア＝ハンガリーに対して、対ロシア戦線での兵力の強化を要請し、オーストリア＝ハンガリー軍はセルビア戦線で十分な成果をあげられないまま、主力を対ロシア戦線へと振り向けなければならなかった。ロシア軍は予想よりも迅速な動員を

図 1-2 1914 年のガリツィア（野村，2013，34 頁をもとに加筆修正）

行い、当時はドイツ領であった東プロイセン方面とオーストリア領であったガリツィア方面の二方向で攻勢に出ようとした。

東プロイセン方面では、第一軍と第二軍で構成される北西方面軍が攻撃を開始した。この方面での予想より早いロシア軍の侵攻にドイツ側は慌てることになるが、八月末のタンネンベルク会戦などでロシア軍に大きな損害を与えることができた。その結果、九月半ばにはロシア軍による東プロイセン方面での作戦は頓挫することになった。

他方、ガリツィアへと向かうロシア南西方面軍は第三軍、第五軍、第八軍などからなっていた。ガリツィアという土地は、一七七二年の第一次ポーランド分割でハプスブルク君主国領となった地域で、その西部ではポーランド語使用者が、東部ではウクライナ語使用者が多数派を占めており、ユダヤ系の人々も多かった。現在はポーランドとウクライナに分割されている(14)。なお、ガリツィアの地名については原則としてポーランド語で表記し、必要に応じてドイツ語やウクライナ語での地名も添えることにする。

このガリツィアに駐屯していたオーストリア＝ハンガリー軍の主力部隊は、八月二〇日にロシア領ポーランドのルブリンを攻略すべく北進した。東方からのロシア軍の進攻が始まるまでにはなお時間がかかるとみていたのである。その結果、ウクライナ方面から西進して、ガリツィアに侵入したロシア南西方面軍はオーストリア＝ハンガリー軍の側面を突くことになり、敵の混乱に乗じてこの地方の中心都市ルヴフ（ドイツ語ではレンベルク、ウクライナ語ではリヴィウ）を占領し、要塞都市のプシェミシルを包囲し、さらに西方のドゥナイェツ川東岸に接するタルヌフを落とし、ガリツィアの州都であるクラクフまでは八〇キロメートルほどの位置に進んだ。そのロシア軍占領地域はハンガリー王国の北部地域、すなわち現在のスロヴァキアとの国境に接していたのである。これによって、チェコ人の親ロシア派の人々はロシア軍という巨大な「蒸気ローラー」（蒸気機関で動く大型のロードローラー）が君主国領の北部を平定し、ボヘミア諸邦にも入ってくると考えたのである（ガリツィアとスロヴァキアおよびボヘミア諸邦の位置関係は**図I-2**を参照）。

宣誓式を終えたチェコ・ドルジナは一〇月二二日にキエフを立ち、ロシア南西方面軍の中核を担う第三軍に合流すべく西へと向かった(15)。二七日に国境を越えてオーストリア領ガリツィアに入り、ルヴフを経由してヤロスワフに到着した。当時そこに第三軍の司令部があり、司令官であったラトコ・ディミトリエフ将軍の閲兵を受けたのち、前線での任務についた。ディミトリエフはブルガリア出身の軍人で、第一次、第二次バルカン戦争ではブルガリア軍の指揮官として従軍し、第一次世界大戦勃発後はロシア軍の指揮官となっていた。

ドルジナは単独の部隊として前線に出るのではなく、複数の小部隊に分かれて第三軍傘下の各師団に配属されることになった。その任務は斥候であった。第三軍が対峙しているオーストリア＝ハンガリー軍はチェコ系、スロヴァキア系兵士を含んでいた。またドルジナのチェコ系将校の多くはチェコ語とロシア語に加えてドイツ語も解し、オーストリア＝ハンガリー軍での一年志願兵としての訓練も受けていた。彼らは敵情を探り、捕虜を捕らえ、またその捕虜の尋問にさいして通訳もできたのである。

右で紹介した将校の一人であるヨゼフ・シュヴェツは、ドルジナが戦場で活動を開始した時期の様子を日記に残している。それによれば、シュヴェツたちはオーストリア軍のチェコ系兵士に対して物陰からチェコ語で声をかけ、「わが祖国はいずこ」――この曲は現在のチェコ共和国の国歌である――や「スラヴ人よ！」というスラヴ系の人々のあいだで愛唱されている曲を歌って投降を呼びかけている(16)。このような方法でドルジナの斥候部隊はしばしば多くの捕虜を連れ帰ることになった。ただし、君主国軍側のチェコ系、スロヴァキア系の兵士が、ドルジナの兵士の呼びかけにつねに応じてロシア側に投降したということでもなかった。反撃を受けて、ドルジナ側ではそれなりの犠牲も出ていた。君主国側の兵士たちのあいだでは、ロシア軍の捕虜の扱いがかなり手荒なものであることが知られており、それを恐れていたという。

西部戦線では、一九一五年春までに塹壕戦となり、戦争は膠着状態となった。そこからドイツ軍はかなりの兵力を引き抜き、東部戦線へと移した。新たに第一一軍が編成され、アウグスト・マッケンゼン将軍の指揮下におかれた。マッケンゼン軍はオーストリア＝ハンガリー軍の第四軍とともにタルヌフとゴルリツェのあいだの戦線に配置され、五月一日から東方への攻撃を開始した。六月三日にプシェミシルを奪還し、二二日にはルヴフを占領した。独墺軍はこうして緒戦で失ったガリツィア東部の大部分を取り返した。それと連動して独墺軍はロシア領ポーランドへと侵攻し、その大部分を占領下におくことになった。ロシア軍はリガ湾からブコヴィナのチェルノヴィツ（当時はブコヴィナの中心都市で、現在はウクライナ領。チェルノヴィツはドイツ語で、ウクライナ語ではチェルニウツィー）に至る線で、ようやく独墺軍の前進を食いとめることができた。しかし、この退却によって親ロシア派のチェコ人たちが期待していたロシアの「蒸気ローラー」がオーストリア＝ハンガリー領を平定するという見込みはほぼ失われることになった。

マッケンゼン軍が攻撃を開始したとき、その正面に位置していたのはドルジナの所属するロシア第三軍であった。ロシア軍は総崩れとなり、この出来事はのちに「大撤退」と呼ばれ、語り継がれることになる。退却戦という厳しい状況のなかでも、ドルジナは斥候部隊としての役割を果たしつつ、あわせて師団司令部の守備隊という任務も与えられ、また憲兵隊の役割も担った。退却戦のさなかに、潰走するロシア兵を押しとどめて戦線へと戻すというような任務も行っていたのである。(17)

大隊から旅団へ

その間にドルジナの兵員数は増加した。一九一四年一二月に、第三軍が捕らえたオーストリア＝ハンガリー軍のチェコ系、スロヴァキア系捕虜に限って、自らの意志で志願すればドルジナへの入隊が認められた。しかし、この時期に捕虜になったチェコ兵、スロヴァキア兵たちの多くは戦場から離れることを何よりも望んでおり、志願する者は多くはなかった。それでも二五〇人ほどの捕虜が新たにドルジナに加わっている。[18] 一九一六年に入ると、戦争捕虜からの志願者も増えることにより、二月にドルジナは二個大隊からなる連隊となり、「チェコスロヴァキア狙撃連隊」と改称された。この連隊こそが、おそらく、「チェコスロヴァキア」という語を冠した初めての軍隊ということになる。さらに同年四月には二個連隊からなる旅団となった。[19]

同年一〇月の時点で旅団の兵員は五七二一人を数えた。しかし、この部隊の兵士たちはこれまでどおりに小部隊に分かれて各師団司令部に配属され、偵察任務についていた。その配置は、ベラルーシ南部国境地域のピンスクからウクライナ西部地域にかけて展開するロシア南西方面軍傘下の第八軍や第一一軍の各師団に広がっていた。当時、南西方面軍はアレクセイ・ブルシーロフ将軍の指揮下にあった。ロシア軍は一九一六年六月から独墺軍に対する大規模な攻勢に出ることになる。いわゆる「ブルシーロフ攻勢」である。この攻勢は、非常に大きな人的損害との引き換えにではあったが、一定の成功をおさめ、戦線を西に押しもどし、ガリツィアの東端部は再度、ロシア軍の占領下におかれた。この一連の戦闘にチェコ人、スロヴァキア人兵士もそれぞれの師団とともに参加していた。

また、それまで中立を維持していたルーマニアは、ブルシーロフ攻勢の初期における成功を見て、八月に協商国側で参戦した。しかし、数か月のうちに独墺軍によってその国土の三分の二を占領されるという事態に陥った。この新たに加わったルーマニア戦線でも義勇軍の兵士たちはロシア軍と行動をともにしつつ、そこでの戦闘に加わっていた。[20]

このように、この時期の義勇軍の兵士たちは南西方面軍のかなり広い範囲で、斥候部隊として活躍することになった。ただし、彼らはひとたび敵に捕らえられると、即席の軍事裁判で祖国に対する

「反逆者」とされ、ただちに絞首刑となる運命にあった。それゆえに、前線で負傷して動けなくなると、自ら命を絶つ者が少なくなかったという。彼らは、つねに切迫した状況のなかで戦場にいたのである。

三　様々な義勇兵たち

ロシアにおけるセルビア義勇軍

ロシアにおいて義勇兵として戦っていた兵士たちは、ドルジナおよびその後のチェコスロヴァキア旅団の兵士たち以外にもいた。その人々についても触れておこう。

すでに述べたように、オーストリア゠ハンガリーは言語で見ると多くのスラヴ系の住民を抱えていた。したがって、君主国軍が東部戦線に投入した兵士のなかには、南スラヴ系、すなわちセルビア系、クロアチア系、スロヴェニア系などの兵士が含まれており、彼らの多くもまたロシア軍の戦争捕虜となっていた。ロシアとセルビアとのあいだの合意によって、これらの捕虜のなかから志願者が募られ、一九一五年八月から九月にかけて三〇〇〇人の捕虜が、当時は中立国だったルーマニアを経由してセルビアに輸送された。そこには、チェコ系の捕虜も含まれていたという[21]。しかし、一九一五年一〇月にブルガリアが中央同盟側で参戦したため、輸送路の安全が確保できなくなり、捕虜のセルビアへの輸送は不可能になった。

そのためセルビア政府は、ロシアに収容されている南スラヴ系捕虜からなる部隊をロシアで編成することを求め、それは一九一五年末から黒海に面する港町、オデッサで開始された。セルビアはロシアの同盟国であり、そのセルビアからの要請による義勇軍の創設に関して、ロシア側は迅速に対応したのである。

この南スラヴ系義勇軍に志願したのはおもにセルビア系の捕虜であったが、クロアチア系やスロヴェニア系の捕虜も少数ではあったが含まれていた。この部隊は一九一六年四月末の時点で一万二〇〇〇人の将兵を数え、一般には「第一セルビア義勇師団」として知られるようになる。その後、第二師団も編成され、八月には一万八〇〇〇人の将兵を擁するまでに至った。このセルビア人部隊は、同年八月にロシア軍とともにルーマニアのドブロジャに派遣され、ルーマニア領に侵攻した独墺軍やブルガリア軍と戦うことになる。ルーマニアは首都のブカレストを含む領土の大部分を中央同盟側に占領されることになるが、一連の戦闘が終息した同年一〇月の時点で、セルビア義勇軍は戦死、負傷、行方不明をあわせて、その兵力の四〇—六〇パーセントを失ったという。

ラドラ・ガイダ

このセルビア義勇軍のなかには六〇〇人ほどのチェコ系の兵士と少数ではあったがスロヴァキア系の兵士が含まれていた。チェコスロヴァキア義勇軍へのチェコ系、スロヴァキア系捕虜の入隊は、すでに述べたように前線でロシア第三軍の捕虜となった者については、一九一四年末から許可されていた。ロシアのチェコ系、スロヴァキア系移民組織は、それ以外のロシア各地の捕虜収容所に抑留されていた多くの捕虜からの募兵の許可を、ロシア政府に対して求めていた。しかし、その手続きは煩雑で作業は遅々として進まなかった。捕虜収容所にいたチェコ系、スロヴァキア系の捕虜で、チェコスロヴァキア義勇軍への入隊を希望する者は、それへの入隊をあきらめて、セルビアの呼びかけに応じることになり、先述したようにセルビアに輸送された部隊や、ロシアで編成されたセルビア義勇軍に加わったのである。

セルビア人義勇軍に参加したチェコ系、スロヴァキア系兵士の多くはドブロジャでの戦闘後に、セルビア軍を離れてチェコスロヴァキア旅団へ移籍し、あとで述べるズボロフでの戦闘に参加することになる。そのなかには、一九一八年五月の反乱の首謀者の一人として知られることになるラドラ・ガイダも含まれていた。

図 1-3　ラドラ・ガイダ
(Lášek, 2013, p. 83)

ガイダの本名はルドルフ・ガイドルといい、その若いころの経歴は明らかでない。(22) モラヴィア出身の父とイタリア系ないしモンテネグロ系の母とのあいだに、当時はオーストリア＝ハンガリー領であったコトルで生まれたとされる。ちなみに、コトルはアドリア海に面する軍港都市で、現在はモンテネグロ領となっている。戦争が始まるとガイダはオーストリア＝ハンガリー軍の兵士として出征し、モンテネグロ軍の捕虜となった。この時期のモンテネグロは独立王国で、協商国側で参戦していた。その経緯は明らかではないが、ガイダは一九一五年一一月にモンテネグロ軍の将校となった。モンテネグロは翌一九一六年一月にオーストリア＝ハンガリー軍に占領されるが、ガイダはモンテネグロに派遣されていたロシアの医療使節団のなかに潜り込み、使節団とともにロシアに逃れた。同年三月にセルビア義勇軍に参加し、ドブロジャでの戦闘ののち、一九一七年一月にチェコスロヴァキア軍に移籍した。このようなガイダの経歴は異色ではあるが、少なくともセルビア義勇軍からチェコスロヴァキア軍へ転籍したチェコ系、スロヴァキア系兵士は少なくなかった。

ナズダル中隊

ここでひとまずロシアという土地から離れて、それ以外の場所でのチェコ人、スロヴァキア人の義勇兵の動向についても見ておこう。

フランスでは、大戦勃発時には三〇〇〇人ほどのチェコ系移民がパリを中心に暮らしていた。このチェコ系移民のなかから二五〇人の若者がフランス軍の「外人部隊」に志願兵として入隊している。(23) 彼らはモロッコ師団に配属され、「ナズダル中隊」と呼ばれていた。この時期、英国にも一〇〇〇人ほどのチェコ系移民が生活しており、そのなかから一〇五人の志願者リストが英国陸軍省に提出されたが、それは丁重に断られることになる。この英国での志願者たちの一部はその後にフランスで編成された部隊に合流した。

ナズダル中隊は一九一四年一一月に前線へと送られ、翌一九一五年五月はじめに北フランスのアラス方面での戦闘に参加した。そこで、一四〇人に及ぶ死傷者を出した。この壊滅的な打撃によって、その後、部隊としては解散することになった。

このナズダル中隊という呼称からもソコル運動の影響を見ることができる。この中隊で指揮官を務めた将校のほとんどはアラス方面での戦闘で戦死してしまうが、彼らも、ロシアのドルジナの士官たちと同様に、ボヘミア諸邦での中等教育と一年志願兵としての訓練を受けたのちにフランスへ移住し、そこでソコルの活動などに関わっていた人々であった。その一人は戦死する前日に恋人へあてた手紙で、「自らの血によって独立したボヘミアをつくり出すことを自覚して死ぬ」と述べていた。その後しばらくのあいだフランスではチェコ人ないしスロヴァキア人の部隊の編成は行われなかったが、一九一七年末以降に再度、新たな部隊の編成が始まる。それについては、後述することにしたい。

セルビアでのチェコ人、スロヴァキア人義勇兵たち

セルビアでも、大戦勃発直前にセルビアに居住していたオーストリア＝ハンガリー国籍のスラヴ系の人々からの志願兵の募集が行われ、その志願兵たちはオーストリア＝ハンガリーとの国境地域に配属された。彼らはセルビア正規軍の動員が完了するまで敵軍の前進を阻むという任務を与えられたが、そのなかには二〇人ほどのチェコ人も含まれており、その兵士たちは全員が戦死したという。また、セルビア軍の捕虜となったオーストリア＝ハンガリー軍のスラヴ系兵士たちが志願兵としてセルビア軍に入隊し、アルバニアやブルガリアとの国境の警備についていた。加えて、すでに述べたように、ロシアで捕虜となったセルビア系を中心とする南スラヴ系兵士、三〇〇〇人が義勇兵として、一九一五年八月から九月にかけてルーマニア経由でセルビアに移動し、そこで軍務についたが、そのなかには数十人のチェコ系兵士も加わっていた(24)。

このようにしてみると、ロシアにはチェコスロヴァキア義勇軍以外に、たとえば、セルビア義勇軍が編成されていたし、フランスでもチェコ系移民からなる部隊がつくられていた。ここでは触れるゆとりはないが、ポーランド人の義勇軍は東部戦線の両側で組織され、またフランスでも編成されている。

ロシアで編成されたチェコスロヴァキア義勇軍が偵察をおもな任務としていたことは幸運であった。彼らは小部隊に分散して各師団の司令部に配属されていたので、ひとつの戦闘で壊滅的な打撃を受けるということがなかったからである。ただし、ひとつにまとまった部隊として戦闘に参加していなかったので、チェコスロヴァキア国家の独立を求めて「革命戦争」を遂行しているということを世界に訴えるだけの象徴性には欠けていた。そこから、義勇軍も移民組織もロシア政府に対して、捕虜収容所にいるチェコ系、スロヴァキア系戦争捕虜の動員と、ひとつに統合された戦闘部隊の編成を求めていたのである。

[注]

(1) Zdeněk Prohászka et al., eds., *Vojenské dějiny Československa*, II, Praha: Naše vojsko, 1986, 501.
(2) František Šteidler, *Československé hnutí na Rusi*, Praha: Památník odboje, 1921, 4-6.
(3) J. F. N. Bradley, *The Czechoslovak Legion in Russia, 1914-1920*, Boulder: East European Monographs, 1991, 27.
(4) Procházka et al., eds., *Vojenské dějiny Československa*, II, 502.

（5）表は、次の文献などを参照して作成した。Jiří Fidler, *Generálové legionáři*, Brno: Books, 1999. 兵士のプロフィールについては、林忠行「チェコスロヴァキア軍団再考——第一次世界大戦と国外のナショナリズム」『西洋史研究』四四号、二〇一五年、一三九—一五五頁でも論じている。

（6）君主国の軍制については、大津留厚他編『ハプスブルク史研究入門』第一二章を参照。

（7）Ivan Jakubec, "Laurin & Klement jest nejlepší známkou světa," Drahomír Jančík, Barbora Štolleová, eds., *Pivo, zbraně i tvarůžky*, Praha: Maxdorf, 2014, 41.

（8）Fidler, *Generálové legionáři*, 44–63.

（9）ネオスラヴ主義については次を参照。Paul Vyšný, *Neo-Slavism and the Czechs, 1898–1914*, New York: Cambridge University Press, 1977.

（10）*Ibid.*, 95.

（11）ソコル運動については、福田宏『身体の国民化』を参照。

（12）Claire E. Nolte, "All for One! One for All! The Federation of Slavic Sokols and the Failure of Neo-Slavism," Pieter M. Judson, Marsha L. Rozenblit, eds., *Constructing Nationalities in East Central Europe*, New York: Berghahn Books, 2005, 126–140.

（13）ソコルの影響については、Šteidler, *Československé hnutí na Rusi*, 7.

（14）大戦期のガリツィアについては、野村真理『隣人が敵国人になる日——第一次世界大戦と東中欧の諸民族』人文書院、二〇一三年、同「帝国崩壊と東中欧の民族的再編の行方——オーストリア領ガリツィア戦線によせて」山室信一他編『現代の起点　第一次世界大戦　4　遺産』岩波書店、二〇一四年を参照。

（15）一九一四年から一五年にかけてのロシアの義勇軍の行動についてはおもに次による。Kalel Pichlík et al., *Českoslovenští legionáři (1914–1920)*, Praha: Mladá fronta, 1996, 27–31; Šteidler, *Československé hnutí na Rusi*, 7–15.

(16) Josef Kudela, ed., *Deník plukovníka Švece*, Praha; Památník odboje, 1929, 151.
(17) Pichlík et al., *Českoslovenští legionáři*, 53.
(18) Procházka et al., eds., *Vojenské dějiny Československa*, II, 503.
(19) Pichlík et al., *Českoslovenští legionáři*, 54, 57.
(20) Šteidler, *Československé hnutí na Rusi*, 21-22.
(21) ロシアでのセルビア義勇軍については次を参照。Pihclík, *Českoslovenští legionáři*, 59-71. また、次も併せて参照。柴宜弘「それぞれのユーゴスラヴィア——セルビア義勇軍の理念と実態」大津留厚編『「民族自決」という幻影』三七—六一頁。
(22) ガイダの経歴については次を参照。Fidler, *Generálové legionáři*, 94-110.
(23) 大戦初期のフランスでの義勇軍については次を参照。Procházka et al., eds., *Vojenské dějiny Československa*, II, 498-501; Pichlík et al., *Českoslovenští legionáři*, 22-24.
(24) セルビアでの義勇兵については次を参照。*Ibid.*, 24-26.

第2章

独立運動 1914–16年

—未来の祖国を想像する—

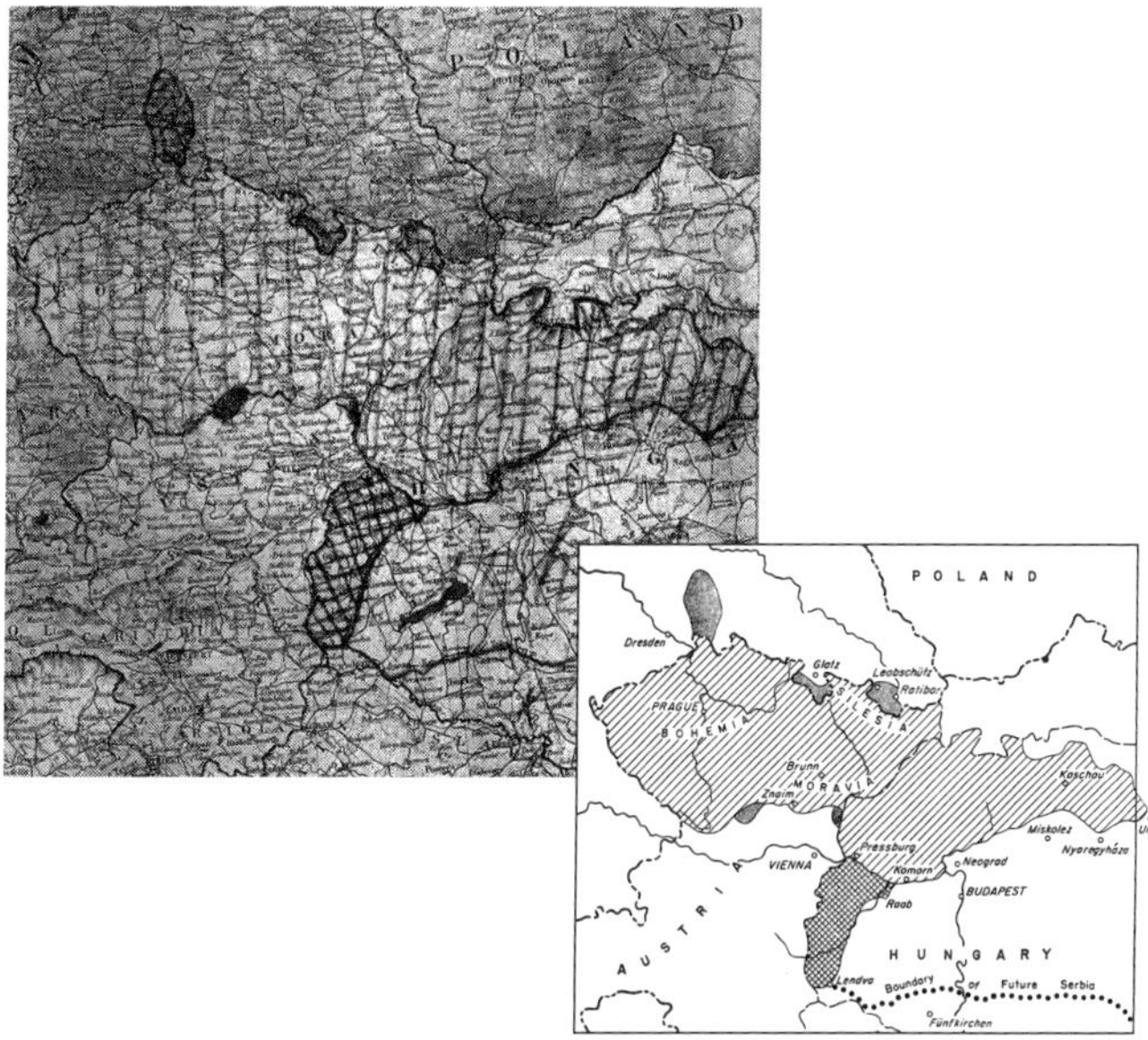

1915年にマサリクが地図上に鉛筆で描いた新国家の領土(Paulová, 1937, 巻末の別刷図版)と，それにもとづいて後年に印刷用に作成された地図(Perman, 1962)．ボヘミア北部の黒い突起は，ルサティア，中央から南に延びる突起はユーゴスラヴィアとつながる回廊部．

一　大戦の勃発と国内政治

大戦初期の国内政治

本章では少し時をさかのぼり、大戦前からの君主国内での政治の動きを見ていくことにしたい。オーストリア側の議会――名称としては「帝国議会」と呼ばれていた――では、一九〇七年選挙から男子普通選挙が導入されていた。議会は、ドイツ系、チェコ系、ポーランド系、スロヴェニア系などの言語グループごとに、それぞれの部分利益を代表する複数の政党が議席をもっていたので、きわめて複雑な構成となっていた。一九一一年に実施された帝国議会選挙――これがオーストリア側での最後の選挙となる――で議席を得たチェコ人諸政党は、全五一六議席中一〇八議席を占めていた。このときのオーストリア側での言語別の人口で見るとチェコ語使用者の割合は約二三パーセントであったので、チェコ系諸政党はおおよそのところで、オーストリア側での人口比に見合った議席をもっていたといえる。そのうち農業党が三七議席で第一党、社会民主党が二五議席で第二党であり、両党を合わせるとチェコ系議員の過半数を占めていた。それ以外では、青年チェコ党が一四議席、国民社会党が一三議席であった。これらの政党はそれぞれが代表する支持層の利益の擁護を掲げつつ、ボヘミア諸邦の自治の拡大を求めていた(1)。

大戦勃発後も、チェコ系諸政党の大部分は一定の戦争協力の姿勢を示しつつも、政府の強権的な戦時政策に対する批判を行っていた。大戦勃発前から議会と政府とのあいだの対立が続き、帝国議会は停会となっていた。基本法第一四条にもとづき、議会の停会中も政府は緊急令によって統治を行えることになっており、オーストリア政府はそれを根拠に戦時行政を強行していた。大戦勃発後、チェコ語話者は、親ロシア派で君主国に対して忠実ではないと見なされ、政府はボヘミア諸邦に対して厳しい治安政策を採用していた。それがチェコ系の政治家たちには問題であった。国内のチェコ系政治家たちの態度は政府への協力と反発のあいだで揺れていたのである。

チェコ系諸党の主流派は歴史的権利論に依拠して、ボヘミア諸邦の自治を要求していた。その歴史的権利論の中核部分は、チェコ人の歴史家、ヤン・ガランダウエルの要約を借りれば、「ボヘミア国家は法的に途絶えることなく存在しており、その国境はボヘミア王冠の諸邦の歴史的国境からなり、帝国の他の部分との関係は君主とボヘミア国家の代表との協定によって定められている」というものであった(2)。この歴史的権利論に立ってボヘミア諸邦の自治要求を行う場合、スロヴァキアはその対象とはならなかった。スロヴァキアはハンガリーの「聖イシュトヴァーン王冠の諸邦」の歴史的権利のなかに含まれることになり、ボヘミア諸邦の自治を歴史的権利にもとづいて主張する限り、ハンガリー王国のスロヴァキアに関する歴史的権利も尊重せざるをえなかったのである。

他方、チェコ系の社会民主党は歴史的権利論が封建的な特権関係に由来している点を批判していた。とくに党首のボフミール・シュメラルは、言語や文化に依拠する民族誌的な「自然権」に立脚する属人的な自治要求を行い、オーストリア社会民主党のカール・レンナーの文化的民族自治論と同じような主張を行っていた。ただし、それは党の方針となるまでには至らず、その点では社会民主党の立場は不明瞭なままにとどまっていた(3)。いずれにせよ、第一次世界大戦勃発時においても、ボヘミア諸邦のチェコ人政党の主流派のあいだでは、スロヴァキアを含む国家構想は視野になかったのである。

ボヘミア諸邦の歴史的権利論のもうひとつの問題は、ボヘミア諸邦に居住するドイツ系の住民との関係であった。歴史的権利論にたつチェコ系政治家たちは、ボヘミア諸邦の歴史的、経済的一体性を重視し、言語の境界でこの地域を分割することを拒否していた。ボヘミア諸邦の言語人口はすでに述べたように、チェコ語話者が約六二パーセント、ドイツ語話者が約三六パーセントで、ドイツ系住民は少数派であった。チェコ人のナショナリズム運動の高まりに対抗して、しだいに、ドイツ系住民はドイツ語地域での自治を要求するようになっており、ボヘミア諸邦の一体性の維持を掲げるチェコ系のナショナリストたちと対立していたのである。チェコ人ナショナリストたちは、ボヘミア諸邦は経済的に一体をなしており、それを言語別に再編することは不可能であると主張していた。この論理は、国外での独立運動においても一貫して採用されることになり、最終的にはパリの平和会議でもそれは主張され、認められることになる。ただし、この論理をハンガリーに当てはめると、スロヴァキア語話者たちの居住地はハンガリー王国と経済的に一体のものとなっており、スロヴァキアのハンガリーからの分離は要求できないはずであった。国内の政治家たちが歴史的権利論にこだわる限り、彼らはスロヴァキアとの一体性を主張できないことになった。開戦当時の国内のチェコ人政治家たちがスロヴァキアに関して無関心であった理由のひとつはそこにあった。

当時、表立ってボヘミア諸邦の独立を唱えていたグループはごく限られた少数派にすぎなかった。大戦勃発直前から、急進的なナショナリズムを志向する国権進歩党は戦争の勃発を予期しつつ、ボヘミア諸邦の独立を掲げたが、同党の帝国議会議員数は四人にすぎず、その影響力は限られていた。また、この政党においてもスロヴァキアとの結合は視野になかった。

他方、スロヴァキア地方を含むハンガリー王国では、オーストリア側とは異なり、制限選挙制度が維持されており、スロヴァキア系住民はその人口に見合った代表をハンガリー王国議会に送ることができなかった。また大戦勃発時においても、政党政治の分岐はなお始まったばかりであった。おもにスロヴァキア国民党が、ハンガリー王国人口の一〇パーセントほどを占めるスロヴァキア系住民を代表していたが、君主国時代最後のハンガリー王国議会選挙となる一九一〇年の選挙で、同党は四一三議席中三議席を獲得したにすぎなかった(4)。

スロヴァキア人の知識人のなかにはスロヴァキア人とチェコ人とのあいだの言語や文化面でのつながりを重視する「チェコスロヴァキア主義」の潮流が存在し、スロヴァキア国民党もチェコ人との提携には強い関心をもっていたが、一九一八年五月に至るまで、国内のスロヴァキア人政党指導者は二重君主国体制を肯定しており、そこからの離脱やチェコ人との政治的な結合を唱えてはいなかった。

クラマーシュの「スラヴ帝国」構想

クラマーシュは青年チェコ党の党首で、二〇世紀初頭に展開されたネオスラヴ主義の唱道者であった。一八六〇年生まれで、法学と財政学を修め、独仏英露などの外国語に堪能で、一八九一年から帝国議会議員を務めていた。男子普通選挙導入後の議会では農業党や社会民主党の台頭があり、それまでチェコ人のナショナリズムを代表してきた青年チェコ党の退潮は明らかであったが、この時期にお

図 2-1 カレル・クラマーシュ（Paulová, 1937, p. 80 以降の別刷図版）

いてもなお政界の中心人物としての地位は保っていた。またその妻はロシア人であった。

クラマーシュは、オーストリア＝ハンガリー君主国内に居住するスラヴ系住民の連帯を唱えるオーストリア・スラヴ主義に立ち、さらに、君主国外のスラヴ系の諸国民との連携を唱え、また外交面では、君主国がロシアやフランスと提携してドイツと対抗するというネオスラヴ主義を唱道していた。とはいえ、世界大戦前もまた勃発後も、クラマーシュは、少なくとも公の場でボヘミア諸邦の独立というような発言はしていなかった。

クラマーシュは、大戦勃発直前に「スラヴ帝国」――「スラヴ連邦」という名称も使われていた――構想を密かに練り、それはロシア外務省にも伝えられていた。(5) ポーランド、ボヘミア、ブルガリア、セルビア、モンテネグロからなるスラヴ系の各国はロシア帝国と連邦を形成するというもので、ポーランドとボヘミアはロシア皇帝を君主に戴き、バルカンの三か国はそれぞれの君主のもとにおかれ、連邦全体は二院制の議会をもつ立憲君主体制を採るというものであった。これは、一八七一年に成立したドイツ帝国をお手本とし、かつ同帝国と対抗することを意識した構想であった。

連邦内のボヘミア国家については、ボヘミア諸邦にスロヴァキアとルサティアのソルブ人居住地域などを加えた領土が想定されていた。ちなみにルサティア地方は、現在の地図で見ると、ドイツのザクセン州とブランデンブルク州にまたがる地域で、かつてはボヘミア諸邦の一部であり、そこに居住するソルブ人は、チェコ語、スロヴァキア語、ポーランド語とともに西スラヴ語群に分類されるソルブ語の話者たちであった。

また、セルビアは、アルバニア、ダルマツィア、クロアチア、スロヴェニアなどの地域を包含し、さらにそのセルビアとボヘミア国家は、オーストリアとハンガリーのあいだを通る回廊で結ばれ、両国は直接国境を接することになっていた。この構想が実現するためには来るべき戦争でロシアが独墺側に圧勝することが前提であった。

少なくとも緒戦において、ロシア軍はオーストリア領ガリツィアのかなりの部分を占領下においた。その占領地区はハンガリーの北部国境、すなわち現在のスロヴァキア北部国境と接し、ボヘミア諸邦のオーストリア・シレジアからもそれほど遠くない場所であった。この時期において、クラマーシュの「スラヴ帝国」はまったくの「夢物語」とはいえなかった。クラマーシュは身近な政治家たちと連絡をとりながら、ロシア軍の到着に備える待機主義をとった。

しかし、一九一五年春から始まるマッケンゼン将軍指揮下の独墺軍の大規模な反攻によって、ロシア軍はガリツィアの大部分から追い出され、ロシア領ポーランドも独墺軍に占領されることになる。それによってクラマーシュの「スラヴ帝国」という夢の実現は遠のいていった。また、同年五月にクラマーシュは同僚のアロイス・ラシーンらとともに逮捕され、一九一六年末には反逆罪で死刑判決をうけることになる。その後、減刑によって刑の執行は免れるが、ひとまずは政治の表舞台から遠ざかることになった。(6)

クラマーシュの構想では、「スラヴ帝国」という枠組みが設定されていたが、そのなかの「ボヘミア国家」の姿はボヘミア諸邦とスロヴァキアからなる地域が基礎となっており、それはのちのチェコスロヴァキア国家の原型といえるものであった。右で述べたような論理的矛盾を抱えるこの国家は、スラヴ主義的な思考とロシアの勝利という高熱と圧力によって鋳造されるというのが、この構想の前提であったといえる。いずれにせよ、この国家のかたちは、後述するように西欧で独立運動を展開するマサリクたちの国家構想とも、またロシアの移民たちの構想とも共通するものであった。

第二八連隊問題

開戦から一九一七年までに、オーストリア＝ハンガリーでは、八四二万人の兵士が召集されたが、そのうちの一二・六パーセント、一〇〇万余の兵士がチェコ系、三・六パーセント、三〇万人ほどがスロヴァキア系の兵士であった。(7) 開戦時にチェコ系の兵士たちのあいだではこの戦争への不満が広がっていたといわれている。スラヴ系の国であるロシアやセルビアと戦うことに意義が見いだせず、おもにチェコ系兵士で構成されたプラハの第二八連隊が出征するときには、スラヴ的な歌を歌い、酩酊した兵士も多かったという。しかしこのような兵士たちの姿勢は必ずしもスラヴ主義的なナショナリズムだけによるものではなく、この時期に広がっていた労働者たちの平和主義や反戦主義なども加味して理解する必要がある。全体としては、これまで強調されることの多かったチェコ系の兵士の抵抗姿勢は、割り引いてとらえるべきものといえる。むしろ、チェコ系の兵士たちを含めて、ボヘミア諸邦での動員は順調なものであった。

それとの関連で第二八連隊のその後についてもう少し触れておこう。緒戦においてガリツィア東部をロシア軍に占領されたのち、オーストリア゠ハンガリー軍はガリツィアとハンガリー王国領の国境線に沿って防衛線を構築していた。その国境地域は現在の地図で見るとポーランドとスロヴァキアの国境地域ということになるが、そこはカルパチア山系に属する山岳地域であった。ロシア軍は、ガリツィアからハンガリー王国領を南進してブダペストを攻略することや、ガリツィアを西に進んでモラヴィアやボヘミアへ侵攻することも視野に入れていた。一九一五年三月に入ると、現在のスロヴァキア北東部に位置していたオーストリア゠ハンガリー軍はロシア軍に包囲されていたプシェミシル要塞を救うべくガリツィア方面への攻勢に出たが、優勢なロシア軍に押し返され、援軍到来の見込みを失ったプシェミシル要塞守備隊は三月二二日にロシア軍に降伏した。それに勢いを得たロシア軍はドゥクラ峠を越えて、ハンガリー王国領に侵入した。こうして一時的ではあったが、スロヴァキア東部が戦場となったのである。

第一次世界大戦初期に、チェコ人兵士で編成されていたいくつかのオーストリア゠ハンガリー軍の部隊が集団でロシア側に投降するという事件が発生した。そのなかでも、第二八連隊と第三六連隊の事件がよく知られているが、ここでは前者について述べておこう。右で述べた国境地域での戦闘にプラハの第二八連隊も投入されていたが、四月三日にこの連隊を構成する二個大隊がロシア軍の捕虜となるという事件が起きた。軍当局やドイツ系のナショナリストたちからは「計画的な組織的集団投降」とみなされ、チェコ人の君主国に対する「裏切り」ということになった。

他方、チェコ人のナショナリストから見ると、これはハプスブルク君主国に対するチェコ人の「抵抗」の象徴的な事件となり、その後も、この事件はそのようなものとして語り継がれてきた。さらに、このときヴォイチェフ・クレツァンダ准尉たちのドルジナの部隊もロシア側の部隊としてそこにおり、第二八連隊の兵士と接触をもっていたことも知られている。軍団の正史ともいえるフランチシェク・シテイドレルの著書では第二八連隊の大量投降はクレツァンダ隊の功績と記されている。(8) しかし、「計画的な組織的集団投降」についての語りは、対立する双方のナショナリズム史観が協働してつくり出した神話であることが、現在は明らかになっている。

オーストリア人の歴史家、リヒャルト・ラインの研究(9)によれば、この時期にこの地域で戦っていたオーストリア＝ハンガリー軍は連日の戦闘で消耗していた。しかも冬季の山岳地域での戦闘が続いていたため、将兵の疲労は極限に達していた。かなりの積雪があり、吹雪やみぞれがしばしば兵士の体温を奪い、食糧の補給も滞り、ようやく届いた食べ物も固く凍りついていて食べることができなかったという。それまでの戦闘で、第二八連隊は訓練を積んだベテラン将兵の多くを失い、それを補う新兵からなる予備部隊が合流したばかりであったが、その兵士たちは訓練が不足しており、装備も十分には支給されていなかった。そのような状態でこの部隊は数で優勢なロシア軍との戦闘に投入されていたが、司令部の作戦指揮も拙劣で、連隊は逃げ場を失い、敵に包囲されてしまった。それでもこの連隊は終日戦闘を継続し、最後は万策尽きて降伏に至ったというのが真相であった。

連隊はこの「不祥事」を理由に解散が命じられ、生き残りの兵士たちは他の部隊に配属替えとなった。また、その責任を問われた指揮官の審問が軍事法廷で行われたが、結局のところ、実際の状況からみてそれは「計画的な組織的集団投降」ではなかったと判断されたのである。ただし、その結論は一般には公表されなかった。右で述べたように、「チェコ人の裏切り」というドイツ系ナショナリストたちの神話と、「君主国への抵抗としての投降」というチェコ系のナショナリストたちの神話がその後も語り継がれることになったのである。また、この事件を理由にオーストリア政府によるボヘミアでの治安政策が強化され、その翌月にはクラマーシュの逮捕という事態に至ることになる。

チェコ連盟とチェコ国民委員会

クラマーシュが逮捕されて間もなく、一九一五年九月ごろから、チェコ系の主要政党の指導者たちは党派を超えて共同行動を模索し始めた。東部戦線では独墺軍の反撃によってロシア軍はガリツィアから駆逐され、またロシア領ポーランドも独墺軍によってほぼ全域が占領された。クラマーシュたちが期待していたロシア軍によるボヘミア諸邦の解放というシナリオの実現は遠のいていた。チェコ系の政党指導者たちは、ハプスブルク君主国の存続を前提に、現実の利益を追求する方策をとる必要があった。このような動きは、一九一六年六月から始まるロシア軍のブルシーロフ攻勢によって一時期中断するが、その攻勢が終息して以降、再度、チェコ系政治家たちの行動は活発なものとなる(10)。

同年末には、占領したロシア領ポーランドの扱いについて独墺間で交渉が行われ、それにともなってオーストリア領ポーランドであるガリツィアの処遇などが、君主国内政治の議題として浮上した。もし、オーストリア領ガリツィアがオーストリア側から離れてロシア領ポーランドとあわせて別な統治単位に移り、それにともなって、ウィーンの帝国議会で一定数を占めるポーランド系の議員が帝国議会から離れることになると、帝国議会ではドイツ系の諸党派が過半数を占めることになる。それはチェコ系を含む非ドイツ系の諸党派にとっては重大な問題であった。

　このような国内外の情勢の変化に対応して、チェコ系政治家たちはふたつの組織をつくった。ひとつはチェコ系の帝国議会議員の大部分で構成されたチェコ連盟で、もうひとつは帝国議会議員、ボヘミア諸邦の領邦議会議員、それに有識者を加えたチェコ国民委員会であった。このふたつの組織の設立は一九一六年一一月一九日に公表された。

　これらのチェコ系政治家たちの動きと重なるように、一一月二一日にオーストリア＝ハンガリーの「皇帝にして国王」であったフランツ・ヨーゼフ一世が八六歳で崩御した。一八四八年一二月に一八歳で即位してから、ほぼ六八年にわたる治世であった。皇位はカール一世(ハンガリー王としてはカーロイ四世)に引き継がれた。カールはフランツ・ヨーゼフの弟、カール・ルートヴィヒ大公の孫で、まだ二九歳であった。この君主の交代を機に、君主国内の政治は新たな展開を見せることになった。カールは即位後に、早期の講和を実現するという意思表示を行い、また国内向けには政治犯に対する恩赦を行った。そこには、クラマーシュやラシーンらも含まれていた。

　クラマーシュとラシーンは一九一五年五月に反逆罪の容疑で逮捕されていた。裁判は同年一二月から翌一九一六年六月まで続き、クラマーシュとラシーンには、他のふたりの被告とともに絞首刑の判決が言い渡された。この判決は、同年一一月二〇日に上告審で確定した。死刑執行はそれを命じるフランツ・ヨーゼフの署名を待つばかりであったが、彼は死の床にあり、署名ができないままその翌日、二一日にこの世を去った。そのあとを襲ったカールは翌一九一七年一月五日に、クラマーシュらの減刑の決定を行った。クラマーシュは一五年、ラシーンは一〇年の刑となり、さらに同年七月には恩赦

で釈放されることになる。(11)

チェコ連盟の忠誠宣言

一九一七年一月一〇日に英仏露伊の協商側四か国政府は、米国のウッドロー・ウィルソン大統領あてに、戦争目的に関する共同の覚書を送ったが、そのなかに「チェコ＝スロヴァキア人が外国の支配から解放されること」という一文が含まれていた。これは国外での独立運動の最初の外交的な獲得物であった。その経緯については後述する。いずれにせよ、この一文は君主国政府にとっては予期せぬものであり、また見すごせないものでもあった。君主国の外相、オットカル・チェルニンはこの文書を否定するよう、チェコ人政治家たちに圧力をかけた。チェコ連盟は、それなりにチェコ人の権利の表明や君主国の現状への批判を含みつつも、協商国の覚書を否定し、あわせて君主国への忠誠を表明する声明文を作成したが、それはチェルニンの受け入れるところとはならず、最終的には外相側から示された案を一月三一日に受け入れ、それは翌二月一日に発表された。

そのチェコ連盟の声明では、「外国の支配からの解放」という「ほのめかし」を拒否し、「チェコ国民は過去、現在、未来においても同様に、ハプスブルク家の王権のもとで自らの未来と発展の条件を見いだす」と述べられていた。ちなみに、覚書で「チェコ＝スロヴァキア人の解放」とされていた部分は、チェコ連盟の声明では「チェコ人の解放」と書き換えられていた。この声明は、国外で独立運動を進めていたマサリクたちの活動には、大きな痛手となるものであった。マサリクたちは、協商国側政府に向けて、自分たちが国内の政治家たちを国外で代表していると主張していたからである。

ただし、国外での独立運動については、戦時下の厳しい情報統制のもとで、国内の一般の人々にはほとんど伝わっていなかったが、この出来事をとおしてそれが間接的に伝わるということになった。(12)たとえば、青年チェコ党の機関紙である『ナーロドニー・リスティ』紙は、一月一六日にマサリクらの国外での行動と関連付けて四か国の覚書にふれる記事を掲載し、君主国へのチェコ人の忠誠を表明した。これは、新聞社としての意見表明にすぎず、それ自身はそれほどの意味はなかったが、このようなかたちでマサリクたちの活動が一般の人々にも知られるようになったのである。なお、この時期の同紙は帝国内改革を支持していたが、その後は次第に独立論に傾いていくことになる。また、それに先立つ一月一三日に、同じ新聞が四か国の覚書の内容を伝えていたが、「チェコ＝スロヴァキア人」という部分は「チェコ人とスロヴェニア人」となっていた。単なる誤記とのことであるが、それは、おそらくは、この時期のチェコ人のあいだで「チェコ＝スロヴァキア人」なるものはまだ現実味のある語ではなかったということを示している。(13)

二　国外での独立運動

マサリクの「新ヨーロッパ」論

プラハ大学の哲学教授で、帝国議会議員でもあったマサリクは、チェコ進歩党――一般には「リアリスト(党)」と呼ばれていた――の党首であったが、大戦勃発時の帝国議会での同党の議席はマサリクの一議席のみで、チェコ人の政党政治のなかでも孤立した存在であった。マサリクは一九一四年末に国外に出て、パリとロンドンを拠点とする独立運動を立ち上げることになる。マサリクは一八五〇年生まれだったので、このときはすでに六四歳であった[14]。

当初、マサリクが掲げた独立国家構想は、ボヘミア諸邦にスロヴァキアを加えた国家を樹立すること、そこにはルサティアも含まれること、そして新国家と南スラヴ国家を結ぶ回廊をつくることなどからなっていた（本章扉の地図参照）。また、国内の政治家たちの大勢は君主制を支持しており、ロシアから君主を迎えることを求めているとしたうえで、ボヘミア諸邦内のドイツ系住民の感情に配慮するのであれば、たとえばデンマークやベルギーなどから君主を迎えるのが望ましいと考えていた。いずれにせよ、新国家は立憲君主制を採ることを想定していた。君主の選び方などで異なる部分があるが、新国家のかたちとしてはクラマーシュの国家構想と同じものであった[15]。

大戦前のマサリクは歴史的権利論を批判しており、また独立論に与することもなかった。しばしば、政府を激しく批判する論陣を張ったが、君主国の存在を否定することはなかった。したがって、大戦勃発後にマサリクが独立運動を開始したことは当時においても、また今でも、かなり唐突なものに見えるし、またそれについてのマサリクの説明も明確なものではなかった。

図 2-2　トマーシュ・マサリク（Seton-Watson, 1943, 口絵）

とりあえず、マサリクの行動は次のように説明しておこう。マサリクは、緒戦におけるガリツィア戦線でのロシア軍の成功によって、ボヘミア諸邦がロシアの影響下に入る可能性が高まったと判断していた。またクラマーシュとの意見交換をとおして、その「スラヴ帝国」構想の内容についても了解していた。さらには後述するロシアにおけるチェコ系、スロヴァキア系移民の動向についてもそれなりには情報をもっていたと思われる。マサリクにとって最大の問題は、大戦後にボヘミア諸邦がロシア帝政の支配下、ないし影響下におかれることであった。マサリクのロシア帝政批判は、一九一三年にドイツ語で出版されたその著書『ロシアとヨーロッパ』によって知られている[16]。マサリクは、とりあえずクラマーシュらの構想の骨格部分を受け入れることで、クラマーシュとの協力関係を可能にし、そのうえでチェコ人政治家たちの代表として西欧に赴き、可能な限り、ボヘミア諸邦をめぐる問題に西欧の指導者や世論の関心を引きつけ、それによってロシア帝国の影響力を相対化しようとしていたと思われる[17]。

ただし、ロシア帝国は英国およびフランスの同盟国であり、マサリクは公の場でロシア帝政を批判することは控えなければならなかった。マサリクは大戦を「民主政と専政とのあいだの闘争」としてとらえようとしていたが、協商側諸国のなかのロシア帝国の存在はその議論に矛盾し、その結果として、少なくとも一九一七年三月にロシア帝政が崩壊するまでのあいだ、マサリクの議論には歯切れの悪さが残った。

このような矛盾を抱えつつも、マサリクはしだいに「新しいヨーロッパ」という議論を展開するようになる。マサリクによれば、戦争の長期化によって二重君主国のドイツ帝国に対する従属は深まり、君主国内の非ドイツ系、非ハンガリー系の住民にとって、君主国の存在意義は失われた。したがって、君主国内の諸国民は君主国を解体し、独立国家を形成し、それらの諸国の連帯による「新しいヨーロッパ」がつくられるべきということになる。とはいえ、大戦初期に国外で運動を開始した時点で、マサリクは確たる将来の見込みをもっていたわけではなかった。マサリクはその回顧録において、「もしドイツとオーストリアが何はともあれ勝利を収めるか、それとも戦争の勝敗が決まらない場合には、その後も国外にとどまり、未来のためにオーストリアに対する革命闘争を指導することになる(18)」とその時期の心境を語っている。

一般には、ロシアに対する態度の差や独立後の両者の関係などから、クラマーシュとマサリクの関係については対立面が強調されるが、新国家のかたちという点に注目するなら、むしろその両者の連続性を強調すべきであろう。大戦期をとおしてマサリクやクラマーシュを支持するグループは「チェコ・マフィア」と呼ばれる秘密組織をつくり、その外にいた政治家や国外の組織と連絡をもっていた。青年チェコ党の有力指導者であるラシーン、ソコル運動の指導者であるヨゼフ・シャイネル、それにマサリクのリアリスト党に属していたプシェミスル・シャーマルらがその中心メンバーであった。彼らは相互の連絡網をつくり、オーストリア政府や軍のなかの協力者をとおして秘密情報を集め、それを国外の反ハプスブルク運動へと伝えたのである。

このようなかたちでマサリクはボヘミア諸邦とスロヴァキアをあわせた領域での国家の独立を唱えていたが、少なくとも一九一五年末までの時期のマサリクの発言には「チェコスロヴァキア」という表現は使われていなかった。英語での演説や論考では、新国家は「ボヘミア国家」と呼ばれ、スロヴァキア人は方言を話す「ボヘミア人」であった。英語の世界では、「チェコ人」(Czech)はなおこの時期においても一般の人々にはなじみのない語で、「スロヴァキア人」はさらになじみがなかった。「チェコスロヴァキア建国の父」となるマサリクもまた、この時期までは、祖国たるべき新国家の名称にたどりついていなかったのである。

国民評議会

マサリクは一九一四年末に、当時はまだ中立国であったイタリアに赴いた。情報収集を目的とする旅であったが、帰国すると逮捕されるおそれがあるという知らせを受けて、マサリクは国外にとどまり、その後は、パリとロンドンを拠点として独立運動を立ち上げることになる。マサリクはおもにロンドンで、片腕として行動をともにしたエドヴァルト・ベネシュがパリで活動することになる。

ベネシュは一八八四年生まれの社会学者で、プラハ大学で学んだのちに、フランスのパリやディジョンなどで留学生活をおくった。大戦勃発時の年齢は三〇歳で、プラハ大学で社会学を教える助教授であった。政治的には、はじめは社会民主主義を支持し、その後にマサリクの支持者となった。マサリクが国外へ出たあとも、国内の抵抗運動組織であるチェコ・マフィアの活動に参加し、一九一五年九月にスイス経由で西欧へと脱出し、西欧での独立運動の実務面を担うことになる。

マサリクは、国外のチェコ系、スロヴァキア系移民組織との連携を図り、ひとまずは一九一五年一一月一四日付で「チェコ人在外委員会」(Český komitét zahraniční/the Czech Committee Abroad)という組織名で、オーストリア＝ハンガリーに対する戦争宣言を発表し、協商国側に立って「チェコスロヴァキア国家」の設立を目指すことを表明した。(19)

宣言は、「チェコ国民」の名において、「今日、チェコ人の政治指導者たちは獄中で苦しみ、絞首台が無能な行政の好都合な支えとなり、チェコ人の全国民的綱領に沿って自発的に行動したゆえに、チェコ人の諸連隊は殺戮されている」と断じ、チェコ人の全政党はそれまでオーストリア＝ハンガリー内での自治を求めていたが、「兄弟殺しの戦争とウィーンの無慈悲な暴力」によって、「われわれは、オーストリア＝ハンガリーを考慮することなく、独立を要求せざるをえなくなった」とし、「われわれは独立したチェコスロヴァキア国家のために戦う」と述べていた。この文書はクラマーシュらの逮捕や、第二八連隊などの「集団投降」事件が想起されながら書かれているが、「チェコ人の諸連隊は殺戮されている」という部分は事実とは遠い誇張というべきであろう。また、「兄弟殺し」とは同じスラヴ系の人々が敵味方に分かれて戦場で殺し合いをしていることを意味していた。

この文書は、西欧におけるマサリクたちのチェコスロヴァキア独立運動の最初の宣言ということになる。また、ここにおいてはじめて「チェコスロヴァキア国家」という語が出てくる。ただし、この文書の主体は「チェコ国民」で、その後に使われるようになる「チェコスロヴァキア国民」はまだ現れていない。

この文書には、マサリクと並んでヨゼフ・デュリヒが署名していた。デュリヒは一八四七年生まれだったので、マサリクよりも少し

図 2–3　エドヴァルト・ベネシュ（Paulová, 1937, p. 304 以降の別刷図版）

図 2-4　ヨゼフ・デュリヒ
（Tobolka, 1937, p. 240 以降の別刷図版）

年長であった。チェコ系政党としては第一党の地位にあった農業党の帝国議会議員で、思想的には親ロシア主義者であり、クラマーシュときわめて近い関係にあった。すでに述べたように、ネオスラヴ主義運動でもデュリヒはクラマーシュと行動をともにしていた。

マサリクは、指導的な地位にある政治家が、国外の独立運動に加わることをクラマーシュに求めていたが、それに応えるかたちで、クラマーシュはデュリヒを国外へ送り出したのであった。デュリヒは一九一五年五月にスイスへ赴き、マサリクたちと行動をともにするようになった。マサリクとデュリヒの政治志向は異なるものであり、それは間もなく国外での運動の分裂をもたらすことになる。

とはいえ、マサリクもデュリヒも帝国議会議員としての地位をもち、その点では「チェコ国民」を代表していた。しかし、両名以外でこの文書に署名した一一人の人物はロシア、英国、フランス、米国などのチェコ系、スロヴァキア系の移民組織の代表たちで、「チェコ国民」を代表する人々とはいいがたかった。この時点で、これらの人々のあいだで統一された国家構想というものはおよそ存在していたとはいえない。それゆえに、この文書は、「抑圧されるチェコ人」という物語がかなり誇張されて描き出されているのみで、肝心の新国家のあるべきかたちについてまったく触れていなかったのである。

チェコ人在外委員会なるものは、おそらく組織としての実体はなかったと思われる。しかしこの時期になると、マサリクらが「チェコ国民」ないし「チェコスロヴァキア国民」を代表しているという組織面での根拠が必要となった。マサリクは一九一五年一二月にフランス首相兼外相のアリスティード・ブリアンと面会するなど、協商国側政府首脳との接触が始まったが、そのさいに既存の在外委員会は様々な移民組織の代表の寄せ集めにすぎず、また、その人々が明確な国家構想を共有しているということでもなかった。運動の進展にともない、一九一五年末から翌年はじめにかけて、「国民」を国外で代表する組織が必要であると考えられるようになった。

そのような「国民」の代表組織として、「チェコスロヴァキア国民評議会」(Československá národní rada/the Czechoslovak National Council) が設立された。なお、この組織は旧著で「チェコスロヴァキア民族会議」と呼んでいたものと同一のものである。この国民評議会の設立日は必ずしもはっきりしておらず、また組織名称についても揺れが見られた。ベネシュの回顧録では、「一九一六年二月にチェコスロヴァキア国民評議会が設立された。その議長はいうまでもなくマサリク教授、副議長はデュリヒ議員、スロヴァキア人代表がシュチェファーニク、事務局長がベネシュであった」と記されている。なお、ミラン・シュチェファーニクについては後述することにしたい。

おそらく、一九一六年二月に、マサリク、デュリヒ、シュチェファーニク、ベネシュらのあいだで、国外の独立運動の中心組織を設置することが合意されたのは確かであろう。しかし、六月に発表されたその組織のチェコ語名は「チェコスロヴァキア在外委員会」(Československý zahraniční výbor) であった。その後、八月には「チェコ＝スロヴァキア国民評議会」(Česko-slovenská národní rada) という表記が現れ、さらに一〇月になるとハイフンなしで「チェコスロヴァキア国民評議会」(Československá národní rada)と表記されるようになった。チェコ語ではその後も一貫してこの名称が使われた。

他方、フランス語では、六月の段階では「チェコ＝スロヴァキア国民評議会」(le Conseil national tchéco-slovaque)であったが、一〇月以降は「チェコ諸邦国民評議会」(le Conseil national des pays tchèques)が用いられた。この名称はスロヴァキア人のシュチェファーニクの主張を入れたものであった。「チェコ」という地名ですら協商側諸国の人々にはなじみのないものであり、「チェコスロヴァキア」となるとおよそ意味不明なものであった。ここでは、わかりやすさを優先したのである。他方、英語では「チェコ＝スロヴァキア国民評議会」(the Czecho-Slovak National Council)というハイフン付きの名称がその後もとおして使われた。その理由は示されていないが、米国のスロヴァキア系移民組織がそこでは意識されていたと思われる。

ここには、運動の主体をどのように表現するのかという問題と、独立の対象となる土地をどのように表現するのかという問題があった。その点について、当事者たちのあいだではなお合意がなかった。運動の主体は「チェコ国民」なのか、「チェコスロヴァキア国民」なのか、それとも「チェコ＝スロヴァキア国民」なのか、また、その独立を目指す土地、すなわち「ボヘミア諸邦」と「スロヴァキア」をあわせた土地をどのように呼ぶのかという問題については、なお定まった回答が共有されていなかったのである。

さて、ここでミラン・シュチェファーニクについて述べておこう。[20] シュチェファーニクは一八八〇年生まれのスロヴァキア人で、プラハで建築学を学んでいた。その時期にマサリクの思想に共鳴するスロヴァキア人のグループに加わり、またマサリクの知己を得ることもできた。シュチェファーニクは迷った末に建築学を捨て、ほぼ独学で天文学を学び、その博士号を取得した。その後、パリ天文台のムードン観測所で職を得て、世界各地で日蝕やハレー彗星などの天体観測を行っていた。また、彼は、天体観測だけでなく、フランス政府のために海外で気象観測基地や無線基地を設置する活動を行っており、それをとおしてフランス政府や軍の高官とも親交をもっていた。

大戦勃発時の年齢は三四歳で、ベネシュよりは少し年長であった。そのときすでにシュチェファーニクはフランス国籍を取得していた。大戦勃発後、彼は飛行機のパイロットとなることを志望し、軍の飛行学校での訓練をへて、一九一五年五月にはフランスのアラス方面で飛行機による偵察を行っている。チェコ人のナズダル中隊が、この地域での戦闘で大きな犠牲を出した直後のことであった。その後、セルビア戦線などで飛行士として活躍した。一九一五年一二月に彼はパリでベネシュと出会い、それ以後、マサリクたちの運動に引きこまれていった。

国民評議会はシュチェファーニクの参加で、「スロヴァキア人代表」を加えることができたということになるが、シュチェファーニクは、マサリクやデュリヒとは異なり、スロヴァキアで公的な地位についたことはなく、彼が「スロヴァキア人を代表する」根拠はとくになかった。しかし、ともかくも「スロヴァキア人代表」が運動には必要であり、マサリクたちにはその存在は好都合であった。

また、シュチェファーニクはフランス国籍をもち、現役のフランス正規軍の将校であり、すでに述

図 2-5　ミラン・シュチェファーニク(Seton-Watson, 1943, p. 22 以降の別刷図版)

べたように、フランスの政府や軍の高官とも一定のつながりをもっていた。マサリクたちは、シュチェファーニクを介してフランスの政府や軍部と通じることができたのである。前述したように、ベネシュがシュチェファーニクと出会ってから間もなく、マサリクはフランス首相兼外相のブリアンと面会し、運動への支持を求めることになるが、それはシュチェファーニクの仲介によるものであった。

国民評議会の本部はパリにおかれ、フランス政府や他の協商国側政府との外交交渉はおもにベネシュが担った。マサリクはロンドンに身をおき、そこで展開されていた協商国側の戦時外交を観察しながら、独立の大義を様々な方法で説いていた。それは、大学などでの講演や新聞、雑誌への寄稿、サロンの場での外交官やジャーナリストたちとの意見交換などによるものであった。しかし、一九一六年末までのあいだ、チェコスロヴァキア国家の独立へとつながるような顕著な成果を得られたとはいえなかった。少なくともマサリクたちの国外での独立運動が協商国側の指導者たちのあいだで認知されるようになるまでには、なお時間を要したのである。この時期、ポーランドに関しては、それぞれの思惑はともかくとして、両陣営ともにその独立を支持していたし、君主国内の南スラヴ人たちについては君主国外にセルビアという独立国が協商国側の一員として存在していた。それに対して、チェコスロヴァキアの独立については、それを公式に支持する国家は、この時点では協商国側には存在していなかったのである。

連合国の戦争目的に関する覚書

一九一六年一二月一九日、ウィルソン米国大統領は、交戦している両陣営にそれぞれの戦争目的の開示を求めた。米国はまだ中立国であったが、戦争目的の開示を求めることで、和平を仲介しようとしたのである。それに対して、英仏露伊の協商側四か国政府は共同の覚書を作成し、それは一九一七年一月一〇日付で米国に送付された。そこには「イタリア人、スラヴ人、ルーマニア人、チェコ＝スロヴァキア人が外国の支配から解放されること」という一文が含まれていた。[21] とくにその地理的な範囲は明示されていなかったが、その並び方からみて、それはオーストリア＝ハンガリーの領域についての言及であることは明らかであった。なお、フランス語のテキストでは「チェコスロヴァキア人」(Tchécoslovaques)[22] となっていたが、その英訳では「チェコ＝スロヴァキア人」(Czecho-Slovaks)となっていた。いずれにせよ、この「解放」の具体的意味は曖昧で、当該四か国が「チェコスロヴァキア国家」なるものの独立について何らかの約束をしたというものではなかった。

すでに述べたとおり、国内の政治家たちは、チェルニン外相からの要請でその内容を拒否することになる。とはいえ、四か国の合意として米国大統領に送付された公式文書に「チェコスロヴァキア人」ないし「チェコ＝スロヴァキア人」という言葉が盛り込まれたことの意味は小さくはなかった。そこには将来に関して拘束力のある約束は含まれていなかったが、協商側諸国において少なくとも

「チェコスロヴァキア人」ないし「チェコ＝スロヴァキア人」なるものの存在が認知されたといえるからである。ついでに付け加えると、この時期、国内で自らを「チェコスロヴァキア人」と意識していた者はほとんどいなかった。別ないい方をすると、「チェコスロヴァキア人」なるものは、その居住地ではなく、国外で、まずは政治的な外交文書のなかの言葉として姿を現したということになる。

ちなみに、覚書のなかの「スラヴ人」とは、「南スラヴ人」を意味していたが、イタリアが「南スラヴ人」という語を挿入することに反対したため、曖昧な「スラヴ人」という表現になった。イタリアはイタリア系住民が居住する南チロル地方のほかに、アドリア海の対岸に位置するオーストリア＝ハンガリー領ダルマツィア地方の獲得を目指していた。そこにはイタリア語の話者たちもいたが、住民の大半はクロアチア語話者たちであった。戦後の国家については、セルビアと君主国内の南スラヴ人の諸勢力とのあいだに対立があったが、さらにそのセルビアや南スラヴ人とイタリアとのあいだにも対立があった。イタリアはかつてローマ帝国領であったダルマツィアに領土を獲得してアドリア海を自らの内海とすることを期待しており、一九一五年の協商国とのあいだのロンドン条約では、イタリアの参戦との引き換えに、イタリアがダルマツィアで領土を獲得することが認められていたのである。ちなみに、大戦末期にイタリアはダルマツィアを占領したが、パリ平和会議ではウィルソン大統領の反対で、その一部を除いて自国領とすることはできなかった。この土地は、現在はクロアチア領となっている。この問題は、イタリアが大戦後のヴェルサイユ体制に不満を持つ原因となる。

実は、この覚書の素案には「チェコスロヴァキア人」への言及はなかった。しかし、英仏間の交渉の過程でフランス側がその挿入を求め、最終文書に盛り込まれたものであった[23]。ベネシュたちは君主国についての機密情報を協商国側に提供していた。このような協力への見返りとして「チェコスロヴァキア人」への言及はなされたと考えられている。しかしそれ以上に重要なのは、ベネシュらが、ロシアのチェコ人、スロヴァキア人捕虜をフランスに輸送し、そこにおいて義勇軍を編成する、もしくは工場労働者として使うという構想をフランスにもちかけていたことであろう。後述するように、この覚書に先立つ一九一六年八月に、シュチェファーニクはフランス軍使節の一員としてロシアに渡り、捕虜のフランスへの移送についてロシア政府と交渉していた。一九一六年末の段階で、フランスの兵員の動員力は限界に近づきつつあり、ロシアからチェコ人、スロヴァキア人捕虜を輸送するという構想は、それなりにフランスの関心を引くものであった(24)。この構想への期待が、米国大統領あての覚書での「チェコスロヴァキア人」への言及に反映されていたのである。

勢力均衡論

ただし、フランスを含む協商国側の指導者の多くは、勢力均衡という観点からハプスブルク君主国の存在が戦後の国際政治においても不可欠な要素であるとみなしていた。君主国領のうち、ロシアはガリツィアを、イタリアは南チロルなどを、セルビアはボスニア・ヘルツェゴヴィナなどを、ルーマニアはハンガリー王国東部のルーマニア系の人々の居住地域を戦後に獲得しようとしていたが、仮にそれらが実現しても、君主国の中核部分を占めるオーストリア世襲領とボヘミア諸邦、およびハンガリー王国領の主要部分は残ることになる。オーストリア＝ハンガリーに対する領土要求は、君主国が戦後も欧州の勢力均衡体制の一翼を担う大国として存続するという期待と両立しうるものであった。

それに対して、ハプスブルク君主国の基本的な構成単位であるボヘミア諸邦がそこから離れるということは君主国の解体を意味し、君主国はもはや大国とは呼べなかった。それだけに、「チェコスロヴァキア」をめぐる問題は、慎重な取り扱いが必要であった。結局のところ、この一九一七年一月の覚書以後、ほぼ一年間にわたって、マサリクたちの運動はさしたる成果を見ることなく、一九一八年を迎えることになる。

この問題に関するロシア政府の姿勢についても述べておこう。大戦が勃発した直後、ロシア政府は、ロシア帝国軍最高司令官であったニコライ・ニコラエヴィチ大公の名において、オーストリア＝ハンガリー内のスラヴ系住民を鼓舞する声明を発表していた。そこには次のような一節が含まれていた。

ロシアは、諸君のそれぞれが発展し栄えるということを目指し、また同時に、父祖からのかけがえのない遺産、すなわち言語や信仰を護り、先祖をともにする兄弟と統一され、隣人と平和のうちに、また合意にもとづいて暮らし、隣人たちの自立を尊重することができるよう戦っているのに他ならない(25)。

この声明の内容はきわめて曖昧なものであったが、後述するようなチェコ系、スロヴァキア系移民の動きを引き出すことはできた。なお、チェコ人に向けた大公の声明文なるものも流布したが、それは偽物であった。いずれにせよ、大公の声明は君主国内のスラヴ系住民の抵抗を鼓舞しつつ、その将来については明言を避けるという性格のものであった。

他方、外交の場では、君主国の存続をはっきりと明言する見解がロシアの外相によって述べられていた。開戦期に外相であったセルゲイ・サゾーノフは、一九一四年九月中旬にフランスの駐露大使であったモーリス・パレオローグに、ロシアの戦争目的について述べている。サゾーノフによれば、ロシアによるガリツィアの併合、セルビアによるボスニア・ヘルツェゴヴィナ併合などの領土変更はあるものの、オーストリア、ボヘミア、ハンガリーからなる「三位一体の君主国」は存続することになっていた。サゾーノフもまた、他の協商側諸国の指導者と同様に、ヨーロッパで勢力均衡を維持するためには、オーストリア＝ハンガリーの存在は不可欠であるという認識をもっていたのである(26)。さらにいえば、ロシア領内にも独立を志向する可能性のある地域が数多く存在していた。それらを考慮に入れると、チェコスロヴァキアの独立を支援することはロシアにとって「諸刃の剣」であった。ロシアの指導者たちが、その危険を意識していないということは考えられないことであった。

ロシアでのチェコ系、スロヴァキア系の移民たちの活動は、義勇軍の編成を含むものであり、ロシア政府やロシア軍は、移民たちの行動を一定の範囲で支持していた。しかし、移民たちが目標とする新国家建設について、ロシア政府は一切の言質を与えてはおらず、戦争や戦時外交の行方によっては、ロシア政府がこれらの移民組織や義勇軍を見捨てる可能性もあったというべきであろう。そのような意味において移民たちの行動は、極めて不確かな環境のなかにあったのである。

パリにいた国民評議会事務局長のベネシュも、そのような運動を取り巻く環境の厳しさは自覚していた。一九一七年三月はじめにプラハにあてた報告書のなかには次の一節があった。

もし、勝利が全面的なものであれば、スロヴァキアを加えたわれわれの独立は確かなものになろう。もしそれが部分的なものであれば、おそらくは（少なくとも戦前のハンガリーと同様に）オーストリア＝ハンガリー連邦内でのわれわれの国家的な独立が考えられる(27)。

少なくとも、国内の協力者との内輪での意見交換において、ベネシュは君主国の存続を前提とした自治の獲得という帰結も視野に入れていたということになる。協商側四か国の米国大統領あての覚書で「チェコ＝スロヴァキア人」についての言及があったあとにおいても、国外の独立運動がおかれていた国際環境は楽観を許さないものであった。

三　ロシアとアメリカの移民たち

ロシアにおけるチェコ系、スロヴァキア系移民組織

すでに述べたように、ロシアのチェコ系、スロヴァキア系移民たちは、自分たちの生活を維持するために、ロシアへの忠誠を具体的に示す必要に迫られ、ロシアでの義勇軍の編成に至った。しかし、そこには当面の生活上の問題を超えた政治的な大義も存在していた。移民たちも、また当然ながら義勇軍の隊員たちも、その行動の最終的な目的として自分たちの国家の独立を目指していた。ロシアの移民組織の指導者たちのあいだには、スラヴ主義的なチェコ人とスロヴァキア人のナショナリズムが浸透していたといえる。

ドルジナの編成許可は一九一四年八月一二日に出たが、その直後の同月二〇日にモスクワのチェコ系移民組織の代表たちは、クレムリン宮殿で皇帝との謁見を許され、そのさいに覚書を上奏している。そこでは、皇帝に対して「チェコスロヴァキア国民」のもつ「歴史的、民族誌的国境のなかでの歴史的権利」への配慮を求め、「ロマノフ家の王冠の光のなかで自由で自立した聖ヴァーツラフ王冠を輝かせしめよ」と述べられていた[28]。この「歴史的、民族誌的国境」とは、前者がボヘミア諸邦を、後者がスロヴァキア系住民の居住地域を意味していた。いずれにせよ、この段階で、ロシア移民の世界では、「チェコスロヴァキア国民」という言葉が使われていたことになる。

また九月一七日には、モスクワ、キエフ、ペトログラード、ワルシャワの移民組織の代表が再度、皇帝との謁見を許されている。このとき、ペトログラードのイジー・クレツァンダ、キエフのオタカル・チェルヴェニー、モスクワのスヴァトプルク・コニーチェク、そしてワルシャワのヨゼフ・オルサークがそれぞれの地域の組織を代表していた。クレツァンダは科学アカデミーの図書館に勤務する若い歴史家で、ロシア二月革命後に、ロシアに渡ったマサリクの側近として活躍する。チェルヴェニーは楽器販売、コニーチェクは広告会社などの経営者、またオルサークはスロヴァキア人で百貨店の共同所有者であった。ちなみに、チェルヴェニーは管楽器の製造で知られているチェコのV・F・チェルヴェニー社の創業者の息子であった。

そこでの上奏文も、八月二〇日のそれと同様の要求を行っていた[29]。いずれにせよ、このときの二つの上奏文では、「チェコスロヴァキア国民」への言及はあるが、「チェコスロヴァキア国家」という言葉は避けられていた。「ロマノフ家の王冠の光のなかで自由で自立した聖ヴァーツラフ王冠を輝かせしめよ」という一文は、ロシア帝国の影響のもとでボヘミア諸邦が何らかの自治を得るという解釈も可能であった。これが、この時点でロシア政府が受け入れ可能な最大限の表現であった。

この時期の移民たちは、「チェコスロヴァキア国民」がロシア帝国の保護のもとで、ロマノフ家出身の国王を戴きつつ独立するということを求めていた。新国家は、ルサティアを含むとされ、その国境はクラマーシュの構想のなかの「ボヘミア王国」とほぼ同じものであった。ただし、新国家構想はなお曖昧なものにとどまっていた。いずれの場合もチェコとスロヴァキアはロシアと結びつくという前提であったが、チェコとスロヴァキアは同君連合もしくは国家連合を形成しつつロシアと結びつくという考え方もあれば、チェコスロヴァキアという統一国家のなかでスロヴァキアは一定の自治を得るという考え方もあった。また、スロヴァキア系移民たちのなかにはチェコとの結合を求める者もいれば、むしろスロヴァキアが単独でロシア帝国に合流することを求める者もいた。[30]

大戦勃発時にロシア各地では、数多くのチェコ系移民組織が活動していたが、一九一五年三月にモスクワでそれらの組織の代表が集まり、在露チェコ人協会連盟が結成された。この会議ではスロヴァキアを含む新国家の建設が運動の目標とされ、同年五月に組織の名称は在露チェコ゠スロヴァキア人協会連合と変更され、スロヴァキア系移民組織もそこに加わった。一九一六年四月の連盟大会では、「戦争税」の徴収が決議された。連盟の成員と労働に従事している戦争捕虜から一定の金額を徴収し、その資金で義勇軍への補助を行い、また負傷兵や傷痍軍人への支援が行われることになる。[31]

チェコ系移民のあいだには当初から路線対立が存在し、その対立は長期にわたって続いた。キエフとモスクワのグループはロシア皇帝に忠実な保守派が多かったが、ペトログラードの組織は進歩派の知識人が多く、ロシア帝政に批判的で、ロシアの民主派諸勢力を支持していた。しだいにこのペトログラード派は西欧で独立運動を展開するマサリクたちに接近するようになる。

いずれにせよ、ロシアでは開戦とほぼ同時に、「チェコスロヴァキア国民」という意識が生まれ、ボヘミア諸邦とスロヴァキアを含む国家建設を視野に入れた運動と軍事組織の編成が始まり、一九一五年前半にはチェコ系とスロヴァキア系の移民の統一組織が活動していた。すでに述べたように、マサリクが西欧に亡命して独立運動を始めるのは一九一四年末であったが、それが組織的なかたちをとりはじめるのは一九一五年末から一九一六年前半にかけての時期であった。ロシアの移民組織の運動は、マサリクたちの西欧での運動よりもかなり先行していたことになる。

ロシアでの指導権争い——マサリク対デュリヒ

一九一六年にパリでチェコスロヴァキア国民評議会が設立され、その活動は本格化するが、この国民評議会の活動は、同じ協商国側のロシアには及んでいなかった。ロシア政府は、ロシア帝政の批判者として知られるマサリクの影響が、ロシアにおよぶことを警戒していた。そのため、マサリク自身がロシアで活動することは難しく、国民評議会内での合意にもとづいて、デュリヒがロシアに派遣されることになった。それに対して、ベネシュとシュチェファーニクは懸念を抱いていた。親ロシア帝政派のデュリヒと新西欧派のマサリクたちとのあいだに意見の相違があったからである。しかし、最終的にはマサリクの判断で、デュリヒはロシアに赴くことになった。

デュリヒは一九一六年七月はじめにペトログラードに到着し、ロシアのチェコ人、スロヴァキア人移民組織からの歓迎を受けるとともに、ロシア政府の首脳と面会し、さらにはロシア皇帝とも接見することができた。デュリヒは、ロマノフ家の君主のもとでチェコスロヴァキア国家を創設するという立場を表明し、親西欧的なマサリクとの違いを鮮明にした。また、デュリヒは国内で多数派を形成する諸政党の信任を得ていると主張し、チェコ人の政党政治のなかでは異端に属するマサリクとの差を強調した。

八月に入ると、シュチェファーニクもロシアに渡った。モーリス・ジャナン将軍が率いるフランスの軍事使節団の一員としてのロシア訪問であった。すでに触れたように、この時期、フランス政府と国民評議会のあいだでは、ロシア各地の捕虜収容所に抑留されているチェコ人、スロヴァキア人捕虜をフランスに送って、そこで義勇軍を設立するという構想が協議されており、シュチェファーニクはそのための交渉をロシアで行うことになる。

シュチェファーニクはデュリヒの姿勢に懸念を抱いていたが、八月二九日には、デュリヒとシュチェファーニク、および在露チェコ＝スロヴァキア人協会連合を代表するヴァーツラフ・ヴォンドラークや在米スロヴァキア人連盟代表のグスターウ・コシークらは「キエフ協定」に署名した。それは、デュリヒをロシアにおけるチェコスロヴァキア独立運動の指導者として承認するとともに、パリの国民評議会の存在に配慮することを確認する内容であった(32)。それはデュリヒとシュチェファーニクとのあいだの妥協の結果といえた。その後、一〇月に入ると、シュチェファーニクはルーマニアへ向かった。そこに収容されていたチェコ人、スロヴァキア人捕虜をフランスに輸送するための交渉を行うことがその目的であった。

シュチェファーニクが不在となったあと、デュリヒはパリの国民評議会とは別に、ロシアで独自の組織を設立する方向でロシア政府との交渉を進めた。この時期、ロシア軍内ではチェコ人、スロヴァキア人捕虜をロシア軍からは独立した部隊として組織することが検討されていた。その部隊が親西欧派のマサリクらの影響下におかれることは、ロシア政府としては受け入れがたかった。そこでロシア政府は、親ロシア帝政派のデュリヒのもとで、マサリクたちとは切り離された政治組織をつくり、それをロシア政府の庇護下におくことにしたのである。

一二月になると、ロシア政府の同意のもとで、デュリヒが独自の在露チェコスロヴァキア国民評議会を設立しつつあることが公表された。一九一七年一月にシュチェファーニクがルーマニアからロシアに戻り、デュリヒの行動を阻止すべくロシア当局に働きかけることで、ロシアにおける独立運動内での亀裂は明瞭となった。一月中にロシア政府は、デュリヒの国民評議会設立を公式に認めるに至った。これに対してシュチェファーニクは二月はじめに、デュリヒをパリの国民評議会から除名するようベネシュに提案し、ベネシュもそれに同意した。チェコスロヴァキア独立運動は組織面でも分裂することになったのである。このような過程をへて、三月六日にロシア帝国政府はデュリヒの国民評議会を正式に承認した。しかし、その翌々日、三月八日(旧暦では二月二三日)にロシア二月革命が始まり、三月一二日(同二月二七日)にロシア帝政は崩壊した。この革命で成立する臨時政府は、四月のはじめにデュリヒの国民評議会を解散させた。その翌月、ようやくマサリク自身がロシアに渡り、そこでの指導権を確立することになる。(33)

アメリカにおけるチェコ系、スロヴァキア系移民組織

ここで米国の移民たちの動きについても紹介しておこう。マサリクたちの西欧での独立運動は、ともかくも一九一五年末から一九一六年前半の時期に、本格的な活動を開始することができた。その前提として、マサリクたちが米国のチェコ系、スロヴァキア系移民組織からの支援を確保していたことは重要であった。それによってマサリクたちの運動は豊富な資金の提供を受けることができるようになっていたのである。

チェコ系、スロヴァキア系移民が、もっとも数多く居住していたのは米国であった。チェコ人の米国移民は一九世紀半ばから始まり、スロヴァキア人のそれは少し遅れて始まった。一九一〇年に、チェコ系移民が約五〇万人、スロヴァキア系移民が約二八万人おり、大戦直後の一九二〇年では両者合計で一二〇万人となり、スロヴァキア系移民の方がチェコ系移民よりも数では上回っていたという。とくにチェコ系、スロヴァキア系移民が多かったのは五大湖周辺の工業都市で、イリノイ州のシカゴにはチェコ系移民が、ペンシルヴェニア州のピッツバーグにはスロヴァキア系移民が多く住み、オハイオ州のクリーヴランドでもチェコ系、スロヴァキア系移民が数多く生活していた。また、ニューヨーク州、ニュージャージー州などの東部諸州にも一定数の移民たちがいた。(34)

戦争勃発にさいして、チェコ系、スロヴァキア系移民の立場は多様であった。リベラル派やソコル運動にかかわる人々は、反ハプスブルク運動を支持し、チェコスロヴァキアの独立を支持していたが、カトリック系の人々はむしろハプスブルク君主国の側に立っていた。戦争勃発直後の一九一四年九月に、反ハプスブルク運動に共感するチェコ系の移民組織が合同して「ボヘミア国民同盟」(the Bohemian National Alliance)がつくられ、それはのちに「チェコ国民同盟」(the Czech National Alliance)と改称し、その機関誌などで反ハプスブルク君主国キャンペーンを開始した。またスロヴァキア系移民のなかでは、すでに戦前から、「在米スロヴァキア人連盟」(the Slovak League of America)が中心的な移民組織として機能していたが、同連盟もまたチェコ人との連携による反ハプスブルク運動に与《くみ》する姿勢を採ることになる。

両組織は一九一五年一〇月にオハイオ州のクリーヴランドで会合をもち、チェコ人とスロヴァキア人が連邦国家を形成することを支持する協定を結んだ。一般には、「クリーヴランド協定」と呼ばれる。ロシアでの移民の動きについても同様であるが、アメリカでも本国での動向に先行して国外の移民たちが具体的な国家形態についてまで議論を始めていたのである。(35) この協定では、「チェコおよびスロヴァキア諸邦」(Czech and Slovak lands)のオーストリア＝ハンガリーからの独立、「チェコとスロヴァキア国民の連邦的連合」(federal union of the Czech and Slovak nations)が掲げられていた。マサリクたちもロシアの移民たちも、まだこの時点では新国家の統治形態にまで踏み込んだ議論はしていなかった。しかも、ここでは、チェコとスロヴァキアの二元的な連邦国家がうたわれていた。このクリーヴランド協定の延長線上に一九一八年のピッツバーグ協定が生まれ、独立後の国家の在り方に問題を投げかけることになるが、それについてはまた後で触れることにしよう。

すでに述べたように、一九一四年九月にチェコ系、スロヴァキア系の移民代表四名がロシア皇帝に謁見した。そのときの一人であるコニーチェクは、その後、ロシア政府の指示で西欧に赴き、ロシアによる「チェコスロヴァキア国民」の解放という政策への支持を、西欧の移民組織から取り付けようとした。それは、マサリクが西欧で本格的な活動を開始する時期よりも、かなり前のことであった。このときコニーチェクは「シュチェパーン・ホルスキー」という偽名を使っていたが、ここではコニーチェクでとおすことにしたい。

コニーチェクは、一九一五年一月、西欧各地および米国のチェコ人移民組織の代表をパリに集め、「チェコ国民評議会」という組織を立ち上げた。議長にはフランス人の歴史家でチェコ人ナショナリズムの擁護者として知られるエルネスト・ドゥニが、副議長にはコニーチェク自身がついた。しかし、あまりにも無批判にロシア帝政を擁護するコニーチェクの保守的な姿勢に、進歩主義的傾向の強い西欧の移民組織の代表はついて行くことができず、結局、同年八月にこの国民評議会は活動を停止した。その後、コニーチェクは米国にも渡り、移民組織の支持を求めたが、米国の移民組織もコニーチェクには冷たい対応をとった。[36]

マサリクは一九一五年一一月にチェコ人在外委員会を立ち上げ、翌年にそれはチェコスロヴァキア国民評議会となるが、このマサリクたちの動きはコニーチェクの活動が失敗したあとのことであった。マサリクは、西欧での独立運動の主導権を握り、あわせて、米国の移民組織の支持も獲得することができた。マサリクの妻、シャーロットはアメリカ人であり、マサリク自身も若いころから米国を訪れ、知人も多かった。またその政治的な立ち位置は、米国のリベラル派などと共通するものであった。マサリクたちは米国の移民組織から資金の提供を受けることができるようになり、運動の財政的な基盤は安定したものとなった。

ヴォスカの諜報活動

アメリカの移民組織との関連で、エマヌエル・ヴォスカと、その諜報組織についても言及しておこう。ヴォスカは一八七五年にボヘミアのクトナー・ホラに生まれ、若いときに体操団体のソコルのメンバーとなり、また社会民主党系の労働運動にかかわった。一八九五年に米国へ渡り、そこで実業家として成功をおさめた。さらに、チェコ系の移民組織でも指導的な地位にあった。大戦勃発直後に、ヴォスカらは中立国の米国市民としてウィーンやプラハを訪れ、情報収集活動を行うが、そのときにはまだプラハにいたマサリクとも会い、マサリクの友人である英国人ジャーナリスト、ウィッカム・スティードらとの連絡を仲介した。

その後、ヴォスカは在米移民組織であるボヘミア国民同盟の事務局長という地位につく一方で、チェコ系、スロヴァキア系移民による私的な諜報組織を構築し、それをとおして収集した情報をおもに英国の諜報機関に伝えた。英国の諜報機関は、中立国の米国で活動する独墺側の諜報機関やアイルランド人などの反英活動の動向を探り、また米国の協商側での参戦を促す宣伝活動などに従事していた。この活動は、少なくとも米国の参戦までは、米国に対しても秘密の活動であった。

図 2-6　エマヌエル・ヴォスカ（Tobolka, 1937, p. 144 以降の別刷図版）

ヴォスカの組織は、オーストリア＝ハンガリーの駐米公館で働く人々のなかから協力者を確保することができた。これらの公館で現地職員として働いていた人々のなかには、自らを「チェコ人」と同定していた者も含まれていたのである。その協力者たちから機密情報の提供を受け、それを英国側に伝えた。その活動資金はヴォスカの私財でまかなわれたが、のちにその活動範囲が拡大するにともなって資金が不足したため、英国の諜報機関から資金援助を受けるようになったという。

また、ヴォスカの組織は西欧で活動するマサリクやベネシュとプラハのチェコ・マフィアとの連絡にも重要な役割を果たしていた。中立国の米国市民であるチェコ系移民が「里帰り」をするというか

コラム　サマセット・モームの諜報活動

英国はロシア十月革命以前から不安定なロシア情勢に関心を寄せ、ロシアでの諜報活動を行っていた。そのような工作のひとつとしてサマセット・モームのロシアでの活動が知られている。モームはのちに作家として『月と六ペンス』などの作品で有名になるが、第一次世界大戦期には英国の諜報機関員であった。はじめはスイスで勤務し、その後、米国に渡った。そこで英国諜報機関を統括していたウィリアム・ワイズマンと出会い、その要請で一九一七年九月にロシアのペトログラードに着任した。

米国で活動していた時期に、モームはチェコ系移民組織の活動家であったエマヌエル・ヴォスカらとも通じていた。ヴォスカは、本論で述べたように、米国におけるチェコ系移民の諜報活動を組織し、英国の諜報組織とつながっていた。ヴォスカらの活動は、一九一七年四月に米国が参戦したことによって、

ひとまずはその役割を終えた。そこで、ヴォスカらのグループもモームとほぼ同じ時期にロシアへ渡り、そこで「スラヴ出版局」なる組織をつくり、ロシアでの諜報活動を始めたが、その過程でモームの活動を支えることになった。

　モームは戦争継続を主張するメンシェヴィキなどの社会主義右派の活動家と接触し、その勢力を支援しようとしていた。また、ロシア人以外のスラヴ系のナショナリスト勢力とも連絡をもち、それらをロシアの社会主義右派と結びつけることも模索していた。

モーム，1934年(Carl Van Vechten Collection at Library of Congress)

　結局、モームはそれらの活動においてさしたる成果を生むことなく、ロシア十月革命直前に帰国することになる。ただし、ここで試みられた提携のかたちは、英国政府がその後も模索する選択肢のひとつとして残ることになる。また、本論で述べるように、一九一八年五月末以降、チェコスロヴァキア軍団が反乱を起こし、それを契機にエスエル党やメンシェヴィキなどの反ボリシェヴィキ派の蜂起も始まるが、少なくともその結果だけを見るとモームたちが模索していたものが実現したように見えなくもない。

　モームがロシアで活動していた時期、マサリクはまだロシアに滞在しており、「スラヴ出版局」などを介してモームとも接触をもち、その活動を支援していた。ただし、モームの考え方についてマサリクは懐疑的で、そのロシア情勢についての判断はモームよりもはるかに悲観的であった。マサリクはメンシェヴィキなどの民主派諸勢力の能力を評価していなかったからである。

たちをとって帰国するさいに、旅の途上でマサリクたちからの書簡を受け取り、それをプラハのしかるべき人物に渡すということが行われていた。

英国はチェコスロヴァキア建国については慎重な姿勢を崩していなかったが、マサリクたちが英国で活動することを許容しただけでなく、様々な便宜も提供していた。米国のチェコ系、スロヴァキア系移民組織からマサリクたちに送金が行われていたが、英国政府はそれを助けていたのである。こうした英国政府の支援は、ヴォスカたちの諜報活動への見返りであった(37)。

[注]

(1) 一九世紀末から大戦期に至るチェコの政党政治については、中根一貴『政治的一体性と政党間競合』を参照。

(2) Jan Galandauer, *Vznik Československé republiky 1918: Programy, projekty, perspektivy*, Praha: Svoboda, 1988, 11.

(3) 大戦期のチェコ人の社会民主党については、以下を参照。高橋和「社会主義者のジレンマ——ボフミール・シュメラルとチェコスロヴァキア独立運動」羽場久浘子編『ロシア革命と東欧』彩流社、一九九〇年、四三—六〇頁、中根一貴『政治的一体性と政党間競合』五四—五五頁。Jakub B. Beneš, *Workers and Nationalism: Czech and German Social Democracy in Habsburg Austria, 1890–1918*, Oxford: Oxford University Press, 2017, 184.

(4) Jakub B. Bianchi, *Dějiny štátu a práva na území Československa v období kapitalizmu*, II (1848–1945), Bratislava, 1973, 763.

（5）クラマーシュの「スラヴ帝国」構想については、次を参照。Martina Lustigová, *Karel Kramář: První československý premier*, Praha: Vyšehrad, 2007, 115–118; Galandauer, *Vznik Československé republiky*, 243–250.

（6）Lustigová, *Karel Kramář*, 128–137.

（7）Procházka, ed., *Vojenské dějiny Československa*, II, 495.

（8）Šteidler, *Československé hnutí na Rusi*, 11.

（9）Richard Lein, "The 'betrayal' of the k. u. k. Infantry Regiment 28: Truth or legend?" in Arnold Suppan, Richard Lein, eds., *East European Identities in the 19th and 20th Century*, Münster: LIT Verlag, 2009, 231–255.

（10）第一次世界大戦期のボヘミア諸邦における政党政治については、中根一貴『政治的一体性と政党間競合』第五章を参照。

（11）Lustigová, *Karel Kramář*, 137.

（12）Zdeněk Tobolka, *Politické dějiny československého národa od r. 1848 až do dnešní doby*, IV (1914–1948), 1937, 216–222. 中根一貴『政治的一体性と政党間競合』一八〇—一八三頁、林忠行「チェコ「帝国内改革派」の行動と挫折——ズデニェク・トボルカを中心にして」羽場久浘子編『ロシア革命と東欧』三五頁。

（13）*Národní listy*, 1917/1/13, 1917/1/16.

（14）マサリクの生涯やその思想については、以下を参照。林忠行『中欧の分裂と統合——マサリクとチェコスロヴァキア建国』中公新書、一九九三年、カレル・チャペック『マサリクとの対話——哲人大統領の生涯と思想』石川達夫訳、成文社、一九九三年、石川達夫『マサリクとチェコの精神——アイデンティティと自律性を求めて』成文社、一九九五年。

（15） R. W. Seton-Watson, *Masaryk in England*, London: Cambridge University Press, 1943, 40–52, 116–134; Edvard Beneš, *Světová válka a naše revoluce: vzpomínky a úvahy z bojů za svobodu národa*, I, Praha: Orbis a Čin, 1927, 26–30.

（16） 同書はドイツ語版の第一巻と第二巻が一九一三年に出版されている。なお、チェコ語版からの新しい翻訳としては、T・G・マサリク『ロシアとヨーロッパ――ロシアにおける精神潮流の研究』全三巻、石川達夫、長與進訳、成文社、二〇〇二―〇五年がある。

（17） 第一次世界大戦期のマサリクの言説については以下を参照。林忠行「チェコスロヴァキア独立運動の理念――T・G・マサリックの主張をめぐって」『共産主義と国際政治』第七巻第四号、一九八三年、一九―三七頁、同「戦略としての地域――世界戦争と東欧認識をめぐって」家田修編『講座 スラブ・ユーラシア学 1 開かれた地域研究へ――中域圏と地球化』講談社、二〇〇八年、九一―一一八頁。Tadayuki Hayashi, "Masaryk's 'Zone of Small Nations' in His Discourse during World War I," in Tadayuki Hayashi, Hiroshi Fukuda, eds., *Regions in Central and Eastern Europe: Past and Present*, Sapporo: Slavic Research Center, 2007, 3–20.

（18） Tomáš G. Masaryk, *Světová revoluce za války a ve válce 1914–1918 vzpomíná a uvažuje*, Praha: Orbis a Čin, 1925, 32.

（19） Beneš, *Světová válka a naše revoluce*, III, 229–233.

（20） シュチェファーニクの伝記としては、ヤーン・ユリーチェク『彗星と飛行機と幻の祖国と――ミラン・ラスチスラウ・シチェファーニクの生涯』長與進訳、成文社、二〇一五年がある。

（21） *Papers Relating to the Foreign Relations of the United States*（以下 *FRUS* と略記）, 1917, Supplement 1, The World War, Washington: United States Government Printing Office, 1931, 8.

（22） *La Nation Tchèque*, 1917/1/15.

(23) Beneš, *Světová válka a naše revoluce*, I, 248-249. フランス側の対応については次も参照。唐渡晃弘『国民主権と民族自決——第一次世界大戦中の言説の変化とフランス』木鐸社、二〇〇三年、九三—九四頁。

(24) Kalervo Hovi, *Cordon Sanitaire or Barrière de L'est? The Emergence of the New French Eastern European Alliance Policy 1917-1919*, Turku: Turun Yliopisto, 1975, 43-44.

(25) *Cheshsko-Slovatskii(Chekhoslovatskii) korpus 1914-1920: Dokumenty i materialy*, I, Moskva: Novalis, 2013, 51; Beneš, *Světová válka a naše revoluce*, III, 543-544.

(26) *Ibid.*, III, 546-548.

(27) *Ibid.*, III, 103.

(28) *Ibid.*, III, 544-545; *Cheshsko-Slovatskii korpus 1914-1920*, I, 58.

(29) *Ibid.*, 65-66; Otakar Vaněk et al., eds., *Za svobodu: obrázková kronika československého revolučního hnutí na Rusi 1914-1920*, Praha: Památník odboje, I, 1928[1925], 33.

(30) Josef Kalvoda, *The Genesis of Czechoslovakia*, New York: Columbia University Press, 1986, 60-63.

(31) Pichlík et al., *Českoslovenští legionáři*, 52-53.

(32) Kalvoda, *The Genesis of Czechoslovakia*, 10.

(33) この対立については次を参照。Pichlík et al., *Českoslovenští legionáři*, 74-84.

(34) Karel Pichlík, *Zahraniční odboj 1914-1918 bez legend*, Praha: Svoboda, 1968, 54.

(35) Gregory C. Ference, *Sixteen Months of Indecision: Slovak American Viewpoints Toward Compatriots and the Homeland from 1914 to 1915 as Viewed by the Slovak Language Press in Pennsylvania*, Selingsgrove: Susquehanna University Press, 1995, 178-187. 中澤達哉「二重制の帝国から「二重制の共和国」と「王冠を戴く共和国」へ」池田嘉郎編『第一次世界大戦と帝国の遺産』山川出版社、二〇一四年、一四

三―一四四頁。

(36) Kalvoda, *The Genesis of Czechoslovakia*, 70-71, 82.

(37) 第一次世界大戦期のヴォスカについては次を参照。Emanuel Viktor Voska, William Henry Irvin, *Spy and Counter-Spy*, London: Harrap, 1941.

第3章

ロシア革命と軍団 1917年

—ズボロフの勝利、そして東方へ—

ズボロフの塹壕にて(Pichlík et al., 1996, p. 192 以降の別刷図版)

一　二月革命とズボロフの戦い

二月革命

一九一七年のロシア二月革命によって、ロシアのチェコスロヴァキア軍を取り巻く環境は大きく変化することになる。二月革命以前からロシアの移民組織は、捕虜収容所にいる多くのチェコ系、スロヴァキア系の戦争捕虜から義勇兵を募ることを希望し、その許可を求めていた。すでに述べたように、捕虜からの募兵は認められていたが、その手続きは煩雑で、多くの兵士を集めることはできていなかった。ロシア政府は緒戦の段階で、チェコ系、スロヴァキア系の移民からなる義勇軍の設立を承認していた。しかし、ロシア政府や軍のなかには敵国の捕虜から兵を募ることに懐疑的な勢力も存在していた。捕虜からの募兵には国際法上の問題もあったが、そのような軍隊を抱えていることは、将来の講和の障害になることも考えられた。

しかし、一九一六年後半には、デュリヒによる独自の国民評議会の設立交渉と並行して、チェコスロヴァキア義勇軍の自立と捕虜収容所での募兵という方向で交渉が進みつつあった。ロシア政府やロシア軍のなかには様々な立場の勢力が並立し、この問題での統一的な政策決定がなされていなかったということなのであろう。(1) ロシアにおけるチェコスロヴァキア軍の編成は、マサリクの功績とされることが多いが、軍の初期の編成はロシア移民たちの主導でなされ、またそれが独自の部隊として統合され、多くの捕虜を加えて拡大するのは、おもにデュリヒが指導権を握っていた時期に行われた交渉の成果であった。

二月革命によって誕生したゲオルギー・リヴォフ公を首相とする臨時政府で、外務大臣に就任したのはパーヴェル・ミリュコーフであった。もともとは歴史学者で、マサリクの知人でもあった。四月四日にミリュコーフは陸海軍大臣のアレクサンドル・グチコフに、デュリヒを長とする国民評議会の解散を要求し、あわせて統合されたチェコスロヴァキア軍の編成を求めている。四月六日にはデュリヒの国民評議会が外相と陸海相の共同の指令によって解散させられ、五月五日にロシア軍総司令部は各部隊にチェコスロヴァキア人独自の部隊の設立を通知したのである。また、六月二六日にロシア軍総司令部は、四個連隊からなるチェコスロヴァキア師団の編成を命じていた(2)。

すでに述べたように、ロシア在住のチェコ系、スロヴァキア系の移民組織の指導者たちのあいだでは、親ロシア帝政派のデュリヒを支持するグループと、マサリクたちを支持する親西欧派とのあいだでの対立が続いており、それは二月革命直前までの時期ではデュリヒたちに有利に進行していた。しかし、二月革命によってデュリヒたちはロシア帝国政府の後ろ盾を失い、その形勢は一気に逆転することになった。

二月革命後に、移民、捕虜、義勇軍将兵らの組織の代表者会議が各地で開催され、そこでマサリクたちへの支持が確認された。この時期になると捕虜たちも比較的自由に行動することが認められるようになっており、捕虜たちもそれぞれの組織の代表を会議に送り込んでいた。五月六日にキエフで、それらの組織の代表による大会が開催され、マサリクに指導されるパリの国民評議会が「チェコスロヴァキア国民の政治闘争の最高機関」として承認され、そのロシア支部の設置が決定された。同月半ばに、ようやくマサリク自身がペトログラードに到着し、ロシアでの活動を始める。こうして国外での独立運動の指導権は、ロシアを含めてマサリクが掌握することになった。(3) ロシアの二月革命は、その意味においても、国外でのチェコスロヴァキア独立運動の重要な転機となったのである。

ケレンスキー政権

マサリクは、友人のミリュコーフ外相の支援を期待していたが、戦争継続を主張するミリュコーフは左派からの批判にさらされ、五月はじめに外相を辞し、あわせて政府も第二次臨時政府に交替となった。この政変でアレクサンドル・ケレンスキーが陸海軍大臣に就任し、七月には首相も兼ねるようになった。陸海軍大臣に就任した直後のケレンスキーはチェコスロヴァキア義勇軍に対しては、むしろ冷淡な態度をとっていた。彼によれば、革命運動は祖国の地で行うべきものであった。敵国の捕虜になり、そこで祖国を敵として戦う軍隊をつくるというのは「卑怯な」振る舞いであった。また「チェコスロヴァキア建国」を掲げる軍隊の設立を認めることは、ロシア国内で独立を目指すウクライナ人などの動向にも影響することは疑いなかった。ケレンスキーはチェコスロヴァキア義勇軍の解体すら考えていたという。(4)

ロシア臨時政府は中央同盟諸国に対して「無併合・無償金」による講和を提案していたが、そのとき、中央同盟側はロシア領ポーランドの大きな領域を占領下においており、その提案を受け入れるはずはなかった。ケレンスキーも「無併合・無償金」の講和を志向しつつ、それへと導くために戦況の改善を求めた。それが七月はじめからの「ケレンスキー攻勢」であった。結局、この攻勢は失敗に終わり、ロシアの軍事面での最終的な崩壊をもたらすことになるが、チェコスロヴァキア義勇軍にとってそれは起死回生の機会となった。それが「ズボロフの戦い」である。

攻勢は七月はじめにロシアの南西方面軍によって開始された。当時の戦線はガリツィア東部のウクライナとの国境にごく近い地域に位置していた。このときチェコスロヴァキア旅団は、はじめて単独の戦闘部隊として作戦に参加した。この時期のロシア軍の最高司令官はアレクセイ・ブルシーロフであった。彼は、前年六月に南西方面軍司令官としていわゆる「ブルシーロフ攻勢」を指揮したが、その傘下の諸師団にはチェコ人、スロヴァキア人兵士からなる斥候部隊が配属されており、ブルシーロフはその能力を高く評価していた。

七月の攻勢

一九一七年七月のケレンスキー攻勢は、実際にはブルシーロフの指揮下で実施されたので、「第二次ブルシーロフ攻勢」とも呼ばれる。[5]一九一六年の攻勢では、集中的な砲撃のあとに、志願兵によって編成された精鋭部隊が敵陣の弱点を臨機応変に攻撃して突破口を開き、予備部隊がそれに続いて敵陣に突入し突破口を広げるという方法で、大きな成功を収めた。一九一七年の攻勢においても同様の方法が採られた。チェコスロヴァキア旅団も突破部隊となることを志願したが、最終的には「経験不足」を理由に選ばれず、その役割は陽動作戦の実施ということになった。このとき旅団は五〇〇〇人を超える将兵からなっていたが、そのうち三五〇〇人ほどが作戦に参加した。[6]開戦時にロシア軍に召集されたロシア国籍をもつチェコ系、スロヴァキア系移民たちが、この時期にチェコスロヴァキア旅団に編入された。しかし、彼らは志願して義勇軍に参加した兵士たちとは意識に隔たりがあった。ロシアでの生活が長く、独立という大義への思いが志願兵たちよりは欠けていたのであろう。最終的にはこの時期に編入された兵士たちの多くは前線での任務を拒否し、この戦いには参加しなかったのである。すでにこの時期には、兵士の命令拒否という現象が広がっており、またロシアだけでなく他の参戦諸国でもみられるようになっていた。

部隊はズボロフという村に位置していた前線に配置された。「ズボロフ」というのはロシア語での呼び名で、ポーランド語では「ズボロウ」、ウクライナ語では「ズボリフ」となる。ズボロフは、オーストリア領ガリツィアの東端に位置していた。そこから、西方一〇〇キロメートルほどのところにガリツィア中東部の中心都市ルヴフがあった。対峙する両陣営は、ズボロフ村の西方にそれぞれが三重の塹壕を南北に掘ってにらみ合っていた。ちなみに、この場所は第一次世界大戦後にポーランド領となり、第二次世界大戦後はソ連領となり、現在はウクライナ領となっている。

すでに述べたとおり、緒戦においてロシア軍はガリツィアのかなりの部分を占領し、その後の独墺軍の反撃でその大半を失った。この時点でロシア軍がかろうじて占領していたガリツィアの東端地域にこの戦線は位置しており、ロシア軍の目標はガリツィア東部地域の再占領にあった。このガリツィア東端のロシア南西方面の戦線には、北から順に第一一軍、第七軍、第八軍が配置されていた。チェコスロヴァキア旅団はロシア第一一軍傘下の第四九軍団の指揮下におかれた。その右翼(北側)にはフィンランド第四師団が、左翼(南側)にはフィンランド第六師団が位置していた。なお、両師団は平時にはフィンランドを駐屯地としていたが、兵士たちはフィンランド系ではなく、ロシア系の兵士であった。

チェコスロヴァキア旅団の正面に位置していたのはオーストリア＝ハンガリー軍で、その右翼（南側）には第八軍団第一九師団に属するプルゼニの第三五連隊とインドジフーフ・フラデツの第七五連隊が配置されていた。いずれもボヘミアの連隊で、チェコ系とドイツ系の兵士で構成されていた。前者の兵士の六〇パーセント、後者では七九パーセントがチェコ系で、残りはドイツ系の兵士であった。またその左翼（北側）にはハンガリー第三二師団傘下の第八六連隊と第六連隊が位置していた。それらの連隊にはハンガリー系だけでなくドイツ系、セルビア系ないしクロアチア系の兵士などが含まれていた。

ズボロフの戦いは、軍事史的にはほとんど特筆すべきものはなく、戦争の帰趨になんらかの影響をもたらすものでもなかった。しかし、ロシアのチェコスロヴァキア義勇軍にとっては、独立した部隊としてオーストリア＝ハンガリー軍と直接、組織的な戦闘を行った唯一の機会となった。それは、独立運動が従事していた「革命戦争」を象徴する戦いとされ、それゆえに独立後に「ズボロフの戦い」として神話化されていくのである。

ズボロフの戦い

簡単に、その戦いの様子を述べておこう。ロシア南西方面軍の攻勢は七月一日から始まる。その二日ほど前から、ロシア軍は敵の塹壕を標的とする集中的な砲撃を開始し、攻勢初日の七月一日には主力と位置づけられた第七軍が攻撃を開始し、その攻撃は第七軍の北に位置する第一一軍の左翼の攻撃に連動することになっていた。しかし、攻撃に備えていたオーストリア゠ハンガリー軍の守備ラインを突破することはできず、さしたる成果がないまま初日の攻撃が終わった。なお、オーストリア゠ハンガリー軍もロシア側に対抗して砲撃を行っており、塹壕に待機するチェコスロヴァキア旅団の将兵にも損害が出ていた。そのなかには、ドルジナ創設以来の生え抜き将校の一人であるスィロヴィー少尉も含まれていた。第七中隊長であったスィロヴィーは七月一日の砲撃で負傷し、翌日の戦闘に参加できなくなっただけでなく、右目を失った。

翌七月二日の早朝からチェコスロヴァキア旅団の攻撃が始まった。早朝の五時すぎから敵陣への集中砲撃が行われ、それが終わると旅団の両翼に位置していたフィンランド師団が攻撃を始め、午前九時すぎからチェコスロヴァキア旅団の攻撃も始まった。旅団の作戦計画はチェチェク中尉が用意し、旅団長であったロシア人のヴャチェスラフ・トロヤノフ大佐がほぼそのまま承認したものであった。チェチェクは一九一六年はじめから第一大隊の第一中隊長という地位にあったが、一九一七年六月はじめに大隊長に任命され、作戦計画の作成を任されたのである。しかも、戦いの始まる直前の六月二一日には中尉という階級のままで臨時の第一連隊長に任命された。ロシア人の連隊長が「病気になった」というのがその理由であったが、はじめての本格的な戦闘を前にして、チェチェクが大抜擢されたということだったのであろう(7)。

チェチェクの指揮下にあった第一大隊の突破部隊が自陣の塹壕から出て鉄条網を切り開き、敵の塹壕に手榴弾で攻撃を行った。後続部隊が順次それに続いた。敵陣は並行する三重の塹壕でできていたが、午前一〇時ごろにはその最前列の塹壕を制圧した。

部隊はその後も順調に前進を続け、正午には最後列の塹壕に到達した。その間、両翼のフィンランド師団は前進を阻まれていた。とくにチェコスロヴァキア軍の右翼に接するフィンランド第四師団はその担当とされていた丘の上の敵陣地――「第三九四高地」もしくはロシア語で墳墓を意味する「モギーラ」と呼ばれていた――に手を焼いていた。チェコスロヴァキア軍はその攻略戦にも参加し、午後二時までにはその高地の制圧を終えた。この一連の戦闘で一八五人が戦死し、一一人が行方不明、負傷者は八〇〇人ほどであった。その合計は、戦闘に投入された兵力の三分の一に相当する。他方、この戦いでチェコスロヴァキア旅団は、敵の将校六二人と、兵士三〇〇〇人余を捕虜とした。すでに述べたように、義勇軍が戦ったのはオーストリア＝ハンガリー軍であり、その兵士の多くはチェコ人であったので、この戦いは祖国から離れた地で戦われた内戦であった。

なお、この戦いの後、オーストリア＝ハンガリー軍ではその第三五連隊と第七五連隊のチェコ系兵士たちの行動が問題となり、軍事法廷で審問が行われている。一九一五年の第二八連隊の事件と同様に、チェコ系兵士たちが戦いを放棄し、意図的に敵の捕虜になったという指摘がなされ、それについての審問が行われたのである。この件も、前述の第二八連隊の事件と同様に歴史家のリヒャルト・ラインが裁判記録を調べているが、それによれば、チェコ系兵士たちが意図的に投降したという証拠はなかったという。チェコスロヴァキア旅団の攻撃が予想を超えた速度で展開されたため、反撃の機会を失ったということであり、また捕虜となった比率を比較するとチェコ系の兵士とドイツ系の兵士とでは差がなかったという。(8) 加えて、旅団の兵士の三分の一ほどが死傷しているので、チェコ系の兵士が多数を占めていたオーストリア＝ハンガリー軍もそれなりに反撃をしていたといえる。しかし、この調査記録も公表されなかったので、この事件も一方で「チェコ人の裏切り」、他方で「チェコ人の愛国的行為」という神話となって残った。なお、第三五連隊と七五連隊の生き残りの兵士たちは、その後、イタリア戦線に送られ、そこでは勇敢な戦いぶりを見せたという。

ズボロフでのチェコスロヴァキア旅団の勝因はまず、兵士の士気の高さにあった。この時期には戦争の長期化で両陣営の将兵は疲弊し、その士気は危機的な水準にまで低下していた。それと比較すると同旅団の兵士の士気は高かった。将兵は独立国家樹立という大義のもとで、はじめてひとつのまとまった部隊として戦うという高揚感のなかで、この戦闘に臨んでいた。また、これまで斥候兵として行動してきた経験もここでは役だったとみられている。義勇軍の兵士は、斥候部隊として小隊ないし分隊を単位として行動し、その指揮はチェコ系の下級将校や下士官にゆだねられていた。ズボロフの戦いに臨んだときのチェコスロヴァキア旅団では、大隊長クラス以下の指揮官の大部分はチェコ系将校であった。実際の戦闘では、敵の機関銃掃射を避けるために、少人数のグループに分かれて物陰に身を隠しながら前進し、またその小部隊の指揮官は、その時点での状況判断で臨機応変に行動した。オーストリア＝ハンガリー軍側の報告によれば、チェコスロヴァキア軍兵士たちは「猫のように突進した」(9)という。これまで大規模な野戦を経験しておらず、またその訓練を受けていなかったことがむしろ幸いしたと考えられる。

チェコスロヴァキア旅団は幅五―六キロメートルにわたって敵の前線を突破し、二―四キロメートルほど前進した。しかし、作戦計画では同旅団の役割は他の部隊の前進を助けるための陽動作戦と位置づけられていたので、七月二日の軍事行動で開いた突破口をさらに広げて敵陣奥深くに攻め込む後続部隊は用意されていなかった。オーストリア＝ハンガリー軍は容易に防御線を立て直すことができ、全体としてみれば、第一一軍の前進はわずかなものにとどまった。また、南西方面軍の中部地域を担当する第七軍もさしたる成果をあげられずにいた。

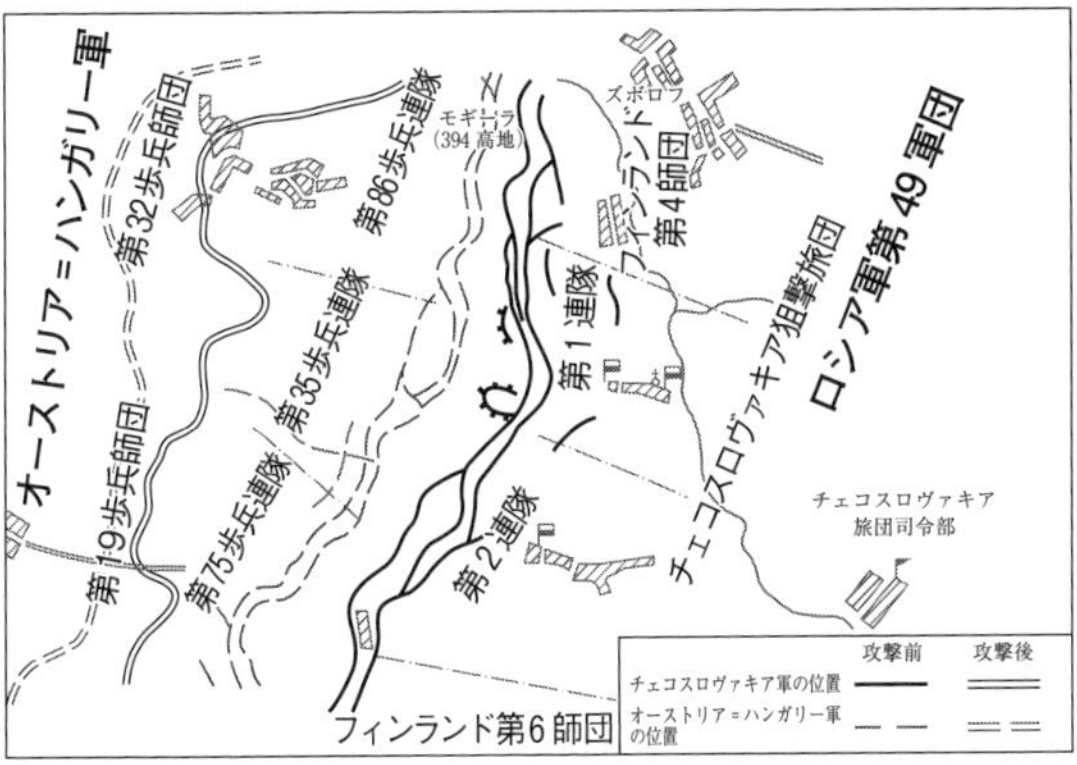

図3-1　ズボロフの戦い，1917年7月2日（Proházka et al., eds., 1986, p. 515）

そのような戦況のなかで、顕著な成果をあげたのは南西方面軍の左翼（南側）に位置した第八軍であった。第八軍はラーヴル・コルニーロフ将軍の指揮下にあった。コルニーロフは一九一五年のプシェミシル要塞攻略戦で敵の捕虜となり、その後に脱走するという武勇伝の人物で、二月革命後はペトログラード軍管区の指揮官を経験したのちに、第八軍の指揮を任された。ロシア軍の攻勢が停滞していた七月六日にその指揮下の突破部隊が敵の防御陣を切り開くことに成功し、その突破口に騎兵師団が投入され、ロシア軍はガリツィア東南部に侵攻することに成功したのである。しかし、第一一軍も、第七軍もそれに呼応した前進をすることはなかったので、独墺軍の反撃に対して第八軍はその突出部を維持することはできなかった。

なお、コルニーロフ軍では志願兵からなる突撃大隊が組織され、攻撃の中核を担ったことが知られているが、この大隊には一二〇人ほどのチェコ人兵士たちが参加していた。これらの兵士たちは軍団の許可を得たうえで、コルニーロフ軍に参加したのである。コルニーロフはこの戦いのあと、ブルシーロフに替わってロシア軍の最高司令官に就任するが、九月にはクーデタを起こそうとしたとされ、逮捕された。[10] このときにもチェコスロヴァキア軍団内にはコルニーロフの行動を支持する動きがあったという。しかし、ロシア内政に介入しないというマサリクの中立方針は貫かれることになり、義勇軍の介入はなかった。その後、コルニーロフは、脱走に成功して、ドン地方のコサック軍に合流し、白軍側で内戦を戦っていたが、一九一八年四月にボリシェヴィキ軍との戦闘で戦死した。この時期に、軍団を離れてコルニーロフと行動をともにした兵士たちがいたことも知られている。その兵士たちは、コルニーロフとともに戦死した者もいたが、その後に、アントーン・デニーキンの率いる白軍に参加し、その敗北後にルーマニアを経由して帰国した者もいたという。

戦線の崩壊と退却

話をケレンスキー攻勢のその後にもどそう。七月一九日から独墺軍の本格的な反攻が始まるが、それに対してロシア南西方面軍の士気は危機的なレベルにまで低下しており、全面的な戦線の崩壊がおきた。ロシア軍は攻勢前の位置からズブルチ川のラインまで後退した。ズブルチ川はまさに当時のオーストリア領ガリツィアとロシア領ウクライナとの国境だったので、ロシア軍はガリツィアをすべて独墺側に取り戻されたことになる。ロシア軍の兵士たちは武器を捨てて前線から離脱し、故郷へと帰って行った。とりあえずズブルチ川の線で独墺軍が停止したのは、ロシア軍の抵抗によるものではなく、独墺軍の補給線が伸び切り、それ以上の前進ができなくなったからである。

チェコスロヴァキア旅団も厳しい退却戦を強いられた。いくどかにわたって、包囲されるのを防ぐための防御戦を行いつつ、同旅団もズブルチ川後方まで撤退したが、その過程で一二〇名ほどの死傷者、行方不明者を出した。ともかくも多くの損害を出しつつ、旅団はこの一連の戦闘でロシアの政府や軍部から注目される存在となった。その軍事的な貢献はほとんど取るに足りないものであったが、

図 3-2 東部戦線の変遷，1914-1918(コトバンク「第一次世界大戦」，小学館『日本大百科全書(ニッポニカ)』をもとに，著者作成)

大敗北のなかでの勝利はそれなりには目にとまるものであった。すでに述べたように、ズボロフの戦いの直前に師団の編成許可が出されていたが、戦闘後の七月一七日にロシア軍総司令部はチェコ人、スロヴァキア人捕虜からなる第二師団の編成許可も出した。キエフで第二師団の編成が始まり、九月九日には二個師団からなるチェコスロヴァキア軍団の編成命令が出た。また、七月二三日から二七日にかけてマサリクはロシア軍の最高司令部を訪れ、その時点ではまだ最高司令官であったブルシーロフらと、チェコスロヴァキア軍の位置づけについて協議を行

い、次のような合意がなされた。ロシアは同軍が「中央諸国と戦争状態にある革命軍」であることを認め、また同軍は軍事面ではロシアの最高司令部に従うが、政治・外交面では国民評議会がその責任を担うというものであった。国民評議会が同じような内容の合意をフランスから得るのは同年末のことであったから、ロシアとのこの合意は画期的なものであった(11)。

ロシア臨時政府は、その年の四月に、チェコスロヴァキア軍が捕虜収容所で募兵を行うことを許可していた。この許可を得る過程では、ヤロスラフ・チェルヴィンカという人物が深く関わっていた。チェルヴィンカは一八四八年にボヘミア中央部のベネショフ郡にあるオストジェデク村で生まれた。プラハから南東に五〇キロメートルほどのところにある村である。マサリクよりも少し年長であった。一八六六年、彼が一八歳のときに、オーストリア軍に志願して普墺戦争に従軍した。その後も軍にとどまり、中尉にまで昇進したが、一八七五年にロシア軍へと身を転じた。彼のスラヴ主義的な心情によるものとされている。ロシア軍でチェルヴィンカは一八七七―七八年のロシア帝国とオスマン帝国の戦争(露土戦争)などに従軍し、一九〇九年に退役した。そのときの階級は少将であった。第一次世界大戦が始まるとチェルヴィンカは現役に復帰した。そのときはすでに六六歳になっていた。キエフ軍管区の参謀長に就任し、キエフを拠点とするチェコスロヴァキア軍の後押しをすることになった。このチェルヴィンカ将軍の存在によって同軍は単独の戦闘部隊としてズボロフでの戦闘に参加できるようになり、捕虜収容所での志願兵募集も可能になったという(12)。

しかし、捕虜収容所での募兵は期待に反して順調には進まなかった。一九一七年五月から九月にかけて、募兵のキャンペーンは一八〇の捕虜収容所で行われた。そこには一万三六五二人のチェコ系、スロヴァキア系と見なされた捕虜たちがいたが、募兵に応じたのは一一・五パーセントにとどまったという。収容所にとどまった捕虜たちの五パーセントは独立運動に敵意をもつか否定的で、自己認識としては「オーストリア人」か「ハンガリー人」であった。残りの捕虜のうちおよそ半分は無関心であるか様子見をしており、残りの半分は革命運動に好意的であったが、最後の決断ができないでいたという(13)。

これは、一部の捕虜収容所での記録であるが、おそらくそれ以外の収容所でも同様であったと思われる。戦前のボヘミアにおいても、チェコ人のナショナリストの呼びかけに無関心である人々が少なくなかったことが指摘されているが、その状態は戦争中のロシアでのチェコ系、スロヴァキア系の捕虜にも当てはまっていたということなのであろう。

このように、かなりの苦労をしながらチェコ系、スロヴァキア系の捕虜からの募兵が続けられ、「ズボロフの戦い」以後にはそれなりの成果がみられた。ボリシェヴィキ革命直前の一〇月には、ロシアの義勇軍は二個師団で構成される軍団となった。一九一七年末の時点で、軍団は三万八五〇〇人の将兵からなっていた。その出身別の構成は、労働者、学生、農業者・農業労働者がそれぞれ二〇パーセントずつ、職人が二五パーセント、銀行業や商業での被雇用者が五パーセントであった。また、社会民主主義者が四五パーセントを占めていたという。

二　十月革命と軍団

ウクライナの情勢

二月革命後のロシアでは臨時政府とソヴィエトとのあいだの二重権力状態が継続したが、ついに一九一七年一一月七日(旧暦で一〇月二五日)にペトログラードで始まったボリシェヴィキによる武装蜂起によって臨時政府は倒され、ソヴィエト政権が樹立された。ソヴィエト政権は直ちに「平和についての布告」を発し、交戦諸国に向けて「無併合、無償金」による「公正で民主的な平和」を呼びかけた。ロシアと中央同盟諸国との講和交渉は一二月二二日からブレスト゠リトフスクにおいて始まり、一時的な中断をへたのち、翌年の三月三日に講和条約が調印され、ロシアと中央同盟諸国との戦争は終わったのである。これは、チェコスロヴァキア軍団からみると、新国家の独立を掲げてオーストリア゠ハンガリー軍と戦うための戦場が消失したことを意味していた。

この時点で二個師団からなるチェコスロヴァキア軍団は、その発祥の地であるウクライナにいた。司令部をキエフにおき、将兵は三か所に分かれてキエフ近郊に駐屯していた。十月革命後、ソヴィエト政権と中央同盟諸国との講和交渉が開始されると、米国を含む連合国内ではロシアでの武力干渉を含む様々な対ロシア政策の検討が始まる。そのような情勢のなかで、四万人ほどの兵力を擁し、実戦経験でも高い評価を受けているチェコスロヴァキア軍団の存在が注目されることになる。

ウクライナの情勢は混沌としていた(14)。ロシア二月革命によって、ロシアの様々な地域でのナショナリズムは一段と活性化していた。ウクライナでは、一九一七年三月にウクライナ中央ラーダが組織された。なお、このウクライナ語の「ラーダ」はチェコ語やスロヴァキア語の「ラダ」と同様に「評議会」を意味するので、チェコスロヴァキア国民評議会との横並びで「ウクライナ中央評議会」としたいところであるが、慣用に従ってここでは「ウクライナ中央ラーダ」とする。

当初、ウクライナ中央ラーダはロシアという枠のなかでの自治を求めていた。しかし、臨時政府はウクライナ人による自治をなるべく限定的なものにとどめようとし、臨時政府と中央ラーダの関係は緊張をはらんだものとなった。十月革命が起きると、ウクライナでは臨時政府軍とソヴィエト軍とのあいだで戦闘が始まり、それにウクライナ中央ラーダが関与することで、三つ巴の複雑な政治情勢が出現した。臨時政府軍の敗北後に中央ラーダがキエフを押さえ、一一月二〇日にはウクライナ人民共和国の独立が宣言された。

その後、ソヴィエト政府はウラジーミル・アントーノフ＝オフセーエンコが率いる部隊をウクライナに派遣し、一九一八年二月八日にキエフを占領した。そして、その翌日、二月九日に中央ラーダ政府は中央同盟諸国と講和条約を結んだのである。ちなみに、アントーノフ＝オフセーエンコは、十月革命の武力蜂起にさいして、ボリシェヴィキによるペトログラードの冬宮の襲撃と臨時政府閣僚の逮捕を指揮したことで知られる人物である。

マサリクの選択

この時期、ウクライナには、親ロシア帝政派のデュリヒが現れて、軍団がドン地方に集まるコサック軍と合流することを訴えており、一部の軍団兵士や捕虜たちがそれに応じることになる。他方、軍団兵士や捕虜のなかにはボリシェヴィキを支持するグループが形成されており、彼らは革命への参加を訴えていた。ウクライナをめぐる内戦が起きていたとき、軍団の内部でも厳しい対立が生じていたのである。

ペトログラード、モスクワに続いて、一九一七年一一月九日から一一日にかけて、キエフでも臨時政府側とボリシェヴィキ側のあいだで戦闘が起こり、そのときには、臨時政府側の要請で軍団の一部は秩序維持を目的としてキエフ市内に入り、結果として臨時政府側でロシアの内戦に関与するということも起きていた[15]。マサリクは、革命のさなかのペトログラード、モスクワを経由して、一一月二二日にキエフに入った。マサリクは、ロシア内政に対して中立を維持することを再度確認し、この時点での軍団のロシア内戦への関与を阻止した。

マサリクに対しては、軍団をドイツ軍の攻撃によって危機に瀕していたルーマニアに派遣するという提案や、ドン地方でソヴィエト政権に反旗を翻していたコサック軍に合流するという提案などがなされており、マサリクは悩むことになるが、最終的にはロシア内政に対して中立を維持しつつ、軍団をフランスに移送する決意を固めていく。

一二月一六日に発せられたフランス大統領令によって、フランスで編成されたチェコスロヴァキア義勇軍は、フランス軍の指揮下にあり、またチェコスロヴァキア国民評議会の政治的な指導のもとにある自治的な軍隊である、と宣言されていた[16]。フランスでの義勇軍の編成については後述するが、この宣言はロシアの軍団をフランスに移送するということが前提となっていた。マサリクは独立運動を開始した当初から西欧で義勇軍を編成することを望んでいた。西部戦線での戦いが戦争全体の帰趨を決するはずであり、そこでの軍事的貢献なしに、独立を認めてもらうことはありえなかった。ロシア情勢の急変によって、マサリクはロシアの軍団を西欧に移す好機が訪れたと考えたのである。

一九一八年一月一〇日にはフランス側とマサリクとのあいだで、ロシアの軍団をフランスに移送するための費用をフランスが負担するという合意もなされていた(17)。さらに、二月七日に、ロシアの軍団はフランスで編成されたチェコスロヴァキア軍の一部である、とマサリクは宣言した(18)。ソヴィエト政府は中央同盟諸国と講和交渉を行っており、三月三日にブレスト＝リトフスク条約が締結されることになる。マサリクはそれを見越して、ロシアの軍団を、形式的にはフランス軍の指揮下におくことにしたのである。さらにマサリクは、当時キエフを占領していたソヴィエト軍の指揮官、ミハイル・ムラヴィヨフと交渉し、軍団がロシアを離れ、フランスへ移動するための許可を二月一六日に得た。つづいて、一八日にマサリクは、フランスから移動のための資金が到着する旨の情報を受け取った(19)。こうして、軍団は二月二〇日に、キエフを離れて東方への移動を開始した。軍団は三つのグループに分かれてキエフ近郊に駐屯していた。キエフはドニエプル川にまたがって位置しているが、ウクライナ中央ラーダ軍と独墺軍がそのキエフに迫りつつあった。軍団はとりあえずドニエプル川の左岸(東岸)へと移動することになった。この大移動は、紀元前五世紀はじめにペルシア王の子キュロスが雇ったギリシャの傭兵たちが経験した大行軍になぞらえ、「アナバシス」と呼ばれることもある。

フランス当局およびソヴィエト当局とのあいだで、軍団の移動について合意ができたことを確認したマサリクは、二月二二日に英仏の軍事使節とともにキエフを離れ、モスクワへ向かった。マサリクは軍団に対して、ロシアの内政については中立を維持するよう命じたのち、三月七日にモスクワを離れ、ウラジオストク、プサンなどを経由して日本に立ち寄り、米国へ向かった。

軍団の将兵をウラジオストクから西部戦線に運ぶための船舶の確保が必要であり、その船舶を提供できるのは米国しかない、とマサリクは判断していた。また、独立運動について米国の支持を獲得することも、渡米の目的であった。とはいえ、それ以後のロシアでの事態の推移を考えると、この時期にマサリクがロシアを離れたことは重大な意味をもつことになる。マサリクは、ロシアの国内政治や、それを取り巻く国際政治情勢を総合的に勘案して判断を行える唯一の人物であったからである。このマサリクの早すぎるロシアからの退場によって、その後の軍事紛争を止めることができる唯一の人物がいなくなったのである。

日本と米国でのマサリク

マサリクの日本滞在と米国滞在についてはすでに旧著で述べたが、ここでも少しだけ触れておこう(20)。マサリクは一九一八年三月七日にモスクワをたって、ウラジオストクに到着したが、そこから米国に向かう船をみつけることができず、ひとまずハルビンに行き、そこから鉄道でプサンに出て、日本の下関に船で渡った。下関到着は四月六日で、八日に東京に入った。そこで連合国側の在外公館との接触を行い、また米国政府あての覚書の執筆を行っている。その間に、朝日新聞のインタビューを受け、その記事は四月一五日に『東京朝日新聞』に掲載された。またその記事に関心を寄せた警視庁外事係の竹山安太郎という人物が帝国ホテルに滞在していたマサリクと面会し、その後、その竹山の仲介で、四月一九日にマサリクは外務省を訪れている。

しかし、外務省はマサリクについての情報をもっておらず、マサリクの訪問にはさしたる関心を示さなかった。マサリクは「外務次官代理」に面会し、ロシアの軍団に関するロシア語の文書を手渡し、その説明を行ったにとどまった。外務省のその面会についての記録はきわめてそっけないものであった。その間の事情を当時の外務次官であった幣原喜重郎の伝記が伝えている。

チエッコ独立運動の指導者であるマサリックは、この事情を聯合各国に訴へるため、西比利亜〔シベリア〕を通過して日本にも来たが、当時、その何者であるかを我が外務省でも知らず、彼が米国に着いてから外電がその名を大きく報じたので、始めてそんな大人物であつたのかとびつくりしたやうなこともあつた……。(21)

このようなかたちでマサリクはほとんど成果のないまま日本滞在を終え、その翌日、二〇日に横浜からカナダのヴァンクーヴァー行きの船に乗った。マサリクが日本を離れた直後から、軍団の先頭部隊がウラジオストクに到着し始めることになる。

マサリクは五月はじめに米国に入り、各地で米国のチェコ系、スロヴァキア系移民組織からの歓迎を受けた。米国政府はマサリクに一定の関心を示したが、マサリクはロシアでの武力干渉に反対し、ボリシェヴィキ政府に対して「事実上の承認」を行うべきであるという持論を展開した。反ボリシェヴィキ勢力は分裂しており、政権を担う能力がないというのがその理由であった。今からみるとそれは正論ともいえたが、当時の米国では「ボリシェヴィキ・シンパ」とみなされることになった。

移動の開始

キエフを離れた軍団は、そこから北東二〇〇キロメートルほどのところにあるバフマチを通過することになる。複数の鉄道路線が交差するこの場所で、一九一八年三月八日から一三日にかけて、チェコスロヴァキア軍団とドイツ軍とのあいだで戦闘があった。中央同盟諸国政府とソヴィエト政府との講和条約であるブレスト＝リトフスク条約はすでに三月三日に調印されていたが、ソヴィエト側でそれが批准されるのは三月一六日であった。その間、ドイツ軍はウクライナを支配下におくべく、東方へ向けて支配地域を広げていた。軍団はドイツ軍に捕捉されることを避けつつ、シベリア横断鉄道の起点となっていたヴォルガ地域の要衝のひとつであるペンザに向けて移動していた。バフマチはその途中にあった。

到着が遅れている他の部隊を無事通過させるために、先にバフマチに到着した軍団の一隊はその市街を占領したうえで、ウクライナのキエフとベラルーシのホメリの二方向からバフマチ駅に向かうドイツ軍をバフマチの手前で迎え撃った。ドイツ軍は数で優勢であったが、軍団はドイツ軍に大きな損害を与え、その前進を阻むことで、後続の全部隊がバフマチを無事通過することを可能にした。この戦いには軍団と同様に東方へと逃れようとしていたソヴィエト軍も軍団側で戦闘に参加した。軍団とソヴィエト軍が協力して戦うのはこれがはじめてで、そして最後でもあった。軍団側の損害は四五人が戦死、二一〇人が負傷、四一人が行方不明であった。ドイツ側はおよそ三〇〇人が戦死し、さらに数百人が負傷したとされる。[22] その後、軍団はペンザに向かった。それまでの移動は徒歩によるものであったが、バフマチからは鉄道による移動となった。一列車は四〇―四五両編成で、合計で七〇列車に分乗して軍団は東に向かった。[23]

マサリクはロシアを去るにあたって、国民評議会ロシア支部のイジー・クレツァンダとプロコプ・マクサに軍団の政治指導を託した。マサリクはとくにクレツァンダに信頼をおいていたといわれる。クレツァンダは、すでに述べたように、ペトログラードの科学アカデミー図書館に勤務していた歴史家で、一九一四年九月にチェコ人、スロヴァキア人移民組織の代表がロシア皇帝と謁見したときの代表の一人であった。一九一八年三月の時点ではまだ二七歳だった。この時期、クレツァンダはモスクワで民族人民委員のヨシフ・スターリンらと交渉を行っていた。オムスクで新たにチェコ人、スロヴァキア人捕虜からなる第二軍団を創設するための交渉であった。三月一五日にクレツァンダは、チェコスロヴァキア軍団がウラジオストク経由でフランスに渡ることについて、スターリンから承認を得ることができた。この合意においてはとくに武器の携行などについて条件は付されなかった。ソヴィエト政府は、フランス軍指揮下の武装した外国人の部隊が一刻も早く国外に去ることを望んでいたと思われる。

他方、マクサはクルスクで、当地のソヴィエト軍当局と軍団のウラジオストクへの移動について協議を行っていた。クルスクのソヴィエト軍当局は軍団が多量の武器を携行していることを問題とした。結局、三月一六日にマクサは「余分な武器」をソヴィエト軍に引き渡すという内容の協定を結ぶことに同意した。この協定が締結された日に、クルスクではロシア南部方面軍司令官となっていたアントーノフ＝オフセーエンコが軍団員に対して、軍団の協力と武器の提供に感謝する言葉を述べた。この協定では、軍団がソヴィエト側に一定の武器を引き渡すという内容であったが、その内容はモスクワのクレツァンダがソヴィエト政府と交わした合意とは異なる内容であり、のちにそれが問題となる(24)。なお、クレツァンダはそのあとオムスクに移動したが、そこで四月二八日に肺炎で死亡した。国民評議会ロシア支部はマサリクがもっとも信頼していた人物を失ったのである。

ペンザ協定

クルスクでの合意は、まだ軍団とソヴィエトとのあいだで良好な関係が維持されていることを示していた。しかし、その後、ソヴィエト側は軍団がなお多くの武器を携行していることを問題とした。そのため、マクサはソヴィエト軍当局と武器に関する交渉をペンザで行った。この交渉において、軍団が携行できる武器は、各列車に銃が一六八丁、機関銃が一丁に制限され、それを超える武器はペンザでソヴィエト側に引き渡されることになった。この武器の数は、一個中隊分の武器に相当するものであった。この合意内容は一九一八年三月二六日のスターリンからの電報で承認されたが、さらにそこではふたつの条件が付加されていた(25)。

第一に、軍団を指揮しているロシア人の「反革命的指揮官たち」の追放であった。ペンザ協定調印の時点で、チェコスロヴァキア軍団は二個師団からなり、それぞれの師団は四個連隊と砲兵隊などで構成されていた。そのうち、軍団長のウラジーミル・ショコロフ少将、軍団参謀長のミハイル・ヂチェリフス少将のほか、二人の師団長および連隊長八人中六人がロシア人将校で占められていた。この件でどのようなやり取りがあったのかは定かではないが、ペンザ協定後もロシア人の軍団長、参謀長、二人の師団長はそのまま留任し、また連隊長として二人のロシア人将校もその地位にとどまった。その結果、連隊長については八人中二人がロシア人、六人がチェコ人となった。

この時点で、連隊長であったチェコ人将校の階級は、ガイダら二人が大尉で、他の四人は参謀大尉（大尉と中尉のあいだの尉官）もしくは中尉であった。ともかくも、これらの人々は低い階級のままで、本来であれば大佐クラスの将校が務める連隊長に就任した。上位の指揮官の地位に見合った階級をもつチェコ人、スロヴァキア人将校はいなかったのである。そのような事情から、軍団長、参謀長、師団長および連隊長の一部にはなおロシア人将校が残らざるをえなかったということなのであろう。いずれにせよ、ズボロフでもバフマチでも、作戦の立案と実戦の指揮はチェコ人将校がとっており、ロシア人将校の除隊は軍の行動にそれほどの影響はなかったとみられる(26)。

第二の条件として、スターリンは、軍団員が軍人ではなく民間人の集団として移動することを求めていた。すでに、ソヴィエト政権は中央同盟諸国と講和条約を締結していたので、中央同盟諸国と連合国との戦争についてソヴィエト側には国際法上の中立義務があり、フランス軍の一部とされる軍団がそのままロシア領を移動することには問題があった。国民評議会ロシア支部はこのふたつの条件を受け入れ、両者の合意は成立した。この合意は「ペンザ協定」と呼ばれることになる。

ペンザ協定成立の翌日、三月二七日から軍団の移動が開始された。ペンザからは毎日、数列車がウラジオストクに向かうことになっていた。ちなみに、現在のシベリア横断鉄道で本線とされる経路の西の部分は、モスクワからヤロスラヴリ、キーロフ、ペルミ、エカチェリンブルクを経由してオムスクに至るが、当時の本線は、それより南側を通り、モスクワから、ペンザ、サマラ、チェリャビンスクを経由してオムスクに至るものであった。したがって、以下で述べる軍団の反乱は、当時のシベリア横断鉄道の本線沿線での出来事であった。

当初の予定では、一〇日ほどで全列車がペンザを立ち、ひと月のうちに全部隊はウラジオストクに到着する予定であった。[27] 国民評議会ロシア支部員たちは先行する列車に乗って、途中の各駅に担当者を配置し、それぞれの場所で物資補給の手配を行い、また問題解決を担当することになっていた。しかし、移動が始まってすぐに、シベリア横断鉄道沿線各地のソヴィエト当局から移動の中止や軍団のさらなる武装解除などを求める要求がモスクワやペンザなどに送られ、ペンザ協定の内容を無視する指令が中央から地方に送られるなどして、輸送は混乱を極めることになる。その都度、モスクワや各都市で国民評議会ロシア支部とソヴィエト当局との交渉が行われた。四月中旬に輸送は再開され、ようやく四月末になってウラジオストクに最初の部隊が姿を現した。そのときは六〇〇〇人ほどの部隊であったが、最終的には第二師団の第五連隊と第八連隊などの兵士たちあわせて約一万四〇〇〇人が目的地のウラジオストクに着いた。しかし、五月に入るとソヴィエト当局と軍団との関係はさらに緊張をはらむものとなる。軍団の列車はシベリア横断鉄道の沿線で滞留し、しかもその時点ではなお多くの部隊がペンザを出発できずにいたのである。[28]

この輸送の停滞は様々な要因が重なって生じていた。輸送が始まって間もなく、四月四日にウラジオストクで日本人殺傷事件が起き、翌五日には日本海軍陸戦隊が同市に上陸し、英国軍もそれに続くという事件が起きていた。また、四月下旬には、中東鉄道の満洲里を拠点としてソヴィエト政権に反旗を翻していたグリゴリー・セミョーノフの部隊がザバイカル地方へと侵攻しつつあった。セミョーノフはザバイカルのコサック出身の軍人で、ザバイカルでの地方政権の樹立を目指していた。また、日本陸軍の支援を受けていたことはよく知られている。コサックの指導者の称号を冠して「アタマン・セミョーノフ」と呼ばれることも多い。ソヴィエト政権は日本軍の行動に注視しつつ、シベリア方面の兵力をザバイカル地方に集めて、セミョーノフの攻勢に対抗しようとしていた。中央と地方のソヴィエト当局はこうした極東地域での不安定な情勢を考慮にいれながら、軍団の極東への移動に神経をとがらせていたといえる(29)。

軍団を取り巻く政治情勢の変化によって、軍団内部でも対立が生じていたが、それによって軍団とソヴィエト当局との関係もさらに悪化することになる。すでにロシア二月革命以降、チェコ人、スロヴァキア人の兵士や戦争捕虜の一部にボリシェヴィズムが浸透し始めており、ズボロフでの戦闘前にも、チェコ人、スロヴァキア人捕虜出身のボリシェヴィキ派活動家たちが軍団兵士たちに向けて戦闘への参加を拒否するよう呼びかけていた。この時期、捕虜出身の外国人のボリシェヴィキ派の活動家たちは「国際主義者」と呼ばれていた。十月革命後は、ソヴィエト当局の支援を受けつつ、チェコ人、スロヴァキア人の国際主義者たちの軍団員に対する宣伝はより活発で、より組織的なものとなっていた(30)。

レフ・トロツキーは外務人民委員としてブレスト゠リトフスクでの講和交渉に携わったあと、三月一四日付で軍事人民委員に就任した。トロツキーがモスクワに到着したのは三月一七日であった。したがって、クレツァンダがモスクワで行った交渉にはかかわっていなかった。軍事人民委員としてのトロツキーに課せられた最大の任務は、ブレスト＝リトフスク講和で確保された「息つぎ」の期間に、革命政権を防衛する強力な赤軍を建設することであった。この時期にトロツキーのまわりにはチェコ人、スロヴァキア人共産主義者たちがおり、軍団のフランスへの移送に反対していた。彼らによれば、軍団員の四五パーセントは社会主義者で、その意思に反してフランスへ連れて行かれようとしているのであった(31)。

トロツキーはソヴィエト政府と国民評議会とのあいだで合意された軍団の移動について、しだいに反対するようになる。当初、トロツキーは、連合国や国民評議会の同意のもとで軍団をロシアに残して赤軍に加えるか、もしくは労働部隊として活用しようとしていた。そのようなトロツキーの意向は三月二〇日以降に連合国側に伝えられた。しかし、それはパリの国民評議会の受け入れるところとはならなかった。その後、トロツキーとその周辺の人々は、軍団の移動を妨害するためにさらなる武装解除を求めるよう地方当局に命じた。地方のソヴィエト当局は、一方でペンザ協定にもとづいて軍団の移動を認めるという指令を受け取りながら、他方で軍団の進行を止めて、さらなる武装解除を行うよう求める指令を受け取ることになった。こうしてソヴィエト側の現場は混乱することになったのである。

また、この時期、ブレスト＝リトフスク条約にもとづいて、シベリア各地の収容所から捕虜となっていたドイツ軍やオーストリア＝ハンガリー軍兵士たちが帰国の途につき始めていた。ドイツ政府は軍団の東進がドイツ軍捕虜の帰国の遅延をもたらすことを憂慮し、軍団の移動を停止するようソヴィエト政府に圧力をかけていた。この圧力もまたソヴィエト政府の行動に一定の影響を与えていたので

ある。(32)

三　独立運動の展開

西欧におけるチェコスロヴァキア軍の組織化

ここで、話の場をフランスに移すことにしよう。マサリクたちは、西欧での活動を開始する当初から、チェコ人、スロヴァキア人の義勇軍をフランスで編成することにこだわっていた。西部戦線での軍事的貢献なくしては、英仏がチェコスロヴァキアの独立を支持することはないと考えていたのである。

すでに触れたことであるが、開戦初期にはフランスの「外人部隊」のなかで編成されたチェコ系移民からなる「ナズダル中隊」は、一九一五年の戦闘で大きな損害をだし、部隊は解散された。その後もチェコ系移民たちはフランス軍のなかで従軍していたが、それはまとまった単位の部隊にはならなかった。(33) フランスで暮らすチェコ系、スロヴァキア系移民は少なかった。またフランス軍の部隊がイタリア戦線に派遣される一九一七年末までのあいだは、フランス軍はオーストリア＝ハンガリー軍と直接、前線で交戦することはなかったので、フランスにはチェコ系、スロヴァキア系の捕虜はいなかった。したがって、フランスで軍を編成するためには、他の場所から兵士を確保する必要があったのである。

一九一六年八月にはシュチェファーニクがフランスの軍事使節団の一員としてロシアやルーマニア

に赴き、チェコ系、スロヴァキア系の捕虜をフランスに移送するための交渉を行っていた。その結果、ロシアやルーマニアに収容されていたチェコ系、スロヴァキア系の捕虜の一部がフランスに送られ、またロシアで編成されたチェコスロヴァキア軍将兵の一部もフランスに渡った。一九一七年一月一〇日付の協商側諸国による米国大統領あての覚書に「チェコ＝スロヴァキア人の解放」という言及がなされたが、その背景には、フランスでのチェコ人、スロヴァキア人義勇軍編成についてのフランス政府側の期待があったのである。

ただし、ロシアから移動した捕虜や兵士の数は二四〇〇人ほどにとどまり、フランス側の期待に応えるものとはならなかった。しかし、イタリアやセルビアなどからも捕虜や義勇兵がフランスに集められた。ロシアの軍団から米国に派遣された将校たちによって、米国でも義勇兵の募集が行われ、二〇〇〇人ほどの志願者が欧州へと渡り、フランスの義勇軍に参加した。さらに「ナズダル中隊」の生き残りの兵士もそこに加わることによって、フランスでの義勇軍は最終的には九六〇〇人ほどの部隊となった。

一九一七年一二月一六日にフランス政府は大統領令をもってこの「チェコスロヴァキア軍」をフランス軍の指揮下で戦う独立した軍隊として、また国民評議会を軍の政治指導にあたる組織として承認した(34)。ただし、その文書には「チェコスロヴァキア国家」の樹立に関わる言質はいっさい含まれていなかった。フランスでの義勇軍は、西部戦線での戦闘に参加し、最後は、プラハで独立宣言が発せられた三日後の一九一八年一〇月三一日にフランス北部のヴージェでの戦闘に投入され、九人の将校を含む一八三人が戦死し、八七六人が負傷、六八人が行方不明という損害を出した。それ以前の戦闘を

含めて、最終的にフランスの義勇軍では六〇〇〇人以上が戦死したとされている。(35)

国内での急進派の台頭

ここで、国内の情勢も見ておこう。一九一七年に入ると、チェコ人政治家たちを取り巻く国外と国内の環境が変わり始めた。二月革命によってロシア帝政が倒れた。その知らせはオーストリア＝ハンガリーにも伝えられ、君主国内政治に少なからぬ影響をもつことになる。さらに四月六日に米国がドイツに対して宣戦布告を行い、戦争に加わった。この時点で米国はオーストリア＝ハンガリーには宣戦布告を行わず、それがなされたのは同年の一二月七日であった。米国にとって主要な敵はドイツであり、オーストリア＝ハンガリーはそれと同列には見なされていなかったのである。

すでに戦争は四年目に入り、なおその終結の目処は見えていなかった。君主国においても戦争の長期化によって、食糧をはじめとする物資の不足が深刻となり、人々のあいだには厭戦気分が広がっていた。この時期にはボヘミア諸邦の各地でも、戦争に反対するストライキや食糧を求めるデモ行進などが続いていていた。

このような内外の情勢変化を受けて、オーストリア政府は、大戦勃発前から停会となっていた帝国議会の開会を決定した。ロシアでの革命と、国内情勢の悪化に対応しようとするものであり、また講和を志向する新帝カールの意向に応える措置でもあった。にわかにオーストリア側の政党政治が活性化し、チェコ系の諸政党もその準備に入った。帝国議会開会の冒頭に各会派はその所信を表明するのが慣わしであり、チェコ系の帝国議会議員で組織されたチェコ連盟もその宣言文の草案をめぐる議論を始めた。依然として連盟の多数派の議論は君主国の存続が前提とされていたが、諸政党のなかにはそうした前提を否定し、現行の二重君主国体制そのものの変革を求め、さらには国外の運動と歩調をそろえようとする急進派の台頭が始まったのである。

五月一七日には、劇作家であり詩人でもあったヤロスラフ・クヴァピルの起草による「チェコ人作家の宣言」が、検閲の網をくぐり抜けて農業党系の夕刊紙『ヴェチェル』に掲載され、その後、他のいくつかの新聞にも再掲された。クヴァピルはアントニーン・ドヴォルザーク(チェコ語の発音に近い表記ではドヴォジャーク)のオペラ『ルサルカ』の台本の作者として知られる。開戦時から国外の独立運動に共鳴し、またチェコ・マフィアの活動の支援を行っていた。クヴァピルは、チェコ系の議員たちが間もなく開会される帝国議会の場で、君主国への忠誠を表明することで、国外の運動に打撃を与えることを危惧し、それを牽制しようとしていたのである。

この声明には、とくに君主国やその政府に対して敵対的な言及はなかったが、チェコ系の帝国議会議員に対して、「このうえもなく断固として、かつこのうえもなく自己犠牲的な方法によって、もっとも運命的なこの世界史的な時代に自らの神聖な義務を果たし、チェコ人の諸権利とチェコ人の諸要求を擁護したまえ」という表現で、議員たちが帝国政府に寄り添うような姿勢をとることを戒めようとしていた。また、この声明のなかでは「チェコスロヴァキア」という言葉は使われていなかったが、「チェコスラヴ国民」と「チェコスラヴの心」(36)という言葉が使われていた。「チェコスラヴ」という語は、狭義では、ボヘミア諸邦のスラヴ系住民を意味し、チェコ人とほぼ同義の言葉ともとれるが、スロヴァキア人を含めた意味でも使われ、ここでは「チェコスロヴァキア」という言葉の代わりに使わ

コラム　カレル・チャペックと独立運動

カレル・チャペックは、多くの戯曲、小説などの作品で世界的に著名な作家である。一八九〇年生まれで、戦争が始まったときはプラハ大学哲学部の学生であった。戦争でもっとも数多くの犠牲者を出した世代に属しているが、チャペック自身は脊椎の病のために兵役免除となった。

一九一五年秋に大学を卒業し、その直後から、画家としても知られることになる兄のヨゼフとともに、文筆活動を始めた。本文でも触れたように、一九一七年春に発表された「チェコ人作家の宣言」にチャペック兄弟も署名を添えた。同年一〇月には『ナーロドニー・リスティ』紙の編集部に入り、ジャーナリストとしての活動も始まった。

チャペックは、一九一九年二月二三日の『ナーロドニー・リスティ』に「一年」というタイトルのエッセイを載せている。それは、パリの国民評議会が一九一七年から翌年にかけてフランス語で発行していた『ラ・ナシオン・チェク』という新聞をめくりながら、この重要な一年間を回顧するスタイルになっている。この新聞の編集にあたったベネシュらの巧みな宣伝活動を称え、「一九一七―一九一八年に私たちは鋭い刃のうえを渡ったのである。そしてさらに進むまえに、後ろを振り返ることはいいことなのである。そうすることで、新しい一歩一歩は私たちにとってより大切なものになる」と結んでいる。チャペックは、独立の達成がきわめてきわどいプロセスをたどったということを確かめ、それを読者に伝えようとしていた。彼も、他の国民の大多数と同様に、独立後に、独立の過程を学んだのである。

また、同年八月一二日には、「帰還」というタイトルのエッセイを同じ新聞に掲載している。それは、同日の正午に、チェコスロヴァキア軍団の帰還兵た

チャペック兄弟．左がカレル，右がヨゼフ．1922年ごろ（橋本・林編，2008, 30頁）

ちのパレードがプラハであることを告げる記事であった。本隊に先行して帰還した傷痍軍人や退役将兵に向けて、チャペックは、「あなたたちは、マサリク大統領とともにチェコ問題を平和会議の緑のテーブルに投じた。あなたたちは兵士であり、外交官であり、あなたたち義勇兵のそれぞれは大きな政治的使命を果たした」と賞賛している。

そのうえで、「あなたたちは訓練された素晴らしい集団であった。今や、私たちのあいだに分け入り、酵母生地のように私たちを醸成し、私たちの弱いところを強くし、私たちの国民的自覚を促してください」と呼びかけている。チャペックもまた軍団の神格化に手を貸しているが、それ以上に、軍団が体現していると思われるナショナリズムと、一般の人々の自覚とのあいだの大きな溝に気づき、それに危惧を抱いていたのである。

大戦中のエピソードをもうひとつ。一九一五年三月ごろ、チャペックはベネシュと会っている。そのときチャペックはスペインに留学しようとしていた。ベネシュは留学の旅の途中で、スイスへ書類を運んでほしいと頼んだ。それが発覚すると重罪になることも伝えた。チャペックはそれに「同意」したが、結局、当局がチャペックの旅に許可を出さなかったので、この件はさたやみになったという。

れたものと理解されている[37]。なお、この宣言には多くの知識人たちが署名を寄せたが、そのなかにはアロイス・イラーセク、フランチシェク・シャルダなどの著名な作家や、カミル・クロフタやズデニェク・ネイェドリーなどの歴史家たちが含まれていた。また作家として活動を始めたばかりのチャペック兄弟もそのなかにいた。

帝国議会の開会

帝国議会は五月末に開会した。帝国議会開会の冒頭で各党派はそれぞれの所信表明を行うことになる。チェコ連盟もその宣言文を作成することになるが、その草案の作成過程でチェコ人政治家たちのあいだでの対立がそれまで以上に顕在化した。政府との合意を目指す帝国内改革派――一般には「積極派」と呼ばれた――と、この時期に台頭してきた急進派との対立であった。最終的には、両者間の妥協として五月三〇日の宣言が作成された[38]。そこでは「ハプスブルク＝ロートリンゲン君主国を自由で平等な国民国家からなる連合国家に改変することが必要である」と述べられていた。さらに、この宣言では、それまでのボヘミア諸邦の歴史的権利に加えて、「自決と自由な発展に対する国民の自然権」に依拠しつつ、「チェコスロヴァキア国民のすべての枝族の民主的ボヘミア国家における融合」が要求されていた。これは、自治を求める根拠として自然権に依拠しようとする社会民主党と、伝統的な歴史的権利に依拠する他の政党のあいだの妥協の結果であった。まだ、国内の政治家たちは君主国の存在を前提としてはいたが、少なくとも「チェコスロヴァキア」という範囲での統治単位の形成という主張が打ち出されたのである。それは、国内と国外の政治家たちのあいだの距離が縮まったということを意味していた。

ただし、スロヴァキアを含む解決を求めたことによって、帝国議会でのチェコ系諸党派とオーストリア政府との合意はきわめて困難になった。帝国議会はオーストリア側の議会で、ハンガリー王国はそこには代表されていなかったからである。その後、議員たちのなかで急進派の発言力が強まり、チェコ連盟の姿勢はさらに非妥協的な姿勢へと転じることになった。しかし皮肉なことに、国外のマサリクたちの運動は、一九一七年一月一〇日の協商側四か国の覚書での成功以後はさしたる成果を見ることもなく、この時期に至るとその活動はむしろ行き詰まり状態にあった。

この時期には、国外の独立運動や軍団についての情報が国内の一般の人々にも少しずつ伝わり始めた。七月二日にロシアの義勇軍はズボロフで軍事的な成功をおさめ、ロシアでその存在が注目されることになるが、その情報はボヘミア諸邦にも伝わっていた。農業党の機関紙である『ヴェンコフ』紙が七月六日にそれを報じたのである。その記事は、「その内容の真偽は定かでない」という留保がつけられていたものの、ロシアの公式報道を伝えるかたちで、「チェコ＝スロヴァキア旅団」なるものがフィンランド師団とともにロシア側の攻撃に参加し、「将校六二名と兵士三一五六名を捕虜とし、大砲一五門と多くの機関銃を捕獲した」と伝えていた。[39] このようなかたちで、国外の動きは国内にも伝わり始め、それは一九一七年後半以降、チェコ人政治家たちのなかの急進派の動きをさらに促進することになった。

［注］

(1) Kalvoda, *The Genesis of Czechoslovakia*, 150.

(2) Beneš, *Světová válka a naše revoluce*, III, 611.

(3) Pichlík et al., *Českoslovenští legionáři*, 88-94.

(4) Kalvoda, *The Genesis of Czechoslovakia*, 174; Bradley, *The Czechoslovak Legion in Russia*, 51.

(5) 以下のズボロフの戦いについての叙述はおもに次を参照。Victor M. Fic, *Revolutionary War for Independence and The Russian Question*, New Delhi: Abhinav Publications, 1977, 60-66; Pichlík et al., *Českoslovenští legionáři*, 94-105.

(6) *Ibid.*, 103.

(7) Jiří Fidler, *Generálové legionáři*, 49.

(8) Richard Lein, "Military Conducts of the Austro-Hungarian Czechs in the First World War," *The Historian*, 76-3(2014), 518-549.

(9) Pichlík et al., *Českoslovenští legionáři*, 102.

(10) コルニーロフの事件については、池田嘉郎『ロシア革命　破局の8か月』岩波新書、二〇一七年、一五二―一七〇頁を参照。

(11) Fic, *Revolutionary War*, 69-70.

(12) Fidler, *Generálové legionáři*, 64-77.

(13) Tobolka, *Politické dějiny*, IV, 30.

(14) この時期のウクライナ情勢については、村田優樹「第一次世界大戦、ロシア革命とウクライナ・ナショナリズム」『スラヴ研究』六四号、二〇一七年、一―四〇頁、などを参照。

(15) Kalvoda, *The Genesis of Czechoslovakia*, 214-216.

(16) Beneš, *Světová válka a naše revoluce*, III, 309-310.

(17) Fic, *Revolutionary War*, 202.
(18) Beneš, *Světová válka a naše revoluce*, III, 626-627; Masaryk, *Světová revoluc*, 207.
(19) J. F. N. Bradley, *The Czechoslovak Legion in Russia*, 74.
(20) 林忠行『中欧の分裂と統合』六一―一、一八一頁。
(21) 幣原平和財団編『幣原喜重郎』幣原平和財団、一九五五年、一二五頁。なお、常用漢字を新字体に置き換えてある。
(22) Pichlík et al., *Českoslovenští legionáři*, 141.
(23) Fic, *Revolutionary War*, 214.
(24) Victor M. Fic, *The Bolsheviks and Czechoslovak Legion: Origin of Their Armed Conflict, March to May, 1918*, New Delhi: Abhinav Publications, 1978, 4-16.
(25) Jaroslav Kratochvíl, *Cesta revoluce: československé legie v Rusku*, Praha: Čin, 1922, 42; Beneš, *Světová válka a naše revoluce*, III, 630-631; James Bunyan, *Intervention, Civil War, and Communism in Russia, April-December 1918: Documents and Materials*, New York: Octagon Books, 1976, 81-82.
(26) 連隊長たちの階級は次による。Šteidler, *Československé hnutí na Rusi*, 53.
(27) Fic, *The Bolsheviks and Czechoslovak Legion*, 188.
(28) *Ibid.*, 35-60; *FRUS*, 1918, Russia, II, 148.
(29) 細谷千博『シベリア出兵の史的研究』岩波現代文庫、二〇〇五年、九四―一〇五頁。
(30) チェコ人の国際主義者については次を参照。Proházka et al., eds., *Vojenské dějiny Československa*, 530-536.
(31) Fic, *The Bolsheviks and Czechoslovak Legion*, 18.
(32) *Ibid.*, 9-16.

(33) Pichlík et al., *Českoslovenští legionáři*, 22-24.

(34) Beneš, *Světová válka a naše revoluce*, III, 309-310.

(35) Milan Mojžiš, ed., *Československé legie 1914-1920. Katalog k výstavám*, Praha: Československé obce legionářské, 2017, 190.

(36) Beneš, *Světová válka a naše revoluce*, III, 262.

(37) Tobolka, *Politické dějiny*, IV, 234-235.

(38) この時期のチェコ人政党の動向については、中根一貴『政治的一体性と政党間競合』一八三―一九四頁。

(39) *Venkov*, 1917/7/6; Ivan Šedivý, *Češi, české země a Velká válka: 1914-1918*, Praha: Nakladatelství Lidové noviny, 2001, 306-307; Tobolka, *Politické dějiny*, IV, 303.

第4章

反乱 1918年

—シベリア横断鉄道をめぐって—

チェリャビンスク代表者大会の代表たち(*Cheshsko-Slovatskii korpus*, II. p. 304以降の別刷図版 p. VIII)

一　反乱の前夜

軍団内での強硬論の台頭

ロシアのチェコスロヴァキア軍団が、ウラジオストクへの移動を開始した直後から、たびたび列車の運行が停止され、軍団将兵の移動は予定を大幅に遅れていた。そこには様々な要因が働いていた。日本人殺傷事件を引き金にして一九一八年四月五日に日本の陸戦隊がウラジオストクに上陸し、四月下旬にはザバイカル地方でセミョーノフ軍の行動があり、それはソヴィエト政権の行動に影響していた。また、ドイツ政府からのソヴィエト政府に対する圧力もあった。軍団の東方への移動がドイツ人捕虜の祖国への帰還の障害になる、とドイツ政府はみなしていたのである。そのためドイツ政府は軍団の移動を止めるようソヴィエト政府に求め、四月二一日には外務人民委員のゲオルギー・チチェーリンが、シベリア横断鉄道沿線のソヴィエト当局に、軍団の移動を停止するよう電報で指令を出している[1]。さらにその背景には、軍事人民委員であるトロツキーの軍団に対する強いこだわりがあった。トロツキーは少なくとも四月中はなお、軍団員たちを建設途上にある赤軍に編入するか、もしくは労働部隊に再編することに意欲を示しており、チェコ人、スロヴァキア人共産主義者たちが、軍団員たちに対する宣伝工作をするための時間を稼ごうとしていた。そのために様々な理由をつけて、軍団のウラジオストクへの進行を遅らせていたのである[2]。

軍団の列車は鉄道沿線各地に留めおかれ、兵士たちは、チェコ人、スロヴァキア人の国際主義者たちによる執拗な宣伝工作にさらされていた。こうした状態におかれていた軍団の将兵のあいだでは、しだいに強硬な手段を求める声が出始めることになる。軍団の移動は第二師団に属する部隊が先行してペンザからウラジオストクへ向かい、第一師団の各部隊がそのあとに続くことになっていたが、第一師団の兵士を乗せた列車の多くは、西シベリアの拠点都市であるオムスクの西方に留まり、最後尾の第四連隊はなおペンザの西方で待機させられていた。オムスクはペンザからウラジオストクまでの全行程約八八〇〇キロメートルのうちの二二〇〇キロメートルの位置にあるので、第一師団の列車の先頭の部隊でも、なお行程の四分の一を進んだにすぎなかったのである(3)。なお、この「全行程」はハバロフスクなどを通るアムール鉄道経由での距離で、中東鉄道を経由する場合は、約七九〇〇キロメートルであった(4)。

この第一師団の将校たちは四月一四日に、ペンザから南西二〇〇キロメートルほどのところにあるキルサノフに集まり、ウラジオストク到着まではいかなる条件においても武器を放棄しないという決議を行っていた。軍団の将兵のあいだで強硬論が高まるのと並行して、軍団内での対立も厳しさを増すことになる。強硬派はソヴィエト当局に対する国民評議会ロシア支部の対応を批判するようになった。彼らによれば、武器引き渡しを認めたペンザ協定は「誤り」であった(5)。

さらに四月二七日から五月一日にかけて、ペンザで第一師団の代表者会議が開催された。これは、前年から求められていた軍団兵士たちの代表者大会の予備会議であった。二月革命以後、ロシアでは軍隊内での民主化要求が高まっていたが、そのような環境のもとで義勇軍内でも「民主化」が進行し

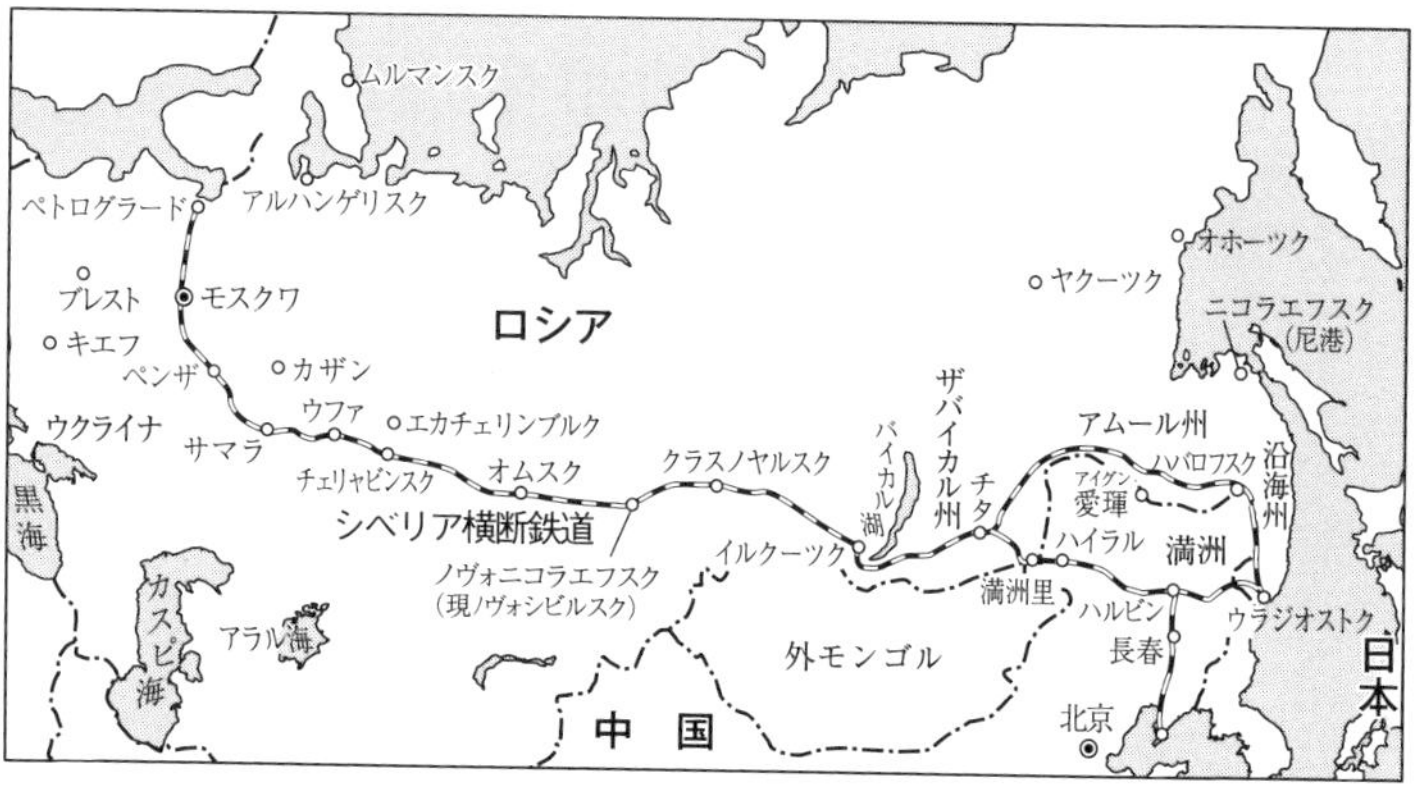

図 4-1　シベリア横断鉄道(林, 2014, p. 63, 図 1 をもとに加筆修正)

ていた。軍団の各部隊に委員会がおかれ、重要な事項の決定については各部隊の代表者たちによる大会の開催が求められていたのである。しかし、十月革命以後、危機的な情勢にあったウクライナからの撤退という事情もあり、その開催は見送られてきた。四月からの事態の推移によって、代表者大会の開催を求める軍団内での要求はさらに高まり、それは五月後半に開催されることになっていた。その代表は、軍の命令によって、定められた方法で各列車を単位として選出された。そのなかの第一師団の代表のみがペンザに集まり、四月二七日から予備会議を開いたのである。

この予備会議では、ロシアのボリシェヴィキに共感する左派の急進派がフランスへの移動の放棄と、ロシア革命への参加を訴えた。それに対して、右派の強硬派はこれ以上の武装解除を拒否し、必要であれば自力による東進の継続を求め、そのためには武力の行使も辞さないという姿勢を示した。この強硬論の先頭に立っていたのは第四連隊長のチェチェクであった。彼の率いる連隊はなおペンザとその周辺で待機をさせられていた。三月末に始まった移動はすでにひと月を経過し、予定ではすべての移動が終了しているはずであった。チェチェクの主張はその指揮下にある将兵の不満を代弁するものであった。他方、国民評議会ロシア支部の指導部はなおソヴィエト当局との合意による移動の継続を望んでいた。いずれにせよ、強硬論を唱えるグループがロシア支部の指導者に対する不信感を募らせていることは明らかであった。

この予備会議では明確な結論は出なかったが、少なくとも左派の目論見ははずれた。左派の決議案は右派と中間派によって否決された。また、左派は軍団員からの動員を目的として五月一日にメーデーの集会を開催したが、この左派の集会に参加した軍団員は少数にとどまった。トロツキーとその周辺の人々のあいだでは、軍団員の多くを赤軍やソヴィエト側の労働部隊に編入するという期待が膨らんでいたが、この時点でその見込みはほとんどないことが明らかになったのである(6)。

これを境に、しだいに、ソヴィエト政府の対応は軍団の解体へと傾いていくことになる。五月に入ると軍団の列車は鉄道沿線に分散した状態で、駅に停車したままとなり、さらにソヴィエト側からの武装解除要求が強化されることになった。加えて、五月中旬に生じた「チェリャビンスク事件」が関係悪化に拍車をかけた。

チェリャビンスク事件

チェリャビンスクはシベリア横断鉄道のウラル山脈東麓に位置する都市で、西シベリアの中心都市であるオムスクの西方八〇〇キロメートルほどのところにある。五月一四日に、そのチェリャビンスクで事件が起きた。

その日、第一師団の第三連隊と第二師団の第六連隊の兵士たちがチェリャビンスクに留めおかれていたが、そこを、ハンガリー人捕虜を載せた列車が通過しようとしていた。捕虜たちは東方の収容所から解放されて祖国に帰還しようとしていたのである。その列車から駅を警備していた軍団兵士に向けて鉄片が投げつけられ、兵士が負傷した。軍団兵士は犯人をその場で殺害した。その三日後、一七日にソヴィエト当局は軍団兵士一〇人を拘束した。また軍団側から交渉のために派遣された使者も逮捕されてしまった。それを受けて軍団側は駅や市街を占領し、ソヴィエト側を威嚇することで拘束された兵士を取りかえし、またソヴィエト側の多量の武器を奪取した。その後、武器は返却され、当該兵士たちの列車は同駅を去り、チェリャビンスクの秩序は回復された。これによって、チェリャビンスクのソヴィエト当局と軍団との関係はひとまず正常化したが、この偶発的な事件によってモスクワの軍団に対する対応はさらに厳しいものとなった。

この「チェリャビンスク事件」が起きたとき、国民評議会ロシア支部のプロコプ・マクサとボフミル・チェルマークはモスクワでソヴィエト政府と軍団の移動について交渉をしていた。一五日にマクサらはトロツキーと面会し、そこで軍団を二分し、オムスク以西に位置する部隊はアルハンゲリスクもしくはムルマンスクに向かい、オムスク以東の部隊は予定通りにウラジオストクへ向かうという、英仏側から伝えられた提案を聞いた。この指令は軍団から見ると唐突な内容で、その行動をさらに混乱させることになる。この指令にかかわる英仏側の動向については第5章で詳しく述べることになるが、この時期、英国軍部では、軍団をオムスクの西と東で二分して、西方の部隊は北ロシアの港町であるムルマンスクかアルハンゲリスクに向かわせようという議論が進行していた。そこには連合国側の軍事物資が集積されており、その守備に軍団をあたらせ、またそこを拠点にした武力干渉に軍団を利用しようとしていたのである。

マクサはその提案を同日中にオムスクの国民評議会ロシア支部に伝え、支部の指示によってオムスクにおかれていた軍団の司令部はその準備に入った。ところが、一七日に「チェリャビンスク事件」に関する報告がモスクワにとどいた。その内容を確認したソヴィエト政府は五月二〇日深夜にモスクワにいたマクサとチェルマークを逮捕し、その事務所の家宅捜査を行うという事態に至った。拘束されたマクサらは、ソヴィエト側に強要されて、二一日付で軍団あてに電報を送り、即時の武装解除を命ずることになる。また、それとは別に、軍事人民委員部の作戦課長であったセミョーン・アラロフも、同日付の電報で鉄道沿線のソヴィエト当局に対して、軍団員を労働部隊に編成するか、赤軍に編入することを命じた(7)。後述するように軍団側はこの電報を傍受しており、軍団内の強硬論をあおる結果となる。

第一チェコスロヴァキア革命連隊

ここで、チェコ系、スロヴァキア系の国際主義者たちの動きを簡単に整理しておこう。この時期に、彼らはペンザ、サマラ、オムスクなどの都市で活発な宣伝活動を展開していた。その目的は、この地域の収容所にいたチェコ系、スロヴァキア系の戦争捕虜たちを革命運動へと導き、可能であれば赤軍の兵士として動員することであった。また、軍団の兵士たちもその動員の目標となっていた。

ちなみに、このときサマラで活動していたチェコ人の共産主義者の一人が『世界戦争中の善良なる兵士シュヴェイクの運命』の作者となるヤロスラフ・ハシェクであった。ハシェクはロシア軍の捕虜となり、その後に軍団に参加し、ズボロフの戦闘にも加わっている。

コラム　ヤロスラフ・ハシェクと兵士シュヴェイク

ヤロスラフ・ハシェクはカレル・チャペックと並んで、世界でもっとも有名なチェコ人作家であろう。代表作の『世界戦争中の善良なる兵士シュヴェイクの運命』――栗栖継訳では『兵士シュヴェイクの冒険』(岩波文庫)――は、五八の言語に翻訳されている。

ハシェクは一八八三年にプラハで生まれた。商業アカデミーを卒業し、その後は様々な雑誌の編集にかかわった。一九一五年に召集され、一年間ほど、ガリツィア戦線で従軍し、ロシア軍の捕虜となった。その後、チェコスロヴァキア軍団に入隊し、ズボロフの戦闘も経験した。軍団関係の出版物の編集に携わったが、軍団のフランスへの移動に反対し、赤軍に移った。内戦期には赤軍の指揮官となり、また出版物の編集にも携わった。

一九二〇年にハシェクはプラハにもどった。帰国後のハシェクは政治活動にかかわることはなく、一九二一年から兵士シュヴェイクの連作を書き始めた。

主人公の二等兵シュヴェイクは無類のおしゃべりと奇行でまわりの人々を翻弄する。召集されてプラハからチェスケー・ブジェヨヴィツェの連隊に入隊するまでに、数々の回り道をする。その後、連隊はハンガリーを経由して、ガリツィア戦線に到着する。そこで、シュヴェイクは、脱走したロシア人捕虜が水浴をしているところに出会い、ふとその軍服を着てしまい、その姿で憲兵隊に捕まる。ロシアの軍服を着たチェコ語を話す兵士ということで、ロシア側の軍団員と見なされ、シュヴェイクは裁判で死刑を言い渡される寸前となるが、念のため原隊に問い合わせたところ、本人であることがわかり、部隊に帰還した。

話はここで終わっている。ハシェク自身の予告によれば、シュヴェイクがロシア軍の捕虜となるところまで話は続くはずであったが、ハシェクは病で一九二三年一月にこの世を去り、この連作は未完に終わったのである。

兵士シュヴェイク(ヨゼフ・ラダ画，岩波文庫『兵士シュヴェイクの冒険』第1巻，1972，111頁)

このシュヴェイク像については様々な捉え方があり、その議論はつきない。いずれにせよ、全体としてロシアの軍団の存在が前提となって、話は展開している。

気づいたことを一つだけ記しておこう。サライェヴォでの暗殺事件のあと、それを知ったシュヴェイクは「ウ・カリハ」――実在する有名な居酒屋――で、暗殺が「トルコ」(ママ)の仕業だと述べる。それはボスニア・ヘルツェゴヴィナを奪われた復讐で、「トルコ」と戦争になれば、ロシアとセルビアが味方になり、ドイツは「トルコ」の側で参戦するだろうが、そのときはフランスが味方になるので心配ない、というのである。荒唐無稽な説明に見えるが、この戦争の構図はスラヴ主義者たちの考え方をアレンジしたものであることは明らかであろう。ハシェクは作品の随所にこのような仕掛けを埋め込んでいるのである。

チェコ系、スロヴァキア系の国際主義者の活動拠点のひとつがペンザであった。ここにはチェコ系、スロヴァキア系だけでなく、ドイツ系、ハンガリー系、ラトヴィア系などの国際主義者たちが集まっていた。ここで、チェコ系、スロヴァキア系の国際主義者からなる部隊が赤軍の一部として組織されている。一九一八年四月から五月にかけてペンザで編成された部隊は「第一チェコスロヴァキア革命連隊」と呼ばれた。その兵士の多くは収容所にいた捕虜たちが動員されたもので、軍団兵士からこの部隊に移った者は一五〇人程度とみられている。ただし、「連隊」といっても、当初は二〇〇人ほどの部隊で、五月末の時点でもその数は七二〇人規模であった。そのなかで訓練を受けて戦闘可能な状態にある兵士は四六〇人にすぎなかったという。

この部隊の一部は、反ボリシェヴィキ派の反乱を鎮圧するため、ペンザの東方一二〇キロメートルほどのところにあるクズネツクや、ペンザから二〇〇キロメートルほど南にあるサラトフなどに派遣され、また、アレクサンドル・ドゥトフのコサック軍と戦うためにウラリスク(現在はカザフスタン領。カザフ語ではオラル)方面に送られた部隊にも参加した。その結果、五月末にペンザで軍団の反乱が起きたときには、この部隊の一部のみがペンザにいたということになる(8)。

チェリャビンスク代表者大会

すでに述べたようにチェリャビンスクでは、五月一四日にハンガリー人捕虜を軍団兵士が殺害し、一七日には軍団が一時的にこの街を占領するという事件が起きていた。偶然のことではあったが、右で述べた軍団の代表者大会の開催予定地はチェリャビンスクであった。所定の手続きによって選出された代表たちが事件の直後からチェリャビンスクに集まることになる。この時期、軍団の列車の運行はソヴィエト政権によって止められていたが、通常の列車による旅客の移動は可能であったと思われる。

五月二〇日の午前中にチェリャビンスクで予備的な非公式会合がもたれた。この会合には国民評議会ロシア支部のボフダン・パヴルー、フランチシェク・リヒテル、ボフスラフ・ザーヴァダ、ヨゼフ・ダヴィトの四人、軍団の指揮官としては第三連隊長のロシア人将校セルゲイ・ヴォイツェホフスキー中佐、第四連隊長のチェチェク中尉、第七連隊長のガイダ大尉の三人、それにふたつの師団の代表が各二人、合計一一人であった。ちなみに、その時点ではチェチェクの第四連隊は移動の起点にあたるペンザ、ヴォイツェホフスキーの第三連隊は会議の開催地であるチェリャビンスク、そしてガイダの第七連隊はシベリアの中心都市、ノヴォニコラエフスク(現在のノヴォシビルスク)に位置していた。

ここで、ボフダン・パヴルーについて紹介しておこう。彼は一八八三年生まれなのでこの時点で三五歳だった。戦前はスロヴァキアとチェコでジャーナリストとして働いていた。クラマーシュの率いる青年チェコ党の機関紙であった『ナーロドニー・リスティ』紙に寄稿し、ネオスラヴ主義運動にも参加していた。大戦勃発後に出征するが、一九一五年にロシア戦線で捕虜となった。ロシアの移民組織のはからいで収容所には送られず、移民組織の機関紙の編集に携わることになった。ペトログラードの移民組織で指導的な地位につき、一九一七年に国民評議会ロシア支部が設立されてからは、そのメンバーとして活躍していた。ネオスラヴ主義という点ではクラマーシュとつながっていたが、ペトログラードではむしろマサリクの支持者として活動していた。反乱開始後は、反ソヴィエト派のロシア人諸勢力と軍団のあいだの交渉を担うことになる。

予備会合をリードしたのは軍団の代表たちで、彼らの提案を三人の指揮官たちが支持していた。そこでは、国民評議会ロシア支部から伝えられていた部隊の分割案、すなわちオムスク西方にいる第一師団はアルハンゲリスク方面に向かい、オムスク東方の部隊はウラジオストクに向かうという案については論外とされた。軍団を二分割するという提案がソヴィエト側の陰謀であると思われたのである。またソヴィエト側に対するこれ以上の妥協は行わず、必要であれば自力でウラジオストクに進むという強硬論が支配した。軍団の列車はいっせいに東方へ向けて前進し、妨害があれば列車の運行も自らの手で行うとされ、さらにそれらは軍団が信任する新しい組織のもとで実行されるべきであるとされた。国民評議会ロシア支部は分割案を捨てていなかったと思われるが、この会議ではあえてそれに沿った説明や主張は行われなかったという(9)。この予備会議での論調がそれに続く総会の流れを決めることになった。

その日の午後から、正式の代表者大会の総会が始まった。会場とされたチェリャビンスク駅の食堂にはオブザーバー四人を含む一二三人の代表が集まった。総会では、予備会談での合意にもとづき、第一師団がアルハンゲリスク方面に移動するという提案は拒否され、これ以上の武器の引き渡しを行わないこと、必要であれば自力でウラジオストク方面へ移動することなどが承認された。さらに、大会は臨時執行委員会を選出し、それが当面のあいだは国民評議会ロシア支部に代わって移動の指揮を執ることとし、その委員は当日午前中の予備会議に参加した一一人で構成され、委員長にはパヴルーが選出された。さらに、軍事面については、臨時執行委員会に選出された三人の指揮官、チェチェク、ヴォイツェホフスキー、ガイダで構成される軍事協議会に委ねられた。

これらの決定は、武力行使も辞さないという前提のものではあったが、ソヴィエトとの武力衝突を回避しつつウラジオストクへ移動することは、なお可能であるという判断にもとづいていた。総会の議長を務めたカレル・ズムルハルは次のように回顧している。

その決定がなされたとき、それがチェコスロヴァキア軍のソヴィエト・ロシアに対する態度を根本から変更するものであるということに、誰もいささかの注意も払っていなかった。逆に代表たちはその大会の決定がソヴィエト政府、とくに地方ソヴィエトに影響を与え、彼らは、わが軍の列車が東へ向かうのを許すであろう、と確信していた(10)。

図 4-2　ボフダン・パヴルー
(Tobolka, 1937, p. 288 以降の別刷図版)

大会二日目、二二日の午後の総会には、チェリャビンスク・ソヴィエトの軍事委員、ウラジーミル・サドルツキーなる人物が姿を現し、挨拶をするとともに、一七日に当地で起きた事件の平和的な決着を訴える演説を行った。このサドルツキーの姿勢は、緊張していた大会の雰囲気を和らげるものであった。ズムルハルの抱いた期待は実現可能に見えたからである。すでにモスクワから地方ソヴィエトにあてた軍団の武装解除要求は届いていたが、地方ソヴィエトのあいだでは、軍団に対する強硬な措置は回避したいという意向が強かった。一七日のチェリャビンスクでの事件が示しているように、現地のソヴィエト当局には、モスクワが要求している強硬措置を実施するだけの十分な軍事力がなかったのである。軍団側の強硬論の背景にはそのような現地情勢についての判断があった。強い姿勢をとることによってソヴィエト側が妥協することを期待していたのである。

二二日に代表者大会は、国民評議会、ヴォログダ（モスクワの北方五〇〇キロメートルほどのところにある都市）におかれていたフランス軍事使節、それにシベリア横断鉄道沿線の地方ソヴィエトに対して、電報で次のように伝えた。

チェリャビンスクで開催された革命チェコスロヴァキア軍の大会は、軍事委員のサドルツキーの在席のもと、革命の強化のための困難な闘争のさなかにあるロシアの革命的人民への共感を表明する。しかしながら、大会は、ソヴィエト政府がわが軍の自由で安全なウラジオストクへの通過を保障する力がないと確信し、それゆえに、活発な反革命分子を前にして、軍の安全な通過と人身の安全が完全に保障されない限り、さらなる武器の引き渡しを行わないことを全会一致で決定した。(11)

ここで「革命チェコスロヴァキア軍」という言葉が使われているのは興味深い。チェコスロヴァキア軍団もまた、ソヴィエト政権とは異なる意味においてであるが、「革命」を目指しているということがここで表明され、また自らを「反革命派」とは違う立ち位置にあることを表現しようとしていたと思われる。いずれにせよ、この文面はなお武力衝突の回避を期待するものではあった。

二三日の代表者大会総会の場で、二一日付のマクサとチェルマークの電報と、軍団側が傍受した同日付の軍事人民委員部アラロフの電報が読みあげられた。いずれの電報も軍団の武装解除を求めていた。それを受けて、総会は、軍の指導権は臨時執行委員会に委譲されており、国民評議会ロシア支部の命令は無効であることを確認し、そのうえで再度、武器の引き渡しを拒否したのである。

同日、軍事協議会を構成するチェチェク、ヴォイツェホフスキー、ガイダは軍事行動についての打ち合わせを行った。その内容は明らかではないが、おおよそのところは次のようなものであったと考えられている。それぞれの分担は、ペンザを中心とするヴォルガ方面の部隊がチェチェク、チェリャビンスクを中心とするウラルと西シベリア方面の部隊がヴォイツェホフスキー、そして東部のオムスクからイルクーツクのあいだの部隊がガイダの指揮下におかれた[12]。この時点で、三つのグループのそれぞれのあいだには、ソヴィエト側の支配区域があったので、まずは、その三グループ間での連絡を確保し、西に位置する部隊から東進を始め、順次、ウラジオストクへ向かうというものである。代表者大会は二五日まで続くが、ガイダは自軍に戻るために二三日の夜にはチェリャビンスクを離れ、チェチェクも翌朝にはペンザへと引き返した。結局、この三人の若い将校たちの行動で、軍団は反ソヴィエト反乱へと引き込まれていった。

すでに、チェチェクとガイダについては触れた。チェチェクはドルジナ創設以来の生え抜きの将校であり、ガイダはセルビア義勇軍から移籍してきた将校で、いずれもズボロフでの戦闘に指揮官として参加していた。ここではセルゲイ・ヴォイツェホフスキーについて紹介しておこう。彼はヴィテプスクで生まれている。ポーランド分割でロシア領となった場所で、現在はベラルーシ領となっている。ヴィテプスクはポーランド語での地名で、ベラルーシ語ではヴィーツェプスクとなる。生まれたのはポーランド系の下級貴族の家系で、父親もロシア帝国陸軍の将校であった。彼は砲兵学校を卒業し、第一次世界大戦が始まると、おもに師団司令部付の参謀将校として勤務していた。一九一七年七月のズボロフ戦のあと、チェコスロヴァキア義勇軍がその規模を拡張しつつあった九月に、同軍の第一師団の参謀長として赴任した。反乱の直前には第三連隊長になっていた。軍団がウラジオストクへと移動を開始する直前に、それまで軍団を指揮していた一定数のロシア人将校がスターリンの指示で軍団を去ったが、そのなかで例外的に部隊に残った将校の一人であった(13)。

この時点で、ヴォイツェホフスキーが三四歳、チェチェクが三二歳、ガイダが二六歳であった。この若い将校たちに軍団の運命は委ねられたのである。そして、ここから始まる軍事行動は様々な波紋を広げることになる。

国民評議会ロシア支部と軍団の司令部はオムスクにあり、そこには何人かの支部のメンバーとフランス軍事使節のアルフォンス・ギネ少佐、それに軍団長のショコロフ将軍らがいた。彼らは、軍団を二分するという提案が、英仏からの提案であることを軍団員に伝え、それに従うよう促し、また軍事衝突を阻止すべくガイダらに自重を求めた。しかし、それが顧みられることはなかった。フランス政府と国民評議会の公式の合意によって、軍団は政治面では国民評議会の指導のもとにあり、軍事面ではフランス軍の指揮下におかれていた。チェリャビンスクでの代表者会議の決定は、そのような政治的、軍事的な権威を一時的にせよ、否定するという意味でも「反乱」であった。このような事態を受けてトロツキーは、二五日付でシベリア鉄道沿線の各ソヴィエト当局に対して、再度、軍団員の武装解除を求め、武器を手にしている「チェコスロヴァキア人」についてはその場で射殺することを命じた。(14) こうして、ソヴィエト当局と軍団の軍事衝突はさらに避けがたいものとなった。ちなみに、「チェコスロヴァキア人」という言葉が頻繁に使われるようになったのは、この時期のロシアであったと思われる。それは軍団の兵士たちを意味していたのである。

以下では、オムスク、ペンザ、ノヴォニコラエフスク、そしてイルクーツクからウラジオストクに至る極東方面のそれぞれで、反乱が始まる過程を少し詳しく述べることにする。ただし、依拠する文献の多くは軍団側の史料にもとづくものなので、そこには偏《かたよ》りがあるかもしれない。その部分は割り引いて読んでいただきたい。また、兵員数や戦死、負傷、捕虜などの数は、文献によって異なっていることが多く、いずれもおおよその目安として理解していただきたい。

図 4-3 セルゲイ・ヴォイツェホフスキー(Fidler, 1999, p. 192 以降の別刷図版)

二　反乱の展開

チェリャビンスク・グループ

五月二三日の大会決議を受け、その日のうちに軍団の列車がチェリャビンスクを出発し、オムスクへと向かった。[15] チェリャビンスクを中心にして第三連隊と第六連隊などが鉄道沿線に分散していた。その兵力の合計は約八〇〇〇人であった。他方、オムスクはソヴィエト政権側の西シベリアでの拠点都市であり、また、国民評議会ロシア支部と軍団の司令部もそこにあった。ただし、司令部には軍団長のショコロフ少将とその参謀たちがいたが、そこには軍団の列車は位置していなかった。

ヴォイツェホフスキー指揮下のチェリャビンスク・グループが東方のガイダ指揮下のノヴォニコラエフスク・グループと連絡を確保するためには、その中間に位置するオムスクを通過する必要があった。すでに述べたように、チェリャビンスクのソヴィエト当局は、そこに位置していた軍団の兵力を考慮に入れ、軍団との軍事衝突を回避しようとしていた。モスクワには、手持ちの兵力で軍団の武装解除を行うことは不可能であると伝えたうえで、軍団の列車の東方への移動を認めたのである。

チェリャビンスクを出発した第六連隊の列車は、二五日にオムスクの西方一五〇キロメートルほどの位置にある駅で、待ち構えていたソヴィエト軍に臨検（立ち入り調査）と武装解除を求められたが、軍団側はそれを拒否して前進を続け、ひとたびオムスクの西方三〇キロメートルほどのところにある駅からからオムスク・ソヴィエトに対して電報を打ち、ウラジオストク方面への通過を要求した。そこから軍団の列車は援軍と合流するために西方に引き返そうとするが、そこにオムスク方面からソヴィエト側の武装列車が現れ、西方に向けて動き始めた軍団の列車を追いかけるという事態に至った。結局、オムスクの西方五〇キロメートルほどのところにあるマリヤノフカという駅で軍団の列車は急停車し、兵士たちは列車から降りて、ソヴィエト側の列車を迎え撃った。この戦闘でソヴィエト側は二〇〇人以上が戦死し、一二八人が捕虜となり、軍団側は戦死が二八人、負傷が一五人という損害であった。ソヴィエト側の戦死者や捕虜のなかには多くのドイツ系、ハンガリー系の国際主義者が含まれていたという。ただし、このときの捕虜たちはフランスの軍事使節であったギネの仲介で解放された。(16) これが軍団とソヴィエト軍との最初の戦闘であった。

ペンザを出発するさいに、部隊は武器の大部分をソヴィエト軍に引き渡し、限られた数の銃と機関銃を保持することのみが許されていた。ただし、兵士たちは様々な方法で武器を列車内に隠匿していた。軍団員たちはそれらの武器を取り出し、武力行使に移っていったのである。おそらく、武器の量としては十分なものではなかったと思われるが、実戦経験の豊富な軍団兵士たちは、実際の戦闘ではソヴィエト側の軍隊を圧倒することになる。

マリヤノフカでの戦闘ののち、軍団側はオムスク・ソヴィエトの申し入れを受け入れ、休戦交渉が行われた。軍団側は強硬策を続けることを避けたが、それはこの地域での指揮権をもつヴォイツェホフスキーが慎重な行動を求めたからといわれている。この交渉の時間を利用してソヴィエト側はオムスクでの兵力の強化を図った。最終的に、交渉をあきらめた軍団がオムスクへの攻撃を始めるのは六月二日になってからであり、その占領に成功するのは七日であった。オムスクを占領したのはスィロヴィー中尉の指揮する第二連隊に所属する部隊であった。また、オムスク占領に先立って、五月二九日にヴォイツェホフスキーはお膝元のチェリャビンスクを占領している。

ペンザ・グループ

ペンザとその周辺にはチェチェクの指揮下にあった第四連隊が位置していた。(17) 同連隊はなおペンザからの移動前だったので、部隊は完全武装の状態にあった。すでに述べたように、軍団の各列車はペンザ駅を出発するときに、ペンザ協定で認められた量を超える武器をソヴィエト側に引き渡すことになっていた。しかし、まだペンザを通過できず、同市内もしくはその周辺で出発を待っていた部隊は、それまでの装備をすべて保持していたのである。ペンザ方面の部隊は約八〇〇〇人の兵員を擁していたが、そのうち二〇〇〇人ほどが市内にいた。連隊長のチェチェクはチェリャビンスクの代表者大会に出席していたので、大会の決議が伝えられたとき、ペンザには不在であった。

他方、五月二五日になるとペンザのソヴィエト当局は、モスクワから繰り返し、軍団を武装解除し、軍団員を拘束するよう求められていた。しかし、市内に配置されていたソヴィエト側の兵力は十分ではなく、軍団の武装解除を行うだけの兵力は保持していなかった。ペンザのソヴィエト軍はモスクワや近隣のソヴィエト当局に対して援軍の派遣を求めていた。

二六日の夕刻からソヴィエト側と現地の国民評議会を代表していたルドルフ・メデクらとのあいだで交渉が行われた。ソヴィエト側は軍団の武装解除と軍団員の赤軍もしくは労働部隊への編入を求め、軍団側は武器の引き渡しを拒否し、ウラジオストクへの移動を認めるよう主張した。双方の原則的な主張は平行線のまま、翌日の午前三時まで交渉は続いた。この過程で軍団側はソヴィエト側が軍事行動を準備していることを確認することになる。ソヴィエト側には軍団側と通じた情報提供者が入り込んでおり、またペンザとモスクワ間の往復電報も傍受されていた。

なお、ここで登場するメデクは大戦後に軍団を主題とする小説や戯曲の作者として有名になり、またこれらの「軍団物」を素材とする映画の監督なども務め、本書の冒頭で紹介したヴィートコフの記念館の建設についても責任者として携わった。今、その作品が顧みられることはほとんどないが、両大戦間期の軍団の神話化にもっとも尽くした人物といえる。

ペンザでの作戦計画を作成したのはシュヴェツ中尉であった。軍団の目的は武装を維持したままで東方に移動することであったが、同時にソヴィエト側がそれを認めないときには武力行使も辞さないという前提で、計画は作成された。二七日昼前に、チェチェクがペンザに帰還した。チェチェクは、より多くの兵員をペンザに集める必要があると主張し、時間を稼ぐようシュヴェツに指示したうえで、自らは市外に駐留する連隊の他の部隊を指揮するためにペンザを離れた。

ソヴィエト側は軍団の移動を拒否していたが、その理由として、軍団兵士たちがフランスへ行くことを望んでおらず、国民評議会と軍団将校たちがフランスへの移動を兵士たちに強いている、という主張を行っていた。そこで、軍団側は駅の裏にある牧場に兵士たちを集めて、ソヴィエト当局とチェコ人の共産主義者が、兵士たちにフランス行きをやめるよう説得をする機会を与えることになり、それは実際に行われた。このときの共産主義者たちの演説は兵士たちのヤジや怒号でかき消されることになった。ソヴィエト側がどの程度、兵士たちの説得に期待していたのかは定かではないが、ソヴィエト側もまた時間を稼ぐ必要があったと思われる。モスクワの武装解除要求は頑なであり、軍団側が軍事行動の準備をしていることも明らかであった。ソヴィエト側も他からの援軍を待つ必要があったのである。少なくともペンザの両軍は軍の配置について現状を維持することを条件に、戦闘を回避する合意を行っていた。

そのような状態が崩れ、ことが動くのは二八日の朝であった。このときペンザ駅にソヴィエト側の軍用列車が到着した。この列車は、重機関銃を備えた装甲自動車三台と野砲数門を運んできていた。これを合意された現状維持に反すると判断したシュヴェッツは、チェチェクの帰還を待たずに軍事行動を命じた。軍団兵士たちはこの列車を襲い、運んできた武器を奪取した。その後、軍団は駅を占領することになる。今後の作戦にとって駅を占拠し、移動に必要な機関車を確保することは不可欠であった。駅の占領後も、ソヴィエト側は戦闘を開始する準備は整っておらず、その後は散発的な銃撃はあったが、なおにらみ合いの状態が続いた。

ようやく、二九日の午前一時ごろから順次、ペンザ市外にいた第四連隊の各部隊がペンザ駅に到着した。チェチェクはまだ戻っていなかったが、午前四時ごろから軍団のペンザ攻略作戦は開始された。ソヴィエト側のロシア人兵士は三〇〇〇人ほどに達していたが、その多くは工場などから集められた労働者であった。また、この時点でソヴィエト側の兵力には、一〇〇〇人のラトヴィア系、二〇〇〇人のチェコ系、五〇〇人のドイツ系の国際主義者が含まれていた。

それに対して軍団側は援軍を加えて三五五〇人になっていた。武器に関しては、ペンザに集積されていた大量の武器を使えるソヴィエト側が有利であったが、ペンザの軍団は武装解除前の状態にあり、あわせて長期にわたって訓練を受け、実戦を経験していたので、実際の戦闘では軍団側がはるかに勝っていた。戦闘は八時間ほどで終わった。軍団側は戦死が三〇人、負傷が一〇〇人という損害であった。ソヴィエト側は三〇〇人以上の戦死者を出し、そのうち一二八人がチェコ系の兵士であった。また、捕虜は二〇〇〇人であった。(18)

ペンザを占領した軍団は直ちに東方への移動を開始し、スィズラニを経てヴォルガ河を渡り、その東岸（左岸）のサマラに迫った。サマラはソヴィエト側が押さえており、その南西にあるリピャギというところで四〇〇〇人のソヴィエト軍が塹壕を掘って、軍団を迎え撃つことになる。軍団は六月四日の深夜から朝にかけて、ソヴィエト軍を包囲したうえで攻撃を行い、昼すぎにはそこを制圧した。その戦闘でソヴィエト軍は一五〇〇人が戦死し、また三〇〇人が川の沼地で命を落とし、二〇〇〇人が捕虜となった。軍団側の損害は戦死が三〇人、負傷が八九人であった。少なくとも双方の戦死者数がこのとおりの数字であるとするなら、このときの戦闘は軍団による一方的な殺戮に近いものであったように見える。その後、軍団は六月八日にサマラを占領した[19]。

サマラ占領に先立つ六月一日ごろ、チェチェクたちがペンザからサマラへと向かう途中で、サマラを拠点とするエスエル党の指導者がチェチェクに面会を求めてきた。サマラでは、ソヴィエトによって解散させられた憲法制定会議のエスエル党に所属した議員らを中心に、反ソヴィエト蜂起の準備がなされていた。ペンザの活動家の一人であるイワン・ブルシュヴィトがサマラへと向かうチェチェクの列車を訪れ、反ソヴィエト蜂起への支援を求めたのである。ブルシュヴィトは自分たちの蜂起計画を詳細に説明し、共同の作戦を提案した。チェチェクはそれに心を動かされ、サマラでの作戦は軍団とロシア人の反ソヴィエト派の蜂起軍との共同作戦となった。サマラの制圧後、チェチェクはそこに支援部隊を残した。こうして、ヴォルガ地域では六月はじめから軍団とロシア人の反ソヴィエト派勢力との共同行動が開始されることになる[20]。

ノヴォニコラエフスク・グループ

次に、オムスクとイルクーツクとのあいだの区間での反乱の展開を見てみよう。[21] この鉄道区間は約二五〇〇キロメートルあったが、そこを担当したガイダの率いるノヴォニコラエフスク・グループは兵力で約四五〇〇人であった。チェチェクとヴォイツェホフスキーが担当した西部と中部方面の区間の合計よりも少し長い区間を、それらの四分の一ほどの兵員でおさえるということであった。

すでに述べたように、ガイダは五月二三日にチェリャビンスクを立ち、途中、オムスクに立ち寄って軍団長のショコロフらと意見交換を行ったが、その話の内容は明らかではない。その後、ガイダがオムスクを離れたあと、ショコロフらは大会での決定を知り、電報でガイダらに自重を命ずるが、ガイダはそれを無視した。すでに大会での決議により指揮権を与えられており、軍団長のショコロフの命令は効力がないというのが、ガイダの主張であった。[22]

二五日にガイダはノヴォニコラエフスクに帰還し、士官たちと情勢を確認し、同日中に行動が開始された。ペンザ・グループやチェリャビンスク・グループは、戦闘が始まる前にソヴィエト側に対して移動を認めるよう要求するなど、一応は「交渉」を行っていた。しかし、ガイダはそれを無駄と考え、ソヴィエト側と接触をもつことなく軍事行動を開始することになる。すでに、五月三日に武力行使に入る場合を想定した行動計画を、配下のエドゥアルト・カドレッツ大尉に命じて作成させ、それにもとづく命令書が各列車の指揮官たちに渡されていた。[23] 指揮官たちはガイダの指示に従ってその命令を実行していくことになる。ガイダが五月はじめの時点で反乱の開始をどの程度予期していたのかは不明である。反乱という事態をそれなりに予期していたのかもしれないし、たんに軍の指揮官として武力紛争が発生する可能性に備えていたということなのかもしれない。さしあたり、西方はノヴォニコラエフスクから三〇〇キロメートルほどのところにあるバラビンスクまで、東方は三七〇キロメートルほどの位置にあるマリインスクまでを行動範囲と定め、その区間で主要な駅と市街の占領を目指すことになった。

最初の行動はマリインスクに停車していたカドレッツの部隊によるもので、二五日午後二時すぎに駅は占領された。ソヴィエト側の抵抗はほとんどなく、駅に停車していたソヴィエト側の軍用列車と兵員は武装解除された。その知らせを受けたガイダは、ノヴォニコラエフスクの反ソヴィエト派のロシア人指導者たちの秘密の拠点を訪れ、軍事行動の計画を伝えた。

この時期にはシベリア各地でも、反ソヴィエト派のロシア人勢力は相互に連絡を取りつつ、ソヴィエト政権を打倒する準備を秘密裏に行っていたという。そのような反ソヴィエト派のリーダーの一人であったアレクセイ・グリシン゠アルマーゾフは、反乱が始まる前の五月一〇日にガイダのもとを訪れ、反ソヴィエト派の行動について説明を行っていた。そのとき、両者間でどのような会話がなされたのかは明らかになっていないが、ガイダが反乱以前から当地の反ソヴィエト派と連絡があったことは確かである。また、軍団が現地情報を収集するために、このような人々を使っていたことも知られている。そこから、ガイダらがグリシン゠アルマーゾフらと「親密な関係(24)」にあったという見解もあるが、むしろ、ガイダらの行動計画とこれらの反ソヴィエト派による蜂起の準備が並行して進んでいたということなのかもしれない。

二五日午後の会合で、ガイダはその反乱計画を反ソヴィエト派のロシア人指導者たちに説明した。

ロシア人の指導者たちはそれに驚き、自らの準備が整っていないので計画を延期できないかとガイダに頼んだという。[25] しかし、ガイダらはそれを無視して行動に移った。二六日午前一時半に、赤色ロケット弾が打ち上げられた。それを合図に、軍団の兵士たちはノヴォニコラエフスク駅を占領し、また市内の軍事施設をすべて制圧した。ソヴィエト軍の抵抗はわずかなものにとどまり、その兵士たちの大部分は逃げ去り、逃げ損ねた兵士たちは武装解除された。こうして、ノヴォニコラエフスクのソヴィエト政権は消滅してしまった。そのあと、同市では直ちに反ソヴィエト派による地方政権が組織され、市の行政を担うことになったのである。

五月はじめに作成された作戦計画には、その支配下においた場所ではメンシェヴィキ、カデット(立憲民主党)、エスエルなどの「われわれにとって好ましい地方の住民グループからなる政府を擁立する」とされていた。ガイダが、当初から反ソヴィエト派の地方政権を樹立しようとしていたことは確かである。ガイダは、その時点においても、またのちにおいても、その武力行使の目的はあくまでウラジオストクへの東進にあり、ロシア内政に関与することは目的でないと説明しているが、実質的にはソヴィエト政権の打倒と反ソヴィエト政権の樹立という方向に進んでおり、サマラでのチェチェクと同様に、ガイダも反乱の当初からロシアの内政に関わりをもち始めたのである。

ガイダ・グループの担当区域の東端はイルクーツクであった。ノヴォニコラエフスクでの軍団の反乱が開始されたとき、そのイルクーツクに向けて第一師団の第二砲兵旅団の列車が兵員六〇〇人とともに進んでいた。列車はイルクーツク駅に入るとソヴィエト側から武器引き渡しを求められた。軍団側は、すでにこれまでの駅で武器を引き渡しており、一六丁の銃しか残っていない、と回答した。こうしたやり取りのあと、ソヴィエト側は駅の建物のなかから軍団の列車に向けて機関銃掃射を始めた。軍団兵士たちは列車を降りて建物に突入し、白兵戦の末に駅を占領してしまった。

双方のにらみ合いが続くなか、翌二七日に、イルクーツクに駐在していたアメリカ領事と軍団に同行していたフランスの連絡将校らの仲介で、休戦合意がなされ、砲兵旅団の列車は戦闘中に奪ったものを含めて三〇丁の銃を手元に残して、他はソヴィエト側に引き渡し、イルクーツクを離れウラジオストクに向かうことができた。その後、イルクーツク・ソヴィエトはドイツ系、ハンガリー系の捕虜や国際主義者を動員して防備を固めることになる。軍団が再度、イルクーツクを攻撃し、同市を占領するのは七月一一日のことであった(26)。

反ソヴィエト政権との関係

軍団がオムスクを占領したのち、六月九日には東進してきた中央部の部隊と西進してきた東部の部隊が出会い、またそのひと月後の七月六日には、中央部の部隊と西部の部隊も連絡を確保した。その結果、軍団は、ロシア人の反ソヴィエト派の部隊とともに、サマラからイルクーツクに至るシベリア横断鉄道沿線を支配することに成功したのである。

その間に、軍団の軍事行動の目的は変容しはじめた。当初の目的はウラジオストクへの移動であったが、反乱の開始とほぼ同時期に、軍団と反ソヴィエト派のロシア人勢力の協力は始まっていた。サマラでのチェチェクの対応やノヴォニコラエフスクでのガイダの行動についてはすでに述べたとおりである。当初、それらは、それぞれの個別の判断によるものであった。しかし、間もなく軍団と反ソヴィエト派ロシア人諸勢力とのより組織的な関係が構築され始めるのである。

六月七日に、オムスクで反ソヴィエト政権が姿を現し、二〇日にそれを基礎にして臨時シベリア政府が発足することになる。そうした動きと並行して、チェリャビンスクにおかれた臨時執行委員会では、ロシアの反ソヴィエト派諸勢力との協力が検討され始める。軍団が、オムスクを占領した六月七日に、臨時執行委員会は軍団の代表者大会総会をチェリャビンスクに招集している。その総会で臨時執行委員会の委員長であるパヴルーは、新たに現れたロシアの反ソヴィエト派の諸政権への支持を表明し、そのうえでそれらの新政権との政治的、軍事的な協力の必要を訴えた。少なくともこの時点で現れた諸政権は中道派の政権であり、国民評議会や軍団の主流派の思想傾向と近いものであった。パヴルーの提案に対しては異論が唱えられたが、あくまでウラジオストクへ向かうという目的は堅持したまま、その目的のためには協力関係が必要であるという理由で、大会総会で了承を得たのである。その決議を基礎に、臨時執行委員会はオムスクの新政権と交渉を始め、六月一三日には各部隊の司令官に対して、「われわれの支配下にある領域では民主的分子に対して全面的な支援を与え、新しいロシアの人民軍を組織するという取り組みに対して、彼らと密接に協力することがわれわれの政策である」と伝えた(27)。

さらに、六月二五日にもチェリャビンスクで代表者大会総会が開催されている。そこでは、オムスクの政権との意見交換を行った臨時執行委員会代表からの報告を受けた。そのうえで、なお政治問題ではマサリクや連合国からの指示があるまでは、シベリア臨時政府との関係は保留するとしながら、軍事面では協力関係をもつことが確認された。また、この時期に軍団は財政面での問題にも直面しつつあった。軍団の移動の費用はフランスから送金された資金で賄われていた。その資金はエスエル系の農業協同組合に保証金として渡され、それで必要な物資の購入が行われていたが、その保証金が底をつき始めていた。当初の計画では、この時期に移動は終わっていたはずだからである。軍団は軍事援助との引き替えにオムスクの新政権から資金や物資の供給を受けなくてはならない状態にあったため、代表者大会総会は、この軍事面と経済面でのオムスク政府との関係強化を了承したのである。政治面での留保は行われたものの、軍事面と経済面で軍団は反ソヴィエト派の政権と関係を深めていくことになる。

他方、六月二〇日以降、フランス政府は、ロシアでの事態の急変を踏まえて、軍団に対して当面はロシアにとどまるよう指令を出していた。こうして、フランス政府からの指示と、軍団内での合意形成を受けて、七月七日にチェチェクは、軍団が「連合国の前衛」としてロシアにとどまるという命令を軍団兵士に向けて発した(28)。この命令によって軍団の目的はそれまでの西部戦線への移動から、ロシアでの干渉戦争への参加という方向で一変することになる。そこに至る詳細は連合国の動向を含めて、後述することにしたい。

ロシア極東方面

軍団の反乱が始まったとき、すでにウラジオストクに到着していた部隊は、ほぼひと月にわたって事態を静観していた。この時点でここには一万四〇〇〇人ほどの兵員がいたが、部隊に同行していたロシア人のヂチェリフス参謀長らは軍事行動に懐疑的であり、軍団と現地のソヴィエトとの関係も決して悪いものではなかった。しかし、反乱の展開と内戦の本格化という事態を受けて、ウラジオストクのグループも六月末には行動を開始した。六月二五日に軍団はウラジオストクに停泊していた米英日の艦隊司令官に対して、同僚を救出するために西に向かう旨を伝え、あわせて一〇万の兵力の派兵と武器の供給を求めた。ついで、六月二八日に軍団は現地の各国領事団に、ウラジオストク・ソヴィエトに対して武装解除を要求する旨を通告し、その翌日、二九日にソヴィエトの武装解除と市内各所での武器の押収などを開始した。ソヴィエト側は要塞司令部に立てこもったが、夕方に司令部は陥落し、ウラジオストクの行政は現地の反ソヴィエト勢力の手に移った。このときの戦闘でソヴィエト側は一九五名の戦死者を出した(29)。こうして、後方の安全を確保したウラジオストクの部隊は再度、友軍との連絡を確保するために西方に向けて引き返したのである。

ガイダ指揮下の第七連隊の部隊は、ロシア人の部隊とともに、七月一一日にイルクーツクを占領し、さらに東方へ逃れようとする赤軍を追うようにして、列車で東へと進んだ。赤軍側には三〇〇〇人ほどのハンガリー人の戦争捕虜が含まれていたという。双方ともに装甲列車を使う鉄道での戦闘が続いた。赤軍側は撤退の途中で橋や鉄道施設を破壊したので、軍団側はそれらを修理しつつの前進であった。この一連の戦闘では、軍団の工兵隊がきわめて手際のいい仕事をしたという。イルクーツク以東には四〇ほどのトンネルがあり、その確保が課題であった。そのひとつは赤軍側によって爆破された。ドイツ人捕虜を使って、まったくの手作業だけで崩れた瓦礫を撤去したが、それには二週間を要したという(30)。こうして、西から進んだガイダ・グループと東から引き返してきたウラジオストク・グループは八月三一日にチタの南東二五〇キロメートルほどのところにあるオロヴャンナヤで出会った(31)。こうして、軍団はヴォルガ地域から極東のウラジオストクまでの鉄道をひとまずはその支配下におくことになった。

さらに、ウラル地域で軍団は、その拠点となっていたチェリャビンスクから北方二〇〇キロメートルほどのところにあるエカチェリンブルクに向けて、シベリア政府軍とともに進み、そこを七月二五日に占領することになる。そこには、二月革命で退位させられたニコライ二世とその家族が幽閉されていたが、ニコライ二世たちが奪還されることを恐れたモスクワ政府の命令によって、軍団がエカチェリンブルクに接近していた七月一七日に一家は殺害されることになった(32)。

チェコスロヴァキア軍団の反乱によって、シベリア横断鉄道沿線の各地で反ソヴィエト派の蜂起が始まり、そこに地方政権が誕生し、軍の編成も始まった。こうして、ヴォルガ地域では、サラトフからスィズラニ、シムビルスク(現在の名称はウリヤノフスク。サマラの北西二〇〇キロメートルほどのところにあり、レーニンの生地)などを経てカザンへ至る、ヴォルガ川西岸に沿った南北につながるヴォルガ戦線が現れ、さらにそれはカザンからビルスク、エカチェリンブルクをへてチュメニに至る東西に延びる北部戦線と結びついていた。こうして、ヴォルガ地域からシベリアへと至る新しい戦線が姿を現したのである。この戦線では、ソヴィエト軍と反ソヴィエト派の軍隊が対峙し、後者をチェコスロヴァキア軍団が支えるという構図が出現することになった。

三　内戦のなかの軍団

新しい戦線で

内戦の本格化にともない、ひとたびウラジオストクまで進んだ部隊もヴォルガ、ウラル方面に引き返し、軍団は再度、新たに姿を現した前線に集結した。ヴォルガ地域には第一師団が、ウラル北部の戦線には第二師団が配置され、反ソヴィエト派のロシア人兵士たちとともに戦線を支えることになった。すでに反乱が始まる前後から西シベリアでは、捕虜収容所にいたチェコ系、スロヴァキア系の戦争捕虜からの募兵が進められており、この時期には一万三七〇〇人の兵員がそれに応じ、また五〇〇〇人の後方支援の部隊も編成されることになった。

反乱が始まったとき、チェチェクは中尉、ガイダは大尉、ヴォイツェホフスキーは中佐であったが、三人は六月から七月にかけていずれも大佐となり、さらに九月から一〇月にかけて少将に昇進していた。チェチェクはヴォルガ戦線を担当する第一師団長に、ガイダは北部戦線を担当する第二師団長となり、ヴォイツェホフスキーはエカチェリンブルク方面の指揮官となっていた。それぞれの地位に見合った階級を与えたということなのであろう。なお、ヴォイツェホフスキーは一二月に軍団から離れ、オムスク政府軍へと移籍した。ガイダも同じころにオムスク軍に異動し、その指揮官の一人となる。九月一日付で、軍団の最高司令官には、ロシア人のショコロフにかわって、第二連隊長であったスィロヴィーが就任した。彼もまた中尉から少将に昇進していた。スィロヴィーは、一〇月から一時的で

あったが、チェコスロヴァキア軍だけでなく、ロシア軍を含むこの地域の軍隊の司令官も兼ねることになる。(33)

スィロヴィーは反乱が始まったときには第二連隊長であった。オムスクを占領したあとは、そこを拠点に東西の要の位置にいた。チェチェクやガイダのような派手さはなかったが、おそらくはその手堅さから信頼を得ていたのであろう。またその風貌がフス派の反乱を指揮したヤン・ジシュカと重なり、それがスィロヴィーの人気の源のひとつであったともいわれる。本書の冒頭でヴィートコフの記念館の話を紹介したが、一五世紀のフス派の軍隊を指揮したジシュカはカトリック派の十字軍をいくたびも破り、不敗の指揮官として伝えられる。スィロヴィーはズボロフの戦闘時に右目を失い、その後は、右目を黒い眼帯で覆っていた。恰幅のよいその風貌が、やはり独眼の像で伝えられるジシュカを思わせたのだという。軍団司令官となったスィロヴィーは、チェリャビンスクにおかれた司令部でおもにロシア軍や連合国軍との連絡や交渉を担当することになった。

図 4-4　ヤン・スィロヴィー
(Lášek, 2013, p. 289)

「独墺俘虜」問題について

八月はじめに日米両国がロシア極東地域への派兵を決めたとき、その目的は「チェコスロヴァキア軍の救出」とされていた。出兵に関する八月二日付の日本政府の「告示」では、中央同盟諸国が「極東露領に浸漸して現に「チエックスローヴァック」軍の東進を阻碍」しているとされ、さらにそこには「多数の独墺俘虜混入し実際に於て其の指揮権を掌握するの事跡顕然たるものあり」[34]とされていた。またその翌日の米国の宣言においても、「攻撃を加えているオーストリアとドイツの捕虜からチェコ＝スロヴァキア人に保護と援助を与える」[35]ことが、その出兵の目的であるとされていた。その背景には、ロシアに派遣されていた米国の使節などの報告において、ドイツおよびオーストリア＝ハンガリーの捕虜がソヴィエト側で武器を取って戦っていることが指摘されており、それがこれらの宣言に反映されていた。

この「独墺俘虜」については、その実態を越えて過大に伝えられたものであるという批判がなされている。たとえば原暉之は『シベリア出兵』において一章を割いてこの問題を分析し、その数が過大にとらえられていたと指摘している。[36]たしかに、連合国側の外交文書のなかに現れるその存在は、過大なものであった。しかし、同時に、戦闘に突入したチェコスロヴァキア軍団にとって、この武装した「独墺俘虜」たちの存在はそれなりに現実のものであった。

右で見たように、軍団の反乱が始まったとき、その最初の戦闘は五月二五日のマリヤノフカにおけるものであったが、ソヴィエト側の戦死者にはかなりの数のドイツ系、ハンガリー系の捕虜たちが含まれていた。また、激戦となったペンザでの戦闘においても国際主義者たちがソヴィエト側の部隊の中核部分を占めていた。しばしば経験の乏しいソヴィエト側の指揮官にかわって、独墺軍出身の将校が部隊を指揮していた。そのような現実は、実際よりも「独墺俘虜」の存在を大きく見せていたといえる。

また次のような事情もあった。オーストリア＝ハンガリー軍の捕虜たちが生活していた収容所の環境は劣悪であり、栄養失調や伝染病で多くの捕虜たちが命を失っていた。とくにドイツ系ないしハンガリー系の捕虜たちの処遇は、スラヴ系の捕虜たちのそれと比べると、さらに劣悪であったという。これらの捕虜たちは、収容所から出ることができるのであれば、武器をとることもいとわないという状態にあった。これらの「国際主義者」とされた捕虜出身の兵士たちのなかには、革命に共感する活動家というよりも、生き残りをかけてやむなく武器を手にした人々が数多く含まれていたと思われる。

さらにもうひとつの要因も視野に入れておく必要があろう。ブレスト＝リトフスク条約の調印で中央同盟諸国とロシアとのあいだの講和が成立したことにより、ロシア軍の捕虜となっていたドイツ軍とオーストリア＝ハンガリー軍の兵士たちには、帰国の道が開かれることになった。しかし、五月末からの軍団の反乱によってその道はふさがれていた。君主国に対する「裏切り者」であるチェコ人、スロヴァキア人兵士の行動に対して憤りを感じるドイツ系、ハンガリー系の捕虜たちも少なくはなかったと思われる。同じハプスブルク君主国出身の軍団兵士とこれらのドイツ系、ハンガリー系の捕虜たちの戦闘は、そのような意味においてナショナリズムを背景とした君主国の外での「内戦」でもあった。このように、この時期の「独墺俘虜」たちが武器を取った背景はきわめて多様であった(37)。

いずれにせよ、軍団の敵は、独墺とそれに操られるボリシェヴィキであるという説明が建前として掲げられていた。そのために、軍団は「独墺俘虜」の存在を過大に強調することになった。また、あえていえば、その軍事行動を正当化するうえで、「独墺俘虜」の存在は必要であったともいえる。

内戦における捕虜の取り扱い

さらに、ここで内戦における捕虜の取り扱いという問題にも触れておこう。チェコ人の軍事史家であるヤロスラフ・クシージェクの研究などによれば、ペンザでの戦闘ではチェコ人の国際主義者を含む二〇〇〇人が軍団側の捕虜となった。この取り扱いについては、五月二九日に臨時執行委員会が行った決定が残されている。それは次のような内容であった。捕虜のうち、ロシア人については今後、敵対行為を行わないという約束をすることで、軍団のペンザ撤退後に解放される。他方、ドイツ系、ハンガリー系の兵士については、戦闘に加わった者は銃殺、そうでない者は解放される。チェコ系の捕虜については、元軍団員でない者については、戦闘に参加した者は銃殺、そうでない者は解放され、後者は希望すれば軍団に入隊できるとされた。元軍団員については軍団の軍事法廷で裁かれることになり、とくに戦闘に参加していた者は反逆罪で裁かれる、というものであった。この決定は戦闘終結後、直ちに執行されたが、最終的に処刑された者の数は不明であるという(38)。また、これは広く知られているが、このときにチェコ人の国際主義者の部隊を指揮し、捕虜となった三人の元軍団員たちは正式な裁判をへることなく、軍団員たちのリンチによって殺された。

また、サマラを攻略したときの様子については、同市に駐在していた米国の副領事の手による七月一二日付の報告があるが、そこでは、次のように述べられている。

チェコ人はただちに、彼らと戦闘を行い捕らえられた約五〇人のオーストリア人捕虜を処刑した。そこにはふたりのチェコ人も含まれていた。彼らは、ほとんどの場合、ボリシェヴィキを武

装解除したあとに、釈放している。(39)

この一文は、捕らえたオーストリア＝ハンガリー軍捕虜を処刑し、ロシア人捕虜は釈放していると読むことができ、この捕虜の取り扱い方は、五月二九日の臨時執行委員会の決定に沿ったものといえよう。また、軍団がイルクーツクを占領したときの様子を米国総領事が報告しているが、そこでも同様に「武器をもって配置についていたオーストリア人とドイツ人の捕虜はチェコ人に捕らえられると即座に射殺された」と述べている。(40)ロシア内戦では、人道上の問題となるような捕虜の殺戮がソヴィエト側と反ソヴィエト側の双方で行われたことはよく知られているが、そのなかにあってチェコスロヴァキア軍団が例外であったとはいえないようである。なお、付け加えておけば、軍団の兵士がソヴィエト側に捕らえられたときにも、やはり、ひどい虐待を受けたのちに射殺されたということもまた事実であった。

［注］

（1）Beneš, *Světová válka a naše revoluce*, III, 637; *Cheshsko-Slovatskii (Chekhoslovatskii) korpus 1914–1920: Dokumenty i materialy*, II, Moskva: Kuchkovo plle, 2018, 119–120.

（2）Fic, *The Bolsheviks and Czechoslovak Legion*, 80–92.

（3）なお、以下の鉄路の距離については、鐵道院運輸局編『西伯利鉄道旅行案内』鐵道院、一九一九年（アジア学叢書一一九、大空社、二〇〇四年所収）の付録である「西伯利鐵道主要驛間里程早見表」にもとづく。

（4）なお、この時期のシベリア横断鉄道については、原暉之『シベリア出兵——革命と干渉 1917-1922』筑摩書房、一九八九年の第二章も参照。

（5）Kalvoda, *The Genesis of Czechoslovakia*, 320; Kratochvíl, *Cesta revoluce*, 59-61.

（6）Fic, *The Bolsheviks and Czechoslovak Legion*, 186-198.

（7）Kratochvíl, *Cesta revoluce*, 79-80.

（8）Jaroslav Křížek, *Penza, slavná bojová tradice čs. rudoarmějců*, Praha: Naše vojsko, 1956, 137-145.

（9）Fic, *The Bolsheviks and Czechoslovak Legion*, 250-251.

（10）Z. A. B. Zeman, *The Break-up of the Habsburg Empire 1914-1918*, London: Oxford University Press, 1961, 209-210.

（11）*Cheshsko-Slovatskii korpus*, II, 147-148; Kratochvíl, *Cesta revoluce*, 80; Beneš, *Světová válka a naše revoluce*, III, 641; Kalvoda, *The Genesis of Czechoslovakia*, 334.

（12）*Ibid.*, 334.

（13）Fidler, *Generálové legionáři*, 329-349.

（14）Beneš, *Světová válka a naše revoluce*, II, 198.

（15）このグループの行動については以下を参照。Fic, *The Bolsheviks and Czechoslovak Legion*, 275-288.

（16）Pichlík et al., *Českoslovenští legionáři*, 176.

（17）このグループの行動については次を参照。Fic, *The Bolsheviks and Czechoslovak Legion*, 288-313.

（18）*Ibid.*, 308.

（19）Pichlík et al., *Českoslovenští legionáři*, 177-178.

（20）Geoffrey Swain, *The Origins of the Russian Civil War*, New York/London: Routledge, 2014, 168-170.

(21) このグループについてはおもに次を参照。Fic, *The Bolsheviks and Czechoslovak Legion*, 313-332.
(22) *Ibid.*, 313-314.
(23) ガイダの作戦計画は次を参照。Kratochvíl, *Cesta revoluce*, 65-67, 547-548; Fic, *The Bolsheviks and Czechoslovak Legion*, 380-384; 386-389.
(24) 原暉之『シベリア出兵』三三二頁。
(25) František Šteidler, *Naše vystoupení v Rusku r. 1918*, Praha: Památník odboje, 1923, 58; Fic, *The Bolsheviks and Czechoslovak Legion*, 319.
(26) *Ibid.*, 325-332.
(27) Victor M. Fic, *The Collapse of American Policy in Russia and Siberia, 1918: Wilson's Decision not to Intervene (March-October, 1918)*, New York: Columbia University Press, 1995, 241-247.
(28) *Ibid.*, 249-251.
(29) 原暉之『シベリア出兵』三四六—三四七頁。
(30) Jakub B. Bisher, *White Terror: Cossack Warlords of the Trans-Siberian*, London: Routledge, 2005, 81-84.
(31) Pichlík et al., *Českoslovenští legionáři*, 182.
(32) この事件については、リチャード・パイプス『ロシア革命史』西山克典訳、成文社、二〇〇〇年、二一八—二二三頁を参照。
(33) Bradley, *The Czechoslovak Legion in Russia*, 110-111; Kalvoda, *The Genesis of Czechoslovakia*, 394.
(34) 外務省編『日本外交文書』大正七年第一冊、九三七—九三八頁。原文の引用は常用漢字を新字体に、片仮名を平仮名に置き換えてある。同文書については以下も同様。
(35) *FRUS*, 1918, Russia, II, 328-329.

(36) 原暉之『シベリア出兵』第一四章。

(37) ハンガリー人捕虜については次を参照。Peter Pastor, "Hungarian Prisoners of War in Russia during the Revolution and Civil War," Samuel R. Williamon Jr., Peter Pastor, eds., *Essays on World War I: Origins and Prisoners of War*, New York: Columbia University Press, 1983, 149–162.

(38) Fic, *The Bolsheviks and Czechoslovak Legion*, 308–309; Křížek, *Penza*, 161–164.

(39) Bunyan, *Intervention*, 279–281.

(40) *FRUS*, 1918, Russia, II, 309–314.

第5章

干渉戦争と新国家の独立

—「連合国の前衛」に—

1918年10月のジュネーブ会談．前列中央左がクラマーシュ，右がベネシュ（Paulová, 1968, p. 592以降の別刷図版）

一　連合国の対ソ干渉政策と軍団

ロシア問題をめぐる連合国外交

ここで、再度、時間を一九一八年春までもどして連合国の対ロシア政策をたどり、それをすでに述べたチェコスロヴァキア軍団の反乱の経緯と重ねて見ることにしたい。

一九一八年三月にソヴィエト政権は中央同盟諸国とブレスト＝リトフスク条約に調印した。この条約でロシアはフィンランド、ロシア領ポーランド、バルト三国、ベラルーシ、ウクライナなどを失い、そのそれぞれは独立を宣言したが、それらの実質的な支配はドイツのもとにおかれることになった。また、カフカース（コーカサス）地方の一部もオスマン帝国に譲った。この内容に対してはソヴィエト政権内でも批判が噴出し、それまで政権内にいたエスエル党左派が政権から離脱した。また、ドイツはその後も自らの支配地域を拡大するためにソヴィエト政権に対して強圧的な政策を続けた。こうした事態を受けて、ソヴィエト政権内には連合国の援助を求める動きも見られるようになった。

連合国側では、ソヴィエト政権に対する武力干渉計画が様々なかたちで検討されていたが、それと並行して、英国の非公式代表であったブルース・ロックハート、米国赤十字使節代表のレイモンド・ロビンス、フランス軍事使節団の一員だったジャック・サドゥールらがソヴィエト政権と交渉を行っていた。ソヴィエト政権を支援することによって、東部戦線を再構築しようとしていたのである。これは「招請による干渉」と呼ばれる。(1) 連合国側からみると、まずは「東部戦線」の再構築が優先しており、そのためであればソヴィエト政権との協力も選択肢の一つであった。

とくに英国のロックハートとソヴィエト側のトロツキーとの交渉は、英国外相のアーサー・バルフォアの支持もあって、踏みこんだものとなった。すでに述べたように、この交渉が始まる直前の三月八日から一三日にかけてソヴィエト軍とチェコスロヴァキア軍団がウクライナのバフマチで共同作戦を行っていたことを考えれば、この「招請による干渉」とのつながりで軍団の存在が意識されても不思議はなかった。そのような流れのなかで考えると、フランス軍の一部とされていたロシアのチェコスロヴァキア軍団は、フランスではなくロシアで「東部戦線再構築」のために使われるべきであるということになる。また、英国はソヴィエト政権との交渉と並行して、ロシア各地の反ボリシェヴィキ勢力との提携も模索しており、その場合においてもチェコスロヴァキア軍団は貴重な軍事的資源たりえた。

他方、フランスはチェコスロヴァキア軍団のフランスへの移送にこだわっていた。ブレスト＝リトフスク条約調印によって、ドイツ軍は大量の兵力を東部戦線から西部戦線に移送することができるようになり、三月二一日から西部戦線ではドイツ軍の大規模な攻勢が始まっていた。前年四月に米国が参戦していたが、期待された米国軍のヨーロッパへの到着は遅れていた。そのような情勢下でフランスは兵員の確保に苦しんでいた。これもすでに述べたが、一九一七年末からフランスでもチェコスロヴァキア軍の編成が始まっており、フランスとしては、そこにロシアのチェコスロヴァキア軍団が合流することを熱望していたのである。

チェコスロヴァキア軍団をロシアに残したいという英国陸軍省の意向は、一九一八年四月一日にフランスの在英大使館付武官からの電報でフランス政府に伝えられ、その内容はただちにチェコスロヴァキア国民評議会のベネシュ事務局長に伝えられた。その内容は英国陸軍のなかで検討されていたいくつかのロシアに対する武力干渉計画案の内容に沿ったものであった。具体的には、チェコ人、スロヴァキア人捕虜による第二軍団の編成が計画されている西シベリアの中心都市、オムスクに集結するか、連合国の物資が集積されている北ロシアの白海に面する港町、アルハンゲリスクへ移動するか、またはザバイカル地方でソヴィエト政権に反旗をひるがえすセミョーノフ軍と合流するという案がそこには示されていた。あわせてトロツキーが同軍団をロシアに残し、再編中のロシア赤軍の中核にしたいと望んでいる、という情報もそこでは伝えられていた(2)。

これに対して翌二日に、当時はフランスとロシアのチェコスロヴァキア軍全体の総司令官という地位についていたフランスのモーリス・ジャナン将軍からジョルジュ・クレマンソー陸相——クレマンソー首相は陸相を兼務していた——あてに、国民評議会からの回答が伝えられている。その内容は、軍団をロシアに残すことについては消極的な立場をとりながらも、もしそれによって軍団のフランスへの輸送が容易になるのであれば、アルハンゲリスクへの進路変更もありうるし、船舶の準備が整うまでのあいだという限定された期間であるなら、東シベリアで軍団を用いることもありうるというものであった(3)。このようなかたちで、チェコスロヴァキアに関わる事項が連合国の主要国間で議論されることになったのである。これについて、この交渉の当事者であったベネシュは、回顧録で次のように述べている。

これによって、ともかくも、われわれの重要な政治的交渉が軍をめぐって始まるのである。私は、その軍をのちにフランスと英国でのわれわれの政治的な承認のための交渉に利用したのである。まさに、ベルギーやセルビアの行動がそうであったように、われわれの行動がしだいに連合国の政策の目的になっていくのである。(4)

ベネシュのこのときの回答は曖昧なものであった。一方で、ベネシュはロシアの軍団をフランスに移したいというフランス側の意向や、ロシア内政には中立を維持するというマサリクの方針を考慮に入れなければならなかった。他方で、軍団をロシアに残したいとする英国の意向にも配慮する必要があった。ベネシュは、こうして軍の利用を取引材料にしながら、英仏間での駆け引きを利用しつつ、国民評議会の政治的承認、ひいてはチェコスロヴァキア独立への支持を取りつけようとしていたのである。

その後、英国側では、軍団がシベリアできたるべき連合国軍を形成するという内容の文書が作成され、それは四月八日に、連合国の最高軍事理事会の常設代表部の賛成を得た。最高軍事理事会は、「最高軍事会議」とも呼ばれるが、一九一七年末に設置された英仏伊の首脳による軍事問題での調整組織で、米国の代表も一定の距離をとりつつ参加しており、またその下に助言組織として常設軍事代表部がおかれていた。

四月一六日には、フランス参謀本部が、輸送を早めるために軍団をアルハンゲリスクに送り、しばらくのあいだは港の警護につかせるという提案を英国側に行い、それを受けて英国はウラル以西の部隊は北ロシアの港町であるアルハンゲリスクもしくはムルマンスクへ、ウラル以東にいる部隊は太平洋へと向かうという提案を行った。ちなみにアルハンゲリスクは白海に面する軍港であったが、冬は凍結で使うことができなかった。他方、ムルマンスクはバレンツ海への出口となっている不凍港である。いうまでもなく、アルハンゲリスクないしムルマンスクからのフランスへの回航は、ウラジオストクからのそれよりもはるかに近道であった。四月二二日にベネシュはそれに同意したという(5)。この連合国からの指令は、ソヴィエト政府をとおして軍団側に伝えられるが、すでに述べたように、この指令によってソヴィエト当局と軍団とのあいだの緊張関係はより一層、厳しいものとなった。軍団は、唐突に示されたこの指令をソヴィエト側の陰謀と理解したからである。

連合国がロシアを支援するために送った軍事物資が北ロシアの港に集積されていた。この軍事物資がドイツ軍やソヴィエト軍のものとなることを阻止し、現地での連合国の行動の調整を図るために、英国はフレデリック・プール少将を軍事使節としてムルマンスクに派遣した。チェコスロヴァキア軍の到着に備えることもその役割のひとつであった。また、この時点では、英国とソヴィエト政府との関係はなお維持されており、それは「招請による干渉」の延長線上にあるように見えた。プールは五月二四日にムルマンスクに到着したが、その翌日から事態は急変した。チェコスロヴァキア軍団の反乱が始まったからである(6)。

すでに述べたように、連合国、とくに英国は、一九一八年三月以降、「招請による干渉」の可能性を探っていた。それは、ソヴィエトの要請にもとづいて連合国がロシアへ派兵し、独墺に対する東部戦線を再構築しようとするものであった。その過程でロシアにおける軍団の存在も注目され、ベネシュに対する英国政府の対応にも変化が見られた。しかし、この「招請による干渉」という選択肢は五月に入ると独ソ関係が好転し、それにともなってソヴィエト側の連合国への対応も変わり、それが実現する可能性は消えていった(7)。英仏の政府や軍部では、武力干渉でソヴィエト政権を打倒し、中央同盟諸国との戦争再開を目指す新しいロシアの政権を樹立することで「東部戦線の再構築」をしようとする、より積極的な干渉計画が浮上してくることになる。ただし、英国もフランスも西部戦線での激しい戦闘が継続しているこの時期に、大きな兵力をこのロシアでの武力干渉にさくゆとりはなかった。それができるのは米国と日本に限られていた。

その間、西部戦線ではドイツ軍の大規模な攻勢が継続していた。ドイツは、米国軍が西部戦線での戦闘に本格的に参加する前に英仏軍に大きな打撃を与え、有利な条件で休戦にもちこもうとしていた。チェコスロヴァキア軍団の反乱が始まった五月末から六月はじめの時期には、ランスとソアソンのあいだでドイツ軍は突破口を開いてマルヌ川の線まで前進し、パリまで約九〇キロメートルという位置に迫っていた。それゆえにフランスは、一方でロシアでの武力干渉論に傾きつつも、ロシアの軍団をフランスに移送し、西部戦線で使うという方策にこだわっていたのである。

六月一日から三日まで、ヴェルサイユで連合国最高軍事理事会が開催された。この時点では、すでにチェコスロヴァキア軍団の反乱は始まっていたが、まだその情報は伝わっていなかった。この会議での協議をへて、英仏伊三国政府の合意として、日本にロシアへの派兵を求める覚書が作成され、それは英国をとおして日本へ伝えられた。また、それと並行して米国にも同様の派兵要請が行われた。それを受けて、日米両国ではその是非をめぐる議論が進行することになる。そのような議論の展開の過程で、しだいにチェコスロヴァキア軍団の反乱の報が連合国政府にも届くようになり、ロシアに対する武力干渉をめぐる議論は急展開を遂げることになる。

米国政府内ではロシアへの派兵について意見が割れていたが、ウィルソン大統領はそのあいだで揺れながらも、ロシアへの派兵に慎重な姿勢をとっていた(8)。日本でも陸軍を中心に派兵論が高まっていたが、米国の支持なしでの派兵については慎重論が存在していた。原敬らがそのような慎重論に立ち、外交調査会の場で日本単独での派兵に反対していた。軍団の反乱が始まってから二週間を経過した六月七日に、英国政府から日本の駐英大使に対して出兵の意志を確認する覚書が渡されたが、六月二一日付の日本からの回答は、米国と西欧諸国との合意がなされるまで、干渉の決定を行うことはできないというものであった(9)。

七月二日に連合国最高軍事理事会が開催されたが、その場で英仏伊三国の代表は米国に対してロシアへの軍事干渉を促すことで合意し、その内容は七月三日に英国大使によってウィルソン大統領に伝えられた。それを受けて七月六日にウィルソンは、国務長官、陸軍長官、海軍長官、陸軍参謀長と海軍作戦本部長からなる会議を招集し、チェコスロヴァキア軍を救援することを目的として米国と日本がそれぞれ七〇〇〇人の部隊をウラジオストク方面に派遣するという決定を行った。ただし、米国の派兵はあくまでチェコスロヴァキア軍の救援が目的であった。ウィルソンはなお「東部戦線の再構築」は不可能であり、イルクーツク以西への派兵もできないと考えていた。米国のこの決定ののち、日本政府もチェコスロヴァキア軍救援を目的として派兵を決定したのである。日本政府の派兵の告示は八月二日発表され、翌三日には米国も派兵の宣言を行った。

「連合国の前衛」

六月の初旬から中旬にかけて、連合国側各国でも軍団の反乱について報じられるようになり、また外交ルートを介してその詳細がしだいに明らかになった。フランスの軍事使節は軍団とともに行動しており、軍団の反乱についての情報は軍事使節をとおしてフランス政府に伝えられていた。フランス政府は右で述べたような軍団と反ソヴィエト政権との関係についても把握するようになり、フランスのジョゼフ・ヌーランス駐露大使や軍事使節団長のジャン・ラヴェルニュ将軍らは、それらについて本国政府に伝えつつ、シベリア横断鉄道の支配を維持し、ヴォルガ地域に「保護地区」を形成するよう、軍団に指示することを政府に進言していた[10]。少なくともロシアにいたフランス政府と軍の代表は、対ソヴィエト武力干渉論に傾きつつあった。とくにヌーランスは積極的であった。武力衝突が始まった時期に、軍団に同行していたフランスの軍事使節団員は、武力紛争を仲介によって収拾しようとしていた。たとえば、すでに述べたように、イルクーツクでの最初の衝突では、同行していたフランスの軍事使節が現地の米国領事とともに仲介を行って、停戦を実現していたし、同使節の一員でオムスクにいたギネ少佐も反乱を批判し、その中止を求めていた。ヌーランスはそのような対応には反対であった。

ヌーランスたちの上申に対する返答として、六月二〇日に、ラヴェルニュは政府からの命令書を受け取った。その内容は、「軍団が抵抗の中心を拡大し、秩序の回復を唱えるシベリアとコサックの諸分子を自らの周りに糾合し、シベリア鉄道の支配権を完璧なものとし、東からの連合国の干渉に備えよ」というものであった。[11] その翌日、二一日にチェリャビンスクで開かれた軍団の臨時執行委員会の会議で、ギネ少佐は、連合国政府がシベリアで軍事行動を行うことを決定したと述べ、占領地を保持し、連合国の到着を待つよう伝えた。ギネは、反乱が始まった当初は軍団に自重を求め、軍事行動を非難していたが、この時点でその姿勢は大きく転換していた。さらに翌二二日にチェチェクはサマラのフランス領事からの伝言を受け取った。その内容は二〇日のフランス政府からの命令と同じものであった。[12]

さらに、二九日には、連合国最高軍事理事会による対ロシア干渉政策についての決定がある旨のメッセージが伝えられている。このような経緯をたどりながら、ヴォルガ方面の司令官となっていたチェチェクは、七月七日に軍団兵士に向けて次の命令書を発したのである。

すべての兄弟に伝えよ。軍団の大会とわが国民評議会の決定に従い、また連合国の同意をもって、わが軍団は連合国軍の前衛となった。軍団参謀によって出される指示はロシアにおいて、全ロシア人民とわが連合国との連携で、反ドイツ戦線を確立することにある。[13]

こうして、軍団はロシアに留まり、ロシアの地で戦うことになった。しかし、ロシアでのこのような展開は、連合国間の外交交渉の展開と重ねてみると、かなり大きな問題があった。

すでに述べたように、フランスが軍団をロシアに残すという決定を伝えるのは六月二〇日のことであった。それは反乱が発生してから二六日後のことである。しかし、英仏両国ともに、西部戦線での戦況から明らかであるように、ロシアへ大規模な派兵を行う能力はもとよりなかった。もし、連合国側が「東部戦線の再構築」を目的としてロシアに派兵を行うとしたら、それが可能なのは日本と米国のほかにはなかった。英仏両国は繰り返し、日本と米国にロシアへの派兵を求めることになる。またそれにともなって、日米間に派兵をめぐる微妙な外交的駆け引きが展開されていたのである。

たしかに、フランス政府が軍団に対して「連合国による東からの干渉」に備えるようにという指令を発し、チェチェクが七月七日にロシアにとどまるという命令を発した時期は、連合国がシベリアへの派兵を決定した時期と重なっていた。とはいえ、米国は「東部戦線の再構築」を不可能と考えており、またイルクーツク以西への派兵も計画にはなかった。日本は米国との当初の合意にもかかわらず、緒戦において七万を超える兵員を派遣することになった。ただ、日本の関心はバイカル湖以東の地域にあり、やはりイルクーツク以西への派兵は念頭になかった。しかし、ロシアで軍団と接触していたフランスの外交官や軍人たちは、連合国が本格的な派兵を行うことを期待しており、その人々の発言をとおして、チェコスロヴァキア軍団の指揮官たちは、連合国軍のまとまった部隊が軍団の戦っていたヴォルガ地域やウラル地域に到着すると信じたと思われる。その結果が、七月七日のチェチェクの命令であった。しかし、新しい「東部戦線」たるべきヴォルガ、ウラル方面に連合国軍がまとまった数の兵力を派遣することはなかったのである。

マサリクの反乱への対応

マサリクは、四月前半に日本に一三日間滞在したのち、米国に渡った。軍団の反乱の報が米国にも伝えられると、マサリクはにわかに時の人となり、ロバート・ランシング国務長官やウィルソン大統領とも会談していた。(14)米国側は軍団の存在に強い関心をもっていた。マサリクはほぼ一貫して、ロシアの帝政派も、それ以外の反ボリシェヴィキ派も信頼することはできないという立場を表明し、武力干渉の可能性を否定していた。マサリクは、むしろボリシェヴィキとそれ以外の諸勢力からなる連立政権が形成されることを期待しており、ソヴィエト政権を「事実上の政府」として承認すべきであると考えていた。武力紛争発生の報が届いていた六月三〇日にマサリクは、ソヴィエト政府のチチェーリン外務人民委員あてに、紛争の平和的な解決を訴える電報を打っていたのである。(15)

しかし、ロシアでの事態の展開はマサリクの想定とは異なる方向へと進んだ。しかも、マサリク自身の指導下にある軍団が、中立を維持するというマサリクの指令を無視して武装反乱を開始し、それに連動して連合国による軍事干渉が始まろうとしていたのである。さらに、後述するように、その過程で軍団と国民評議会が連合国から、それまでよりも高いレベルで承認されるということになりつつあった。そのような事態をマサリクも無視できなかった。軍団の将兵にあてた七月二一日付の電報では、「諸君の行動に大いに満足している」と述べたうえで、「しばらくはロシアにとどまり、連合国の支援のもとで共通の敵に対して行動しなければならない」と、マサリクは指示した。そして、日米の出兵宣言が出される直前の八月一日付の命令書で、「取り巻く情勢の展開の結果、しばらくはロシアに留まり、連合国との合意のもとで戦う」ことを命じた。そのうえで、「われわれの敵」は、オーストリア人、ハンガリー人、ドイツ人で、ロシア人については、「ロシアの利益に反し、われわれの敵と結びついている個人や党派」とされていた(16)。ここでは、ソヴィエト政権が独墺側と結びついているという理解のもとで、ソヴィエト側の勢力を「われわれの敵」と断じている。明らかに、それ以前のマサリクの言動とは異なる立場をとっていた。軍団のソヴィエト政権に対する反乱は、見方をかえれば、マサリクへの反乱でもあった。マサリクは軍団がロシアの内政に関わることを禁じていたからである。しかし、マサリクは、その反乱を事後的に認めざるをえなかったということになる。チェコ系の米国人史家、ヨゼフ・カルヴォダは、このマサリクに対する反乱が、皮肉にもマサリクたちを助けることになった、と述べている(17)。

反ソヴィエト政権と軍団

軍団の反乱が始まると、シベリア横断鉄道沿線に反ソヴィエト派の地方政権がいくつも姿を現した。サマラ、ノヴォニコラエフスク、オムスクでの地方政権の出現についてはすでに触れた。サマラは六月八日にチェコスロヴァキア軍とロシア人の蜂起軍によって占領されるが、その日のうちに反ソヴィエト派の政権が樹立された。この政権のもとで人民軍が編成され、軍団とともにソヴィエト側の赤軍と戦うことになる。軍団に支援された人民軍はヴォルガ川に沿って支配地域を広げた。なお、「人民軍」という名称は、サマラの政権がエスエル右派などの左派勢力によって組織されていたことによると思われるが、サマラとオムスクの政権が合同した九月以降は使われなくなる。

新たに現れた戦線は、軍団側の論理では「東部戦線」ということになるが、戦う相手はいうまでもなく独墺軍ではなかった。そこには、一定数の独墺軍捕虜出身の国際主義者の部隊も含まれてはいたが、軍団の戦う相手はソヴィエト赤軍であった。チェコスロヴァキア軍の数は限られ、また反ソヴィエト派の諸勢力の軍隊は装備も訓練もおよそ十分とはいえなかった。しかし、赤軍もまた建設途上にあり、この時期の戦闘ではなお軍団に支えられた反ソヴィエト勢力は、ある程度、優位に立つことができたのである。

ヴォルガ戦線でのチェコスロヴァキア軍とロシア人民軍の優位は九月に入ると揺らぎ始める。新たに編成された赤軍は反撃体勢をしだいにととのえ、攻勢に転じた。人民軍と軍団はその攻勢を支えることができなくなった。こうして、九月一〇日にはカザンが、一二日にはシムビルスクが赤軍の手に落ちたのである。(18)

軍団の反乱開始以後に現れた複数の反ソヴィエト地方政権のなかで、中心的な地位を占めていたのはサマラとオムスクの政権であった。前者では、一九一八年一月にレーニンによって解散された憲法制定会議のエスエル党の議員たちが中心を占め、「憲法制定会議議員委員会」と名乗ったが、一般にはその略称である「コムーチ」と呼ばれた。このグループはすでに述べたように、サマラ占領時に軍団と行動をともにしていた。他方、六月はじめに軍団がオムスクを占領すると同時にそこでも地方政権が誕生し、「臨時シベリア政府」と名乗った。この政権にもエスエル党員などの社会主義者が含まれてはいたが、より保守的な勢力を多く含んでいた。

サマラとオムスクの政権の関係は悪く、両者の統合に向けた交渉は難航した。連合国使節団は反ソヴィエト勢力の統合を望み、それに向けて圧力を行使していたが、軍団もまた同様であった。臨時執行委員会の委員長であるパヴルーらは、フランスの使節団とともに反ソヴィエト派の諸政権間の統一に向けた折衝に加わっていた。七月一五日から一六日、および八月二〇日から二五日にチェリャビンスクで両政府を含む地方政権のあいだでの会議が開催された。その結果、反ソヴィエト諸勢力を統合する政権樹立のための会議が九月八日から二三日にサマラとオムスクのあいだに位置するウファで開催されることになる。なお、七月の会議ではパヴルーが座長を務め、この地域の反ソヴィエト派の軍隊は、当面のあいだチェコスロヴァキア軍の最高司令官の指揮下におかれることが合意された。また、パヴルーは、両政府間の合意ができなければチェコスロヴァキア軍はその立ち位置を見直すという警告を発しつつ、影響力を行使しようとしていたという(19)。

ウファでの交渉は難航したが、ともかくもそこで五人の執政官による合議体制がつくられ、行政は一四人の閣僚で構成される閣僚評議会が担うことになった。この合意はおもにサマラのコムーチ政権側の妥協によって成立したものであった。ヴォルガ戦線での敗戦がサマラ政府の発言力を著しく損ねていたのである。その後、この政府はウファからオムスクに移るが、一一月一八日にはアレクサンドル・コルチャーク提督によるクーデタによってこの政権は崩壊し、コルチャークの権威主義的政権がそれに替わった。それまでの政権の合議体制は内戦下ではふさわしいものではなく、強力な戦時指導体制が必要と考えられ、それを支持する軍部などの勢力がコルチャークを政権に押し上げたのである。また、連合国のなかでは、英国のロシアでの使節団を率いていたアルフレッド・ノックス将軍がコルチャークを支持していたことはよく知られている。

他方、チェコスロヴァキア軍団は、それまでの政権を支持していた。それは、二月革命を支えた諸勢力と重なっていた。軍団の主流派はこれらの勢力を中心に、「民主的なロシア」が再生するというシナリオを思い描いていた。同じ反ソヴィエト派といっても、旧帝政派とみなされる権威主義的なコルチャーク政権の成立と、軍団が「民主派」とみなす中道左派勢力が政権から排除されたことによって、ロシアの進路は軍団の指導部が期待していたシナリオからは外れていった。

西部戦線では、七月末から八月はじめにかけて行われた連合国側の一連の攻勢によって、戦局は転換し、ドイツ軍が勝利を収める見込みは失われていた。コルチャーク政権が樹立されたとき、第一次世界大戦はすでに休戦を迎えていた。一一月三日にオーストリア＝ハンガリーは連合国に休戦を申し入れ、それは受け入れられた。ドイツも、同月一一日にコンピエーニュの森で休戦協定に調印した。ハプスブルク君主国の内部では、それぞれの地域で独立を唱える政権が誕生し、君主国はなし崩し的に消滅した。それと重なるように、チェコスロヴァキア国家の建国過程が始まっていた。ここで、ひとまずロシアを離れて、チェコスロヴァキア国家が樹立される過程を見ることにしよう。

二　連合国の対ハプスブルク政策の転換

ロイド＝ジョージ演説とウィルソンの「十四か条」

これまでも繰り返し述べてきたことであるが、一九一八年春までの時期において、連合国側諸政府は、オーストリア＝ハンガリーの解体という問題に関しては、慎重な姿勢を維持してきた。オーストリア＝ハンガリーはドイツとロシアのあいだに位置する大国として存続するべきであるという「勢力均衡論」は、連合国首脳のあいだでの共通認識であった。

また、この連合国の慎重な姿勢の背景には、連合国とオーストリア＝ハンガリーとのあいだで継続していた単独講和をめぐる秘密交渉があった。ハプスブルク君主国のカール一世は、即位して間もない一九一七年三月に、妻の兄で、そのときはベルギー軍の将校であったブルボン＝パルマ家のシクストゥス公を介して、連合国との講和を模索する秘密の書簡をフランス大統領に送った。それが契機となって連合国側では、オーストリア＝ハンガリーとの単独講和の可能性について期待が広がっていたのである。秘密交渉は断続的に続き、単独講和への期待は一九一八年初頭においても継続していた。このような情勢のもとでは、連合国政府がベネシュたちに対して、将来のチェコスロヴァキア国家建国につながるような言質を与えることはありえなかった。チェコスロヴァキアの完全な独立は二重君主国の解体と同義だったからである。連合国側の指導者たちは、ドイツとロシアのあいだにハプスブルク君主国が大国として存在することは、欧州の伝統的な勢力均衡に不可欠であるという考え方を捨てきれずにいたのである。オスマン帝国の衰退によって、バルカン地域で小国が分立することによって、その地域は不安定化し、「ヨーロッパの火薬庫」となったのと同様に、ハプスブルク君主国の解体によって、中東欧も「バルカン化」すると考えられたからである。

ただし、連合国政府は、連合国側で独立運動を展開し、戦争遂行にも協力しているオーストリア＝ハンガリー出身の亡命政治家たちの運動を、この段階でまったく無視することもできなかった。また、ソヴィエト政権が掲げる「無併合・無償金」の平和という構想や「民族自決」へのアピールに対する理念的な対応もそこでは必要であった。一九一八年初頭のデイヴィド・ロイド＝ジョージ英国首相の演説と、ウィルソン米国大統領の「十四か条」を含む議会演説は、そのような情勢を背景にしていた[20]。一九一八年一月五日にロイド＝ジョージは、その演説で次のように述べている。

同様に、オーストリア＝ハンガリーの解体がわれわれの戦争目的ではないということで、われわれはウィルソン大統領と合意しているが、オーストリア＝ハンガリーの諸民族(nationalities)が長きにわたって希求してきた、真の民主的原理にもとづく純粋な自治が認められなければ、長期にわたってその一般的平和を脅かしてきた、欧州のその部分におけるそれらの不安の原因を取り除くことを期待することは不可能なのである[21]。

たしかに、ロイド＝ジョージはオーストリア＝ハンガリーに対して「真の民主的原理にもとづく純粋な自治」を求めているが、あわせて、明確にオーストリア＝ハンガリーの解体は戦争目的ではないと述べていたのである。

ただし、次のことにも目を向けておく必要がある。この時期、英国政府内では、オーストリア＝ハンガリーの解体を前提として君主国出身の亡命政治家たちの独立運動を支援するグループも、その発言力を高めていた。その結果、それらのグループと、従来からの君主国の存続を前提とする勢力とのあいだで綱引きが生じており、この演説はそれらのあいだの妥協の産物でもあった。君主国の解体は戦争目的とはされなかったが、英国首相が、君主国のなかでの自治に言及したことは、それまでの英国の政策と比べれば、一歩踏み込んだものとなっていた[22]。

その三日後の一月八日に、米国のウィルソン大統領は議会での演説において有名な「十四か条」を発表した[23]。この「十四か条」は「自決」という言葉と結びつけられて記憶されているが、実は、その演説のなかで「自決」という言葉は使われていない。そのような一般原理に言及することなく、講和条件が列挙されているのである。その第一〇条では、つぎのように述べられていた。

オーストリア＝ハンガリーの諸民族(peoples)は、諸国民(nations)のあいだでのその地位が保護され、かつ保証されることをわれわれは望むが、自治的な発展へのもっとも自由な機会を与えられるべきである。

この「自治的な発展へのもっとも自由な機会」という表現は、少なくとも独立の可能性を否定するものではないが、君主国の連邦化ということでもこの条件を満たすことができるものであった。オーストリア＝ハンガリーに関する限り、ウィルソンとロイド＝ジョージは同じ立ち位置にあったといえる。ちなみに、ポーランドに関しては、ロイド＝ジョージの演説では「独立したポーランドは(中略)西欧の安定にとって緊急に必要なことである」と明言されており、ウィルソンの「十四か条」では、その第一三条で「独立したポーランド国家が樹立されるべきである」とされ、それは「明白なポーランド人が居住する領土を含み」、「海洋への自由かつ安全な通路を保証される」とされていた。それとの対比で、チェコスロヴァキアや南スラヴ系の運動に対する連合国の対応はなお消極的なものであった。

ベネシュは、その回顧録で、このふたつの演説に大きな衝撃を受けたと述べている。ロイド＝ジョージもウィルソンもオーストリア＝ハンガリーの解体を求めていないことが明らかにされたからである。[24]この時期、後述する「公現祭の宣言」に見られるように、国内では急進派の台頭により、独立への志向が強まっていたが、このロイド＝ジョージの演説やウィルソンの「十四か条」の内容には国内の政治家たちも驚き、その説明をパリのベネシュに求めたという。[25]

連合国のハプスブルク君主国に対するこのような姿勢に変化が生じるのは、一九一八年四月以降であった。四月二日にオーストリア＝ハンガリー外相のチェルニンが演説のなかで連合国との講和に触れ、不用意にも、フランスが講和の打診を行ったと述べ、その後のフランスの対応を批判したのである。それに激怒したフランスのクレマンソー首相は、カール一世からの書簡を公開して、それに反論するという事態に至った。こうして、連合国首脳のあいだで維持されてきたオーストリア＝ハンガリーとの単独講和の可能性が断たれた。

カール一世の書簡のなかには、講和条件としてアルザス・ロレーヌ地方がドイツからフランスへ返還されることなどが含まれていたため、ドイツのオーストリア＝ハンガリーに対する不信感は募り、その結果としてカール一世はドイツ皇帝ヴィルヘルム二世に対して謝罪せざるをえず、オーストリア＝ハンガリーのドイツに対する立場はそれまで以上に従属的なものとなった。[26]これによって、連合国はオーストリア＝ハンガリーとの単独講和の可能性をあきらめ、オーストリア＝ハンガリーの解体も視野に入れつつ、君主国内の反ハプスブルク運動を展開している諸勢力への支援をそれまでよりも公然と行うようになった。

ただし、連合国のあいだでのチェコスロヴァキア独立運動に対する政策には、かなりの温度差があった。フランスはカール一世の書簡が公表される事件の前から、その政策を変化させつつあった。ロシア十月革命以後、将来のポーランド国家やチェコスロヴァキア国家などをロシアに代わる同盟者と見るようになっており、その結果としてフランスにおけるチェコスロヴァキア軍の編成を支援していた。

フランスの立ち位置は一九一八年四月以降、より明瞭なものとなっていく[27]。他方、英国や米国は右のロイド＝ジョージ演説やウィルソンの「十四か条」に見られたように、君主国の民主化や連邦化という選択肢を示しつつも、君主国の解体について明確な約束をすることを避けようとしていた。四月以降に英国の対応にも変化が見られるが、それはフランスよりもなお慎重なものであった。

また、イタリアは一九一七年一〇月から一一月にかけて進行したカポレットでの戦いで、ドイツ軍の支援を受けたオーストリア＝ハンガリー軍に大敗北を喫し、ピアーヴェ川までの北東部の領土を占領されるという事態に至っていた。ちなみに、ズボロフの戦いでオーストリア軍の一部として戦闘に参加し、多くの捕虜を出し、その責任を問われることになったプルゼニの第三五連隊はこの戦いに投じられ、大きな戦果を上げたことが知られている。

カポレットの戦いの時期までにロシアは戦争遂行能力を失い、十月革命後にソヴィエト政府は中央同盟諸国と講和交渉を始めることになる。ルーマニアもその国土の大きな部分を占領され孤立状態にあり、セルビアもすでにその国土は中央同盟軍に占領され、政府とその軍の一部がイオニア海のギリシャ領ケルキラ島（英語文献などでは「コルフ島」と呼ばれることが多い）に逃れていた。オーストリア＝

ハンガリーと交戦している国家は、この時期には、実質的にはイタリアのみとなっていたのである。そのため、イタリアの対オーストリア＝ハンガリー政策も変化し始め、それまでは慎重であったチェコスロヴァキア独立運動への支援も、しだいに積極的なものに変わっていくことになる。

一九一八年四月はじめには、ローマでイタリア人、ポーランド人、ルーマニア人、「ユーゴスラヴィア人」、そして「チェコスロヴァキア人」の代表による、オーストリア＝ハンガリーの「被抑圧民族会議」が開催され、「共通の抑圧者に対する共通の闘争」が宣言された。これは、イタリアが南スラヴ人に対するそれまでの敵意を弱めたことを意味し、それは、チェコスロヴァキアの独立運動にも有利に働く要因といえた。

すでにそれよりも前から、国民評議会とイタリア政府は義勇軍の設立交渉を進めていた。一九一七年一〇月に、チェコ人、スロヴァキア人捕虜からなる労働部隊の編成が始まり、また捕虜からなる小部隊は前線で斥候部隊として行動を始めていた。しかし、戦闘部隊の設立についてイタリアは慎重であった。ようやく、一九一八年四月に入るとイタリアの姿勢も変化し、四月二一日に、イタリア政府とチェコスロヴァキア国民評議会は協定に調印し、そこにおいてイタリア政府は「国民的、政治的、法的観点から、チェコスロヴァキア国民評議会のもとにある、統合され自立したチェコスロヴァキア軍の存在」を承認した。その内容はすでにフランスが認めていた内容を超えるものではなかったが、その承認がイタリア政府と国民評議会とのあいだでの協定というかたちをとっていたことは重要であった。その点では、大統領令によって一方的に宣言を行ったフランスよりも、イタリアは一歩前に出たといえる。(28)

この協定によって、イタリア政府はチェコ人、スロヴァキア人捕虜からなる義勇軍の編成を正式に認め、五月二四日にイタリアで編成されたチェコスロヴァキア第三四連隊の軍旗授与式がローマで行われた。終戦時では、二個師団、一万九四七六人の将兵がイタリアでの義勇軍を構成していた。また、実戦においては五二三人が戦病死、四七人が捕虜になって処刑され、五五人が行方不明であった(29)。このイタリアの義勇軍は、フランスの義勇軍とともに、独立を宣言した祖国に帰還し、その要求する領土の実効支配を行うことになる。

米国は、一九一七年四月にドイツに対して宣戦を布告したが、オーストリア＝ハンガリーには宣戦布告を行わず、両国は戦争状態にはなかった。しかし、イタリアがカポレットの戦いで大敗を喫したのち、イタリアを鼓舞するという意味合いで、米国は一二月にオーストリア＝ハンガリーに宣戦を布告した。ただし、その後も、オーストリア＝ハンガリーは主要な敵とは見なされていなかった。したがって、宣戦布告後もオーストリア＝ハンガリーとは分離講和の可能性を模索していた。そのような姿勢は、一九一八年一月のウィルソン大統領の「十四か条」にも見てとれた。しかし、四月はじめにオーストリア＝ハンガリーとの分離講和の可能性が遠のくと、米国の姿勢にも変化が見られた。たとえば、五月二九日のランシング国務長官の声明においては、四月はじめのローマでの「被抑圧民族会議」への関心が表明され、「チェコ＝スロヴァキア人とユーゴ＝スラヴ人の自由に対する国民的熱望は当政府の真摯な同情を得ている」と述べられていた(30)。

英仏との交渉

一九一八年四月以後、ロシアのチェコスロヴァキア軍の取り扱いをめぐって、英仏両国政府のあいだ、および両国政府と国民評議会のベネシュとのあいだでの交渉が始まった。ベネシュは、ロシアの軍団という資源から最大限の政治的果実、すなわち英仏両国からのチェコスロヴァキア国家独立についての、可能な限り高いレベルの約束を引き出すことを目指していた。しかし、連合国がそろって統一した見解を表明するということは困難であった。連合国のそれぞれの思惑が異なっていたからである。六月はじめの最高軍事理事会でもこの問題について議論が行われたが、結局のところ、六月四日に英仏伊の首脳が発表した声明は、前述の五月二九日の米国務長官の声明を支持する、という内容にとどまった(31)。

すでに述べたように、英国は四月から五月にかけて軍団をロシアで使用する可能性に強い関心をもち、ベネシュにもそのような方向で打診を行っていた。ベネシュは、ロシアの軍団を西部戦線で使用したいというフランス政府やマサリクの強い意向に配慮し、英国の提案については消極的な姿勢を維持しつつも、軍団の移動を促進する方法として軍団を二分して、部隊の半分を北ロシアへと移動させるという提案や、移動のための船舶が用意できるまでの期間、連合国に協力するという可能性を認める姿勢をとっていた。

そのようなやりとりの過程で、英国は国民評議会やロシアの軍団の存在を正式に承認する必要があると考えるようになる。交渉は五月に行われ、英国政府は六月三日付のアーサー・バルフォア外相の書簡によって、国民評議会を「連合国におけるチェコ＝スロヴァキア人の最高機関」として承認し、軍団については、「連合国側で作戦に従事する組織された部隊」として承認した。これは英国政府が行った最初の公的な承認であったが、そこにはチェコスロヴァキア国家独立に関する言及はいっさいなく、また「将来の政府」というような独立国家につながる表現もなかった。英国はロシアでの軍事干渉の可能性を視野に入れつつ、その場合にチェコスロヴァキア軍を利用するための最小限の手続きを行ったということであった[32]。この書簡がベネシュに手交されたとき、すでにロシアの軍団の反乱は始まっていたが、まだその詳細はヨーロッパには伝わっておらず、この書簡の内容にはロシアでの反乱という事件はまったく反映されていなかった。

ベネシュは、英国との交渉をこの段階でひとまず切り上げ、フランス政府との交渉に移った。六月三〇日にフランスで編成されたチェコスロヴァキア第二一連隊の軍旗授与式が予定されていた。それにあたって、ベネシュはフランス政府が新国家建設へ向けて、より踏み込んだ外交文書を作成することを求めることにしたのである。その交渉の結果、ベネシュは六月二九日付で、フランス外相ステファン・ピションからの書簡を受け取った。そこには「貴国民の独立する権利を宣言することは正統で必要であると見なす」と述べられ、国民評議会を「国民全体の利益の最高機関として、また将来の政府の第一の基礎として」承認し、「歴史的境界内」でのチェコスロヴァキア国家独立を支持したのである。「歴史的境界内」という言葉は、ドイツ語使用者の居住地区を含めたボヘミア諸邦全体がその領土に含まれることを意味していた。これは、フランスが他の連合国よりもチェコスロヴァキア国家建設についてさらに一歩踏み出したことを意味していた。

しかし、この「歴史的境界内」という言葉はそれにとどまらなかった。六月五日付のピションあての書簡でベネシュは、来るべきフランスの宣言に含まれるべき言及の内容として、「スロヴァキア人はチェコ人とともにチェコスロヴァキア国家のなかで統合されること」という項目があげられており、さらにその国家は「ボヘミア、モラヴィア、オーストリア・シレジア、スロヴァキアからなる四つの歴史的地方から構成される」と述べられていた。少なくともベネシュ側の「論理」では、スロヴァキアは「ボヘミア諸邦」の歴史的な権利のなかに取り込まれていた[33]。いうまでもなく、その主張は歴史的な事実には反していた。このような拡大された「歴史的権利」の主張が始まったことは注目に値する。

すでに述べたように、この時期のフランスは、ポーランドやチェコスロヴァキアとの提携によって「対ドイツ障壁」を戦後の東欧で形成するという構想をもち、それにもとづいて自国内でのチェコスロヴァキア軍の編成も支援していた。また、軍団の反乱が始まる前の段階では、フランスは、ロシアの軍団がフランスへ移送されることを望んでおり、その存在を強く意識していたことも確かである。ロシアでの軍団の反乱がどの程度、このピション書簡の内容に影響をおよぼしたのかは明らかではないが、軍団の存在自身がその内容に影響を与えていたことは確かであろう[34]。いずれにせよ、この書簡が作成された時期に、フランスは軍団を自国に移送するのではなく、ロシアで使用するという方向で政策を転換しつつあったのである。

さらに、このフランス政府の承認を基礎として、ベネシュは英国と再交渉を行った。その結果、八月九日に英国は、バルフォア外相の書簡というかたちで、チェコスロヴァキア軍を「連合国側の交戦軍として」承認し、国民評議会を「チェコ＝スロヴァキア国民の利益の最高機関として」、また「将来の政府の現在における受託者」として承認した。英国のこの承認は、国民評議会の軍団に対する指導権を認めることで、相対的にはフランスの同軍に対する指揮権を弱めることを意図していたという。(35)いずれにせよ、軍団の取り扱いについて英仏はその影響力の行使をめぐって競い合う状態になっており、ベネシュはそれを巧みに利用したといえる。

英国は、それまで、チェコスロヴァキアの将来について拘束力のある外交的な約束を行うことを控えていた。それは英国外交の伝統であった。しかし、八月のバルフォアの書簡は、フランスとの比較において、ロシアでの出来事がより明瞭に反映されていた。同書簡には、英国の承認の理由として、チェコスロヴァキア軍が「ロシアにおいてドイツ軍のロシアとシベリアへの侵入を阻止しようとしている」という言及がなされているからである。ただし、バルフォア書簡は新国家の領土についてまったく触れていなかった。

米国と日本の承認

米国政府の動きも見ておこう。国務長官のランシングはウィルソンと比べると、反ハプスブルク勢力への支援については、より積極的な姿勢をとっていた。そのようなランシングらの影響力もあって、米国政府は一九一八年九月三日に、「かくも組織されたチェコ＝スロヴァキア人とドイツおよびオーストリア＝ハンガリー帝国とのあいだに交戦状態が存在していること」と、チェコスロヴァキア国民評議会が「事実上の交戦政府」であることを承認した。これもまた、ロシアでの事態の推移を反映するものであった。それに先立つ八月一九日にランシングはウィルソンあての書簡で、「シベリアと東ロシアで作戦中の彼らの軍事組織を考慮するとチェコ＝スロヴァキア人の革命家たちが交戦状態にあることを承認してもよい」と述べていた。ただし、この米国の文書も領土には一言も触れていなかった。[36]

この承認によって、米国は同年一月にウィルソン大統領が示した「十四か条」での立場を公式に踏み越えたということになる。後述するように、オーストリア＝ハンガリー政府は戦争の最後の局面となる一〇月七日に「十四か条」を基礎とする和平案を米国に示すが、米国はすでに行ったチェコスロヴァキアに関する承認などによって、事態は新たな段階にあるとしてそれを拒否することになる。[37]

なお、日本政府も九月九日にチェコスロヴァキア軍を「独墺に対する正規の戦闘に従事する聯盟交戦軍と看做《みな》し」、あわせて、チェコスロヴァキア国民評議会が「該軍を統理するの権限を有する」ことを承認した。シベリアに出兵した日本軍が作戦を遂行するうえで、チェコスロヴァキア軍の国際法上の地位を明確にする必要が生じており、この文書は、その必要を最小限の範囲で満たすためのものであった。したがって、将来のチェコスロヴァキア国家についての何らかの約束はそこには含まれていなかった。[38]

米国政府の承認と同じ日、九月三日に英国政府は、国民評議会と協定に調印し、国民評議会への借款の供与と、チェコスロヴァキア人の利益に関わる問題を取り扱うときには連合国の会議に国民評議会の代表が出席することを認めた。同様の協定は九月一〇日にフランスとも締結された。これらの協定によって、国民評議会の代表は連合国の会議に出席し、自らの主張を行うことができるようになった。この権利はポーランド人や南スラヴ人の組織には認められていなかった。その後の暫定国境の設

定などでベネシュはきわめて有利な地位に立つことができたのである。(39)

三　独立

国内政治の展開と独立宣言

次に、一九一八年初頭からの国内情勢も整理しておこう。ロシア十月革命の影響もあり、オーストリア＝ハンガリー君主国の国内情勢はさらに不安定なものとなった。たとえば、一九一七年から一八年にかけて収穫された穀物の量は、戦前の一九〇九年から一三年までの平均の六六パーセント以下であったという。その結果、食糧の配給が大幅に減少し、それに対応して人々の不満はつのっていた。さらに、石炭の供給不足は、人々の生活だけでなく、軍需生産を含む工場の操業にも支障をきたすまでに至っていた。このような社会情勢を背景に、社会主義運動の急進化も見られた。しかし、ボヘミア諸邦のチェコ系の人々の不満は政府と、それを支えていると見なされるドイツ系の勢力へと向けられた。また、その不満には反ユダヤ主義の傾向も見られた。

政府は、最終的には警察力だけでなく、軍隊をも治安維持に動員することで、かろうじて体制を維持していた。(40) このような社会情勢のなかで、政党政治の急進化も一定の速度で進行した。一月六日にチェコ人政治家たちは宣言文を発表した。この宣言は、十月革命でソヴィエト政権が掲げた「無併合、無償金」による平和の提唱に触発されていた。ソヴィエト政府と中央同盟諸国はブレスト＝リトフスクでの講和交渉に臨むが、それに対してチェコ人政治家たちは「自決」という原則を根拠として、その平和会議への「わが国民も含む、すべての国民」の参加を要求したのである。そして、この宣言のなかでは、もはや君主国の存続についての言及はなく、「わが国民は、自らの歴史的国家権に依拠して、独立を宣言する」と述べられ、その国境は「歴史的諸邦および自らの居住地からなる国境」とされていた。(41) 前者がボヘミア諸邦、後者がスロヴァキア人の居住地域を意識した表現であった。この時点で、国内の政治はその要求において国外の運動に追いついたといえる。

この宣言が発表された日が「公現祭」(東方の三博士がキリストのいる馬小屋を訪れて祝福したとされる日)に当たることから、「公現祭の宣言」と呼ばれる。この宣言は、連合国に向けて「チェコスロヴァキア国民」の意志を表明するという意図があった。この宣言が出された日は、すでに触れたロイド＝ジョージの演説の翌日で、ウィルソンの「十四か条」演説の二日前であった。両演説で示された連合国政府のハプスブルク君主国に対する姿勢は慎重なものにとどまっており、国内の急進派の政治家たちは失望することになる。とはいえ、国外の運動が、新国家設立についての明示的な連合国の支持を引き出せないでいたこの段階で、国内の政治家たちはそれまでよりは君主国から距離を取り、独立へと一歩踏み出したといえる。ただし、戦時の厳しい軍事統制下において、国内の政治家たちが具体的にとれる行動は、戦況と連合国の動向を見守ること以外にはなかった。

一九一八年五月以降、ボヘミア諸邦でも武装蜂起が起きていた。ここでは、一九一八年五月二一日に北ボヘミアのルムブルクという町で起きた兵士の反乱を紹介しておこう。反乱を指導した兵士はロシア軍の捕虜となって、ウクライナの収容所にいたが、ドイツ軍のウクライナ占領にともなって解放され、帰国していたのである。ロシアから帰国した兵士たちは、ボリシェヴィズムを警戒する当局によって専用の収容施設におかれていたが、再度、前線へ送るという命令に反抗して兵士反乱がはじまり、それが近隣にまで広がった。七〇〇人ほどの兵士がそれに加わったが、それ以上に広がることはなく、軍によって反乱は抑え込まれた。首謀者とされた兵士二四名が反逆罪で死刑判決を受けたが、そのうち一〇名が処刑され、他は長期刑に減刑された。それ以外の反乱に参加した兵士たちは、前線に送られるか、収容所に送られた。いずれにせよ、この事件はこれ以上の広がりをもつことはなかった。この時点で君主国はなお秩序を維持する能力を保持していたといえる(42)。

七月一三日に、それまでのチェコ国民委員会が改組され、それは「チェコスロヴァキア国民委員会」と名乗った。ようやく、「チェコスロヴァキア」という形容詞を冠した公的な性格をもつ組織が国内で現れたのである。ただし、改組後の国民委員会には、依然としてスロヴァキア人は含まれていなかった。

それまでの君主国内でのチェコ人の政治は帝国議会議員で構成されたチェコ連盟を中心にして動いており、その活動の場はウィーンであった。しかし、この時期には、国民委員会が主役となり、その舞台はプラハに移っていたといえる。それまでの委員会は帝国議会議員、領邦議会議員に有識者を加えた構成であったが、新しい委員会では、一九一一年の帝国議会選挙で獲得した議席の配分比にしたがって各政党に成員が割り振られた。すでに述べたように、六月末にフランス政府は国外の国民評議会を「将来の政府の第一の基礎」として承認し、新国家が「歴史的境界内」で独立することを支持していた。国内の政治家たちはこの動きに対応して、国民委員会の再編を行ったという説明がなされているが、この国民委員会の再編はそれ以前から国内で進んでいた交渉によるものであるとみるべきであろう[43]。

ただし、この国内の急進化は国外の運動や軍団の行動が全体として影響していたとはいえる。六月の中旬に入ると、チェコ語の新聞は、すでにふれた米国のランシング国務長官による五月二九日の声明、六月三日のバルフォアの書簡、六月四日の連合国最高軍事理事会の声明などについて報じるようになっており、またそれに重なるようにロシアのチェコスロヴァキア軍団の反乱についても伝えるようになっていた。この時期の新聞の紙面には、国外での動きについての報道をとおして「チェコスロヴァキア人」という言葉がごく普通に見出しになっていた[44]。このように、国際環境の変化は国内にも刻々と伝わり、それが国内の政党政治家たちの急進化を促していたのである。

新しい国民委員会の議長にはクラマーシュ、副議長には農業党党首のアントニーン・シュヴェフラ、国民社会党党首のヴァーツラフ・クロファーチ、事務局長には社会民主党のフランチシェク・ソウクプが就任し、それ以外の成員として三五人が名を連ねていた。この国民委員会を基礎に独立後の革命議会がつくられることになる。なお農業党党首のシュヴェフラは、当初は帝国内改革を支持していたが、同時にチェコ・マフィアとも連絡をもっており、内外の情勢の変化を踏まえて独立論に転じたのである。シュヴェフラを含めて、この委員会のなかには独立後に首相となる政治家が四人も含まれていた[45]。

とはいえ、国内政治家たちはなお、ハプスブルク君主国内で自治を獲得するという可能性も視野に入れていた。この段階では、国外のチェコスロヴァキア独立運動によって求められていた要求のすべてが連合国によって認められる、ということを信じることができなかったからである[46]。国内政治家たちの主流派は独立という方向に傾きながらも、彼らの「現実主義」は堅持されていたといえる。

一九一八年の夏以降、中央同盟側の軍事的な劣勢は明らかとなり、九月二九日にはブルガリアが休戦協定に調印した。一〇月七日に、オーストリア＝ハンガリー政府は、ウィルソンの「十四か条」を基礎にする休戦を米国大統領に対して申し入れ、一六日には君主国を連邦化すると宣言した。それに対して、一〇月一四日に、ベネシュはパリで臨時政府の樹立を宣言し、その臨時政府は一八日付で独立宣言を発表した。連合国が、連邦化という条件で君主国と休戦することを阻止しようとしたのである。(47)

米国は一九日付で、君主国の申し入れを拒否する回答を送った。その理由として、すでに、「チェコ＝スロヴァキア人とドイツおよびオーストリア＝ハンガリー帝国とのあいだに交戦状態が存在し、チェコ＝スロヴァキア国民評議会が事実上の交戦政府であること」を承認していると述べられていた。君主国の運命は、それを構成する諸国民の意志に委ねられる、というのが米国の立場であった。(48)

この米国の回答の直後、二四日にはイタリアによるオーストリア＝ハンガリー軍に対する全面攻勢が始まり、君主国軍の崩壊が始まった。君主国政府は、二八日に、なお連邦化による君主国の存続に望みをかけつつ、一九日の米国の回答を受け入れたうえで、米国に休戦を申し入れた。これによって、君主国の各地方ではそれぞれの政府が姿を現し、独立を宣言した。プラハにおいても、国民委員会が独立を宣言することになる。

そのような経過のなかで、一〇月二六日から国内の国民委員会の代表団とパリの臨時政府の代表団による会談がジュネーブで開催された。前者はクラマーシュが、後者はベネシュが率いていた。両者はそれぞれの情報を交換し、来るべき新国家と新政府について協議を行った。まさに、この協議が行われていた一〇月二八日に、プラハで国民委員会はチェコスロヴァキア国家の独立を宣言したのである。したがって、ジュネーブにいたクラマーシュらはこの独立宣言には立ち会うことができなかった。ジュネーブの会談では、新国家が共和制を採ることが確認された。このとき、君主制にこだわっていたのはクラマーシュだけで、他の国内の代表者たちも共和制を受け入れていた。また、暫定政権としては、マサリク大統領、クラマーシュ首相、ベネシュ外相、シュチェファーニク陸相などの閣僚の配置も合意された。(49)

スロヴァキア政治

第一次世界大戦期のスロヴァキア政治の動向については、ここではごく簡単に触れるにとどめる。(50)すでに述べたように、スロヴァキア人がハプスブルク君主国から離脱して、チェコ人との共同国家を設立するという構想を打ち出していたのは国外の亡命活動家や移民たちの運動であった。それに対して、国内のスロヴァキア人たちの姿勢はきわめて慎重なものであった。一九一七年五月にチェコ連盟が帝国議会で「チェコスロヴァキア」を単位とする国内改革を求めたが、それはスロヴァキア人政治家のヴァヴロ・シュロバールの働きかけによるものであった。しかし、それに対してもスロヴァキア人のナショナリズムを代表する国民党は「きわめて冷ややかな態度をとった(51)」という。そのような態度に変化が起こるのは一九一八年五月で、ようやくこの時期に至って、スロヴァキア人指導者たちはスロヴァキアとボヘミア諸邦からなる独立国家の形成を決議した。そして、一九一八年一〇月三〇日に、トゥルチアンスキ・スヴェティー・マルティン(現在はマルティン)においてスロヴァキア国民評議会の会議が開催され、「スロヴァキア国民は、言語的にも、文化・歴史的にも統一的なチェコ＝スロヴァキア国民の一部を構成する」とし、「チェコ＝スロヴァキア国民のために、その完全な独立性に基づく無制限の自決権要求」をしたのである。これは、プラハでチェコスロヴァキア国家の樹立が宣言された二日後のことであった。中澤達哉によれば、スロヴァキア人の政治指導者たちは、スロヴァキア国民の国政上の地位について十分に論じるゆとりがないまま新国家へと合流することを決めてしまったのである。(52)

なお、この年の五月に米国にいたマサリクはチェコ系移民組織とスロヴァキア系移民組織とのあいだでの協議に参加し、自らが主導して両者の合意文書を作成した。それは「ピッツバーグ協定」として知られる。そこでは、スロヴァキアは、「ボヘミア諸邦(チェコ諸邦)とスロヴァキアから成る独立国家」において独自の国家行政、議会をもち、スロヴァキア語が公用語となることが謳われていた。新国家は連邦制をとることが前提となっていたのである。独立から、一九三八年のミュンヘン協定受諾までの国家は、「第一共和国」と呼ばれるが、この共和国は「単一国家」となり、連邦制を導入するというこの約束は顧みられなかった。(53)独立後のスロヴァキア・ナショナリストたちは、この文書を自らの主張の正統性の根拠として、連邦制を求めることになる。

国境をめぐる闘争

このようにして新国家の政権はその姿を現したが、問題はその新政府が主張する領域での実効支配であった。すでに、ベネシュは連合国諸政府からの一連の承認を得ていた。それによって、国外の独立運動は連合国からの政治的、軍事的支援を期待することはできた。しかし、それらの承認は、チェコスロヴァキア国家の独立が実現するまで連合国が戦争を継続する、という内容のものではなかった。あえていえば、チェコ人とスロヴァキア人が自らの手で独立国家を実際に樹立できるのであるなら、それを認めるという約束以上のものではなかった。その領土の実効支配は独立を宣言した政府の責任ということであった。

ボヘミア諸邦のドイツ系住民たちは新国家の樹立を認めず、彼らが居住する四つの地域での自治を宣言し、その時期に形成されつつあった新国家、「ドイツ・オーストリア共和国」への統合を要求していた。また、それまでのオーストリア・シレジアの一部であるテッシェン（テッシェンはドイツ語、ポーランド語ではチェシン、チェコ語ではチェシーン）はポーランド軍が押さえていた。さらに、スロヴァキアのほとんどはハンガリー軍の支配のもとにあった。プラハで独立が宣言された直後の時点では、まだ「チェコスロヴァキア国家」なるものは実体をともなっていなかったのである。

ここで、ボヘミア諸邦のドイツ語使用者について少しだけ触れておこう。この人々も、適格者とされた男性はオーストリア＝ハンガリー軍に召集され、各地の戦線に送られた。彼らが、幸いにも生き延びることができて故郷へ復員したとき、そこには祖国であったハプスブルク君主国はもうなく、故郷は新しく誕生しつつあったチェコスロヴァキア国家なるものの一部とされていた。しかも、彼らはその国家のなかではマイノリティという位置づけになっていた。その時点から、彼らは、新しい国家の枠組みのなかで自らの言語や文化と国家との関係を、あらたにつくりあげなくてはならなかったのである。

両大戦間期のチェコスロヴァキアでズデーテン・ドイツ党を組織し、その党首となるコンラート・ヘンラインも第一次世界大戦期にはイタリア戦線で戦い、捕虜となる経験をもっていた。他方、チェコスロヴァキア共和国におけるドイツ系の社会民主党の活動家で、ジャーナリストとしても活躍したヴェンツェル・ヤクシュは左派の立場からズデーテン・ドイツ党に対する一貫した批判者として知られるが、彼もまた第一次世界大戦期にはイタリア戦線で負傷するという経歴をもつ。おそらく、彼らのそれぞれの物語は、新国家への復員のときから始まることになるのであろう。

プラハの新政府は復員してきた兵士や体操団体のソコル団員などから兵を募った。この部隊は装備も訓練も不十分であったが、とりあえずボヘミア諸邦のドイツ系住民によるその居住地域での抵抗を抑え込み、そこでの秩序を維持することはできた。新政府軍は一九一八年一一月二九日にボヘミア北西部のモスト(ドイツ語ではブリュクス)、一二月一四日にはボヘミア北部のリベレツ(同ライヒェンベルク)、一六日にはモラヴィア南部のズノイモ(同ズナイム)、一八日にはシレジアのオパヴァ(同トロッパウ)など、ドイツ系住民の居住地域にある主要都市を占領した。武力衝突は皆無ではなかったが、それはさほどの規模ではなかった(54)。この時点においても、ボヘミア諸邦のドイツ系住民は、「ドイツ・オーストリア共和国」への統合を求めていた。翌一九一九年三月に、ボヘミア諸邦のドイツ系の社会民主党がデモを組織し、オーストリアで行われる選挙への参加を求めた。このときには、新政府側の発砲によってドイツ系住民が五四人死亡した(55)。

第一次世界大戦が終わったとき、新国家はロシア、フランス、イタリアに義勇軍を擁していた。ただし、最大規模のロシアの軍団はロシア内戦のただなかにあり、帰国の目処は立っていなかった。他方、フランスに約一万人、イタリアに約二万人の義勇軍がおり、それぞれは大戦末期に連合国側で戦闘に参加していた。また、イタリアでは独立宣言後、さらに多数のチェコ系、スロヴァキア系捕虜が「郷土防衛隊」として組織され、最終的にその数は六万人に達した。これらの部隊が順次、新しい「祖国」に帰還し、新国家の要求する領土の実効支配を確立することになる。

一九一八年一〇月二八日にプラハで独立宣言が発せられたとき、スロヴァキアはなおハンガリー軍の支配下にあった。同三〇日にスロヴァキア国民評議会がチェコスロヴァキア国家への合流を宣言したが、同評議会自身にはスロヴァキアでの統治を実現する能力はなかった。プラハ政府はシュロバールをスロヴァキア担当相に任命し、また、一二月に帰国したイタリアの軍団をスロヴァキアの占領のために派遣した。このとき、ハンガリーでは自由主義者のカーロイ・ミハーイ(ハンガリー人の姓名はハンガリー語の用法に従って姓名の順に表記する)の政権が誕生していたが、このカーロイ政権は、スロヴァキアに自治を付与するなどの方策によって、この地域を自国になおとどめようとしていた。当初、スロヴァキアに入った部隊は、プラハ政府が急遽編成した部隊であったが、その部隊の軍規には問題があり、略奪行為などを含む混乱が生じた。その後、イタリアの軍団がスロヴァキアに派遣されたが、それは、スロヴァキア系の住民にせよ、ハンガリー系の住民にせよ、事態を十分に飲み込めないこれらの人々から見ると、外国軍による「占領」であった。将兵はチェコ人もしくはスロヴァキア人であったが、ついこの前まで、「敵」として戦っていたイタリア陸軍の制服を身に着け、イタリア人の将軍によって指揮されていたのである。

この「チェコスロヴァキア軍」は、連合国の構成単位として公式に承認された軍隊であり、それに対してハンガリー軍は組織的な武力抵抗をすることは困難であった。新政府は一九一九年一月二〇日ごろまでにスロヴァキアをその統治下においた(56)。二月からはフランスの義勇軍も加わり、その過程でイタリアとフランスとのあいだで新国家の軍をめぐる指導権争いが生じるが、最終的にはフランスが勝ち、その後、新国家の軍隊はフランス軍の強い影響下におかれることになる。

こうして、パリ平和会議が始まる前に、ひとまず、新国家はその主張するおもな領域について、実効支配の既成事実をつくることができたのである。その後、ポーランドとのあいだでテッシェンをめぐって、またスロヴァキアの支配をめぐってハンガリーの社会主義政権との武力紛争が起こるが、それらの戦闘もフランスおよびイタリアから帰国した軍団が担うことになる。

［注］

（1）細谷千博『シベリア出兵の史的研究』一一九―一三七頁を参照。ただし細谷は「招請による派兵」としている。
（2）Beneš, *Světová válka a naše revoluce*, III, 631-632.
（3）*Ibid.*, III, 632-634.
（4）*Ibid.*, II, 182-183.
（5）Richard Henry Ullman, *Anglo-Soviet Relations, 1917-1921*, I, Princeton, Princeton University Press, 1961, 153-155.
（6）*Ibid.*, I, 178-185.

（7）*Ibid.*, Chap. 5. 細谷千博『シベリア出兵の史的研究』一一九―一二八頁も参照。

（8）ウィルソンの対ロシア政策については次を参照。高原秀介「ウッドロー・ウィルソン政権の対ロシア政策」『国際政治』一九八号、二〇二〇年、三二―四七ページ。

（9）Ullman, *Anglo-Soviet Relations*, I, 203. 外務省編『日本外交文書』大正七年第一冊、八四二―八四三頁。

（10）Michael Carley, *Revolution and Intervention: The French Government and the Russian Civil War, 1917-1919*, Buffalo: McGill-Queen's University Press, 1983, 65-66.

（11）*Ibid.*, 66.

（12）Beneš, *Světová válka a naše revoluce*, II, 249-250; Kalvoda, *The Genesis of Czechoslovakia*, 353-357, 368-369.

（13）Beneš, *Světová válka a naše revoluce*, III, 657.

（14）マサリクの米国滞在と米国の対ロシア政策については、次を参照。Kevin J. McNamara, *Dreams of a Great Small Nation: Mutinous Army that Threatened a Revolution, Destroyed an Empire, Founded a Republic, and Remade the Map of Europe*, New York: Public Affairs, 2016, Chap. 7.

（15）*FRUS*, 1918, Russia, II, 224-226.

（16）Beneš, *Světová válka a naše revoluce* III, 658-661.

（17）Kalvoda, *The Genesis of Czechoslovakia*, 338.

（18）Pichlík et al., *Českoslovenští legionáři*, 185.

（19）Swain, *The Origins of the Russian Civil War*, 204-205.

（20）両者のそれぞれの背景については、A・J・メイア『ウィルソン対レーニン――新外交の政治的起源一九一七―一九一八』斉藤孝、木畑洋一訳、岩波書店、一九八三年、第八、九章を参照。

（21）ロイド＝ジョージの演説は次を参照。*FRUS*, 1918. Supplement 1, The World War, I, 4-12.

(22) Kenneth J. Calder, *Britain and the Origins of the New Europe 1914–1918*, Cambridge: Cambridge University Press, 1976, 125–127.
(23) ウィルソンの演説は次を参照。*FRUS*, 1918. Supplement 1, The World War, I, 12–17.
(24) Beneš, *Světová válka a naše revoluce*, I, 515–517.
(25) Tobolka, *Politické dějiny*, IV, 316.
(26) Hovi, *Cordon Sanitaire or Barrière de L'est?*, 56–57, 101–102.
(27) 詳しくは次を参照。*Ibid*., 109–113.
(28) Kalvoda, *The Genesis of Czechoslovakia*, 260–262.
(29) Mojžíš, ed., *Československé legie 1914–1920*, 278, 290.
(30) *FRUS*, 1918, Supplement 1, The World War, I, 808–809.
(31) *Ibid*., 809–810.
(32) Beneš, *Světová válka a naše revoluce*, II, 211; Calder, *Britain and the Origins of the New Europe*, 194.
(33) Beneš, *Světová válka a naše revoluce*, II, 227–230; Dagmar Perman, *The Shaping of the Czechoslovak State: Diplomatic History of the Boundaries of Czechoslovakia, 1914–1920*, Leiden: E. J. Brill, 1962, 36–37; Hovi, *Cordon Sanitaire or Barrière de L'est?*, 130–131.
(34) *Ibid*., 129–130; David Stevenson, *French War Aims against Germany: 1914–1919*, New York: Clarendon Press of Oxford University Press, 1982, 107.
(35) Beneš, *Světová válka a naše revoluce*, II, 283; Perman, *The Shaping of the Czechoslovak State*, 40; Calder, *Britain and the Origins of the New Europe*, 209.
(36) *FRUS*, The Lansing Papers, 1914–1920, II, 139–141, 144–145.
(37) この米国とオーストリア・ハンガリーとのあいだのやり取りについては、馬場優「オーストリア・ハンガリー帝国の解体とウィルソン主義」『国際政治』一九八号、二〇二〇年、一一三―一二六頁を参照。あわせて次も参照。Václav Horčička, "The Relationship between Austria-Hungary and the United States in 1918," *Prague Papers on the History of International Relations*, 1 (2015), 57–92.

(38) 外務省編『日本外交文書』大正七年第一冊、九八七―九八九頁。

(39) Beneš, *Světová válka a naše revoluce*, II, 318–320; *Ibid.*, III, 429–431.

(40) ボヘミア諸邦での社会不安についてはつぎを参照。H. Louis Rees, *The Czechs during World War I: Path to Independence*, New York: Boulder, 1992.

(41) Beneš, *Světová válka a naše revoluce*, III, 310–313.

(42) Milada Paulová, *Tajný výbor Maffie a spolupráce s Juhoslovany v letech 1916–1918*, Praha: Academia, 1968, 448–449.

(43) Zdeněk Tobolka, *Můj deník z První světové války*, Praha: Nakladatelství Karolinum, 2008, 512.

(44) この時期の *Venkov* の紙面による。

(45) Beneš, *Světová válka a naše revoluce*, III, 388–390.

(46) Tobolka, *Politické dějiny*, IV, 363.

(47) チェコスロヴァキアの独立宣言に至る外交の過程については次を参照。Betty Miller Unterberger, *The United States, Revolutionary Russia, and the Rise of Czechoslovakia*, Chapel Hill: University of North Carolina Press, 1989, 312–318.

(48) *FRUS*, 1918, Supplement 1, The World War, II, 368.

(49) Beneš, *Světová válka a naše revoluce*, I, 394.

(50) 詳しくは中澤達哉「二重制の帝国から「二重制の共和国」と「王冠を戴く共和国」へ」一三五―一六五頁を参照。

（51）同前、一四五―一四七頁。
（52）同前、一五二―一五四頁。
（53）独立後の地方行政改革については、桐生裕子「帝国の遺産――チェコスロヴァキアの行政改革の事例から」大津留厚編『「民族自決」という幻影』一四七―一七五頁を参照。
（54）新国家によるドイツ系住民の居住地域占領については次を参照。Ferdinand Peroutka, *Budování státu*, I, Praha: Fr. Borvý, 1933. 359-372.
（55）Kalvoda, *The Genesis of Czechoslovakia*, 448.
（56）Pichlík et al. *Českoslovenští legionář*, 215-221.

終章

独立後の軍団

—故郷への道は遠く—

エカチェリンブルクの工場で働く軍団の技術部門の隊員たち
(Pichlík et al., 1996, p. 192 以降の別刷図版)

一　シベリアでの軍団

後方勤務へ

ロシアの軍団のその後をたどろう。一九一八年一〇月に入ると、彼らの「祖国」では新国家樹立に向けての動きが加速されるが、ロシアでの政情は不安定なままで、軍団の士気も急速に低下していた。すでに軍団兵士たちは五月末の反乱開始から休息なしで戦闘に従事しており、この時期には兵士たちが出撃命令を拒否するということもたびたび起きていた。

プラハで新国家の独立が宣言される三日前、一〇月二五日にヨゼフ・シュヴェツが自殺するという事件が起きた。シュヴェツはこれまでの話にいくども登場したように、ドルジナからの生え抜き将校の一人で、ズボロフでの戦闘においても、対ボリシェヴィキ反乱初頭のペンザでの戦闘においても、チェチェクのもとで実戦を指揮していた。事件が起きたときのシュヴェツの階級は大佐で、極東での任務に就くために離任したチェチェクに替わって第一師団長となり、ヴォルガ方面での指揮に当たっていた。その前日に、シュヴェツは部隊の出動を命じたが、兵士たちはそれを拒否した。シュヴェツは間もなく連合国軍が到来し、任務を交替してくれると説得したが、それは受け入れられなかった。兵士たちはもはや司令官の言葉を信用していなかったのである。また、これまでに連合国の動きについては説明したが、連合国の来援という説明に根拠はなかった。そのあと、居室となっていた客車に閉じこもり、午前三時ごろにシュヴェッツはピストルで自殺したのである。三五年の生涯であった。

この時期、チェコスロヴァキア軍団の士気の低下が深刻となり、軍団への支援については、とくに英米間で議論が交わされていた。英国は、軍団がウラル地域から撤退することになれば、この地域の反ソヴィエト政権は崩壊すると考えており、日米に対してイルクーツク以西への派兵を求めていた。米国のウィルソン大統領は、英国の要請に対して反対の立場をとり、むしろ軍団の撤退を支持していた。また、日本政府も、一〇月二三日付の外務大臣発、在英大使あて電報で、イルクーツク以西への派兵の意志がないことを表明した(1)。シュヴェッツが自殺する二日前のことであった。

チェコスロヴァキア国家が独立を宣言し、またコルチャークの政権が樹立されると、軍団の将兵の不満はさらに高まった。軍団の指導部は二月革命を担ったロシアの中道派を支持しており、帝政派との強い結びつきをもち、権威主義的な政治指導を志向するコルチャーク政権を敵視し、両者の軍事衝突も懸念されるようになった。

図 F-1　ヨゼフ・シュヴェッツ
(Kudela, 1929, p. 5)

一一月にはプラハの新政府で陸軍大臣に就任していたシュチェファーニクがロシアに到着した。軍団を、これまでの義勇軍から、国軍の一部隊へと組織変えすることがその任務であった。シュチェファーニクはそれまでのチェコスロヴァキア国民評議会ロシア支部を廃して、その組織を陸軍省(後に国防省)の一部局とした。また義勇軍の自治の基礎となっていた軍団内の委員会と代表者大会での意思決定が禁止された。長いあいだにつくられ、定着してきた義勇軍の自治はこうして終わったが、当然ながら、その過程では将兵からの不満や抵抗が表出することになった(2)。部隊の正式名称も「在露チェコスロヴァキア軍」と変わった。ただし、以下でも総称としての「軍団」を使うことにする。

なお、シュチェファーニクはそのあとヨーロッパへと戻り、新しい祖国へと帰還するべく、イタリアから飛行機でブラチスラヴァ(現在のスロヴァキアの首都)の近郊にあった飛行場へと向かったが、着陸直前に乗機は墜落し、シュチェファーニクは同乗していたイタリア人パイロットらとともに死亡した。一九一九年五月四日のことで、まだ三八歳であった(3)。

すでに、一九一八年一〇月二八日に独立が宣言され、新国家の建設が始まっていた。ロシアの軍団が掲げた目標はすでに達成されたかに見えた。兵士たちが帰国を熱望していたことはいうまでもない。しかし、ロシアの軍団の帰国は許されなかった。一九一九年一月から、パリで平和会議が始まり、そこで新国家の国境が画定されることになる。連合国によるロシアでの干渉戦争政策が継続し、軍団はそこにおける重要な兵力とみなされていた。新政府にとってロシアの軍団は、平和会議の結論を有利に導く最大の政治的資源であった。ベネシュたちはこの政治的資源を背景に、国境に関する交渉を有利に進めることができたのである(4)。

軍団の経済活動

一九一九年一月以降、軍団のヴォルガ、ウラル地域における前線での任務は解かれ、各部隊は列車で順次、東方に移送され、ノヴォニコラエフスクとイルクーツクとのあいだのシベリア横断鉄道の守備という任務に就くことになった。とはいえ、戦闘から解放されたわけではなかった。守備を担当した鉄道の距離は一八五〇キロメートルもあり、それは今の日本でいえば博多から新青森に至る新幹線の鉄路に匹敵する距離であった。その距離を三個師団、五万ほどの兵力で守備することになったのである。沿線には赤軍側のパルチザン部隊が出没して駅や列車を襲い、また様々な盗賊集団も跋扈《ばっこ》していた。それは決して安全な任務ではなかったのである。

反乱開始後のチェコスロヴァキア軍団にとって、必要な物資の確保は重要な課題であった。一九一八年六月以降の連合国による一連の承認によって、一定の援助が期待できるようになったが、それでも内戦下でのロシアにおける部隊の維持は容易ではなかった。そのような環境のもとで軍団は一九一八年夏以降に、多方面の経済活動に携わるようになった(5)。そのためにチェコ系、スロヴァキア系の捕虜から様々な専門家が動員された。これらの人々によって内戦で操業が停止していた工場や鉱山の生産が再開されたのである。軍団の技術部門は、一九一九年一月には七七の工場と一八の鉱山を運営していたという(6)。それらによって軍団の兵士たちが必要とする靴や衣服などの製品を確保しただけでなく、多くの資源や製品はロシアだけでなく海外への市場にも供給された。そのために、軍団は船舶を確保し、その輸送を自ら行っていた。

軍団員たちの給与は軍団の中央経済委員会という組織が管理し、それは貯蓄銀行の役割を果たしていたが、その資金は様々なかたちで投資にも回されるようになる。さらにその中央経済委員会を基礎にして、一九一九年秋にはイルクーツクで「軍団銀行《レギオバンカ》」が設立されており、同銀行は軍団とともに帰

図 F-2　プラハの旧「レギオバンカ」の建物(2017 年 5 月 5 日，著者撮影)
エントランスを飾るのは，軍団の軍功を記念したレリーフと彫像.

国し、新共和国内でも有力な銀行のひとつとなった。

この銀行は第二次世界大戦期以降の変遷をへて現在は存在しないが、その本社の建物はプラハの建築史において貴重な存在としてよく知られている。プラハの観光名所のひとつである公会堂や火薬塔などがある共和国広場から北東方向に伸びるナ・ポジーチー通りを五〇〇メートルほど進んだところにその建物はあり、チェコのアールデコ様式建築（チェコ独自の「キュビズム様式」とも呼ばれる）の代表とされている。現在はチェコスロヴァキア商業銀行の所有となっている。

いずれにせよ、軍団は反乱の開始後から一九一九年一〇月以後に始まる撤退までの期間、シベリアにおいてかなり活発な経済活動を行っていた。それはさし迫った必要に応えるものであったが、同時に、その経済活動の背景には新国家とロシアを、経済的に結びつけるという意図が働いていた。そこには、ロシアで義勇軍が発足したときから見られたスラヴ主義的な志向が働いていたといえるかもしれない。しかし、最終的には内戦でソヴィエト政権が勝利を収め、軍団はシベリアから撤退することになり、そのような可能性は消えることになる。

軍団の経済活動は、一方では、内戦で停止していたシベリアの経済活動の復興に寄与するものであったとみることもできるが、他方においては、鉄道の軍事的支配を背景にその沿線で経済活動を行ったとみれば、それはある種の帝国主義的な活動とみることもできる。軍団と敵対していたボリシェヴィキ派だけでなく、軍団に批判的な帝政派の軍人で、コルチャーク軍の司令官の一人であったウラジーミル・サハロフのような人物も軍団の経済活動をロシアの資源や富の「収奪」とみなしている(7)。

二　パリ平和会議と軍団

新たなる干渉計画

第一次世界大戦の戦後処理を目的として、パリ平和会議が一九一九年一月一八日から始まった。チェコスロヴァキアも「戦勝国」の一員としてこの会議に参加した。首席代表はクラマーシュ、次席はベネシュであった。国内での政治経験のないベネシュは、政界の長老であるクラマーシュに対してそれなりの敬意は表しつつ、実際の交渉は自らが担った。それは一九一六年以来の彼の活動の延長線上にあった。いうまでもなく、チェコスロヴァキア代表団の最大の目的は、可能な限り有利な条件で新国家の国境を画定することにあった。一九一八年後半以降に生じた有利な条件のもとで獲得した連合国列強からの支持を基礎に、それはほぼ達成されることになる。ベネシュは、歴史的権利論に依拠して、ドイツ系住民の居住地域を含むボヘミア諸邦全域の領有を主張し、さらにその歴史的権利をスロヴァキアにも拡張する論理を展開した。その主張においては、九世紀から一〇世紀初頭に現在のチェコとスロヴァキアの領域にまたがって成立したモラヴィア国などの歴史までもちだした。さらには、経済的理由や軍事的理由も動員された。その主張は様々な、見方によっては相矛盾する論理を総動員するものであった。ともかくも、ベネシュの主張は平和会議において受け入れられたのである。

その領土は、ボヘミア諸邦とスロヴァキアからなるが、スロヴァキア南部の国境はベネシュの要求に沿って引かれることになり、その結果としてかなり多くのハンガリー語使用者たちの居住地域が含まれることになった。ベネシュは平和会議においてルサティアについての要求と、ユーゴスラヴィアとの回廊の獲得も目指したが（第2章扉の地図参照）、それはさすがに平和会議の受け入れるところとはならなかった。

さらに、新国家はスロヴァキアの東方につながる土地で、英語ではルテニア、チェコ語ではポトカルパツカー・ルスと呼ばれる地域を獲得することになる。この地域はそれまではハンガリー王国領であったが、住民の多くは東スラヴ語群のルシーン語やウクライナ語を母語としていた。大戦後にこの地域の帰属が問題となったが、それは最終的にはチェコスロヴァキア領となった。独立運動期のベネシュたちはその帰属を想定していなかったが、この地域の領有によって、戦後に同盟国となるルーマニアと国境を接することとなり、国防という観点からは有利な決定であった。この土地の領有は、戦勝国がドイツの植民地を委任統治領として獲得したのと似ている。この土地は、第二次世界大戦後はソ連領となり、ソ連崩壊後はウクライナ領となっている(8)。

パリ平和会議が開催されていた期間も、ロシアの内戦は継続していた。したがって、大戦の戦後処理と並んで、「ロシア問題」はパリ平和会議の場で議論された重要な議題であった(9)。平和会議に参加した各国の代表や専門家たちのあいだでは、ロシア内戦を交渉で終息させようとする動きがあったが、同時に、ソヴィエト政権打倒を目指す新たな武力干渉計画もそこでは提起された。会議が始まって間もなく、マルマラ海のプリンキポ島にソヴィエト政府を含むロシアの各勢力の代表を集めて講和の道を探ろうとする提案がなされた。ソヴィエト政府は参加の意思を表明したが、ロシアの反ソヴィエト勢力が参加を拒否し、この提案は実現しなかった。

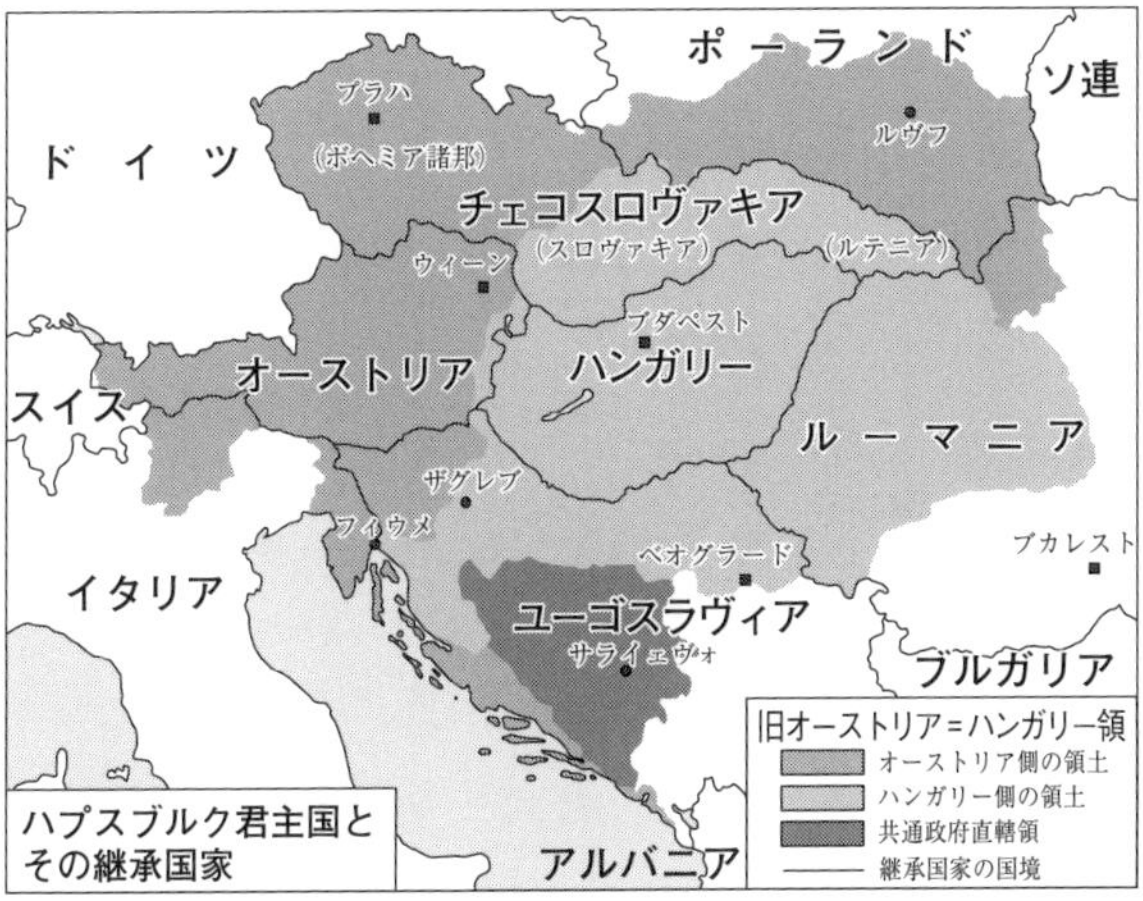

図 F-3　ハプスブルク君主国とその継承国家
(https://www.pinterest.jp/pin/678988081293952883/ をもとに加筆修正)

大戦末期からフランスは、東欧地域をドイツに対する「障壁」とするだけでなく、ボリシェヴィズムに対する「防疫線」と位置づけ、この地域との結びつきを深めようとしていた。連合国の最高司令官であったフェルディナン・フォッシュ元帥は東欧を起点とする対ソ武力干渉を唱えていた。たとえば二月二五日には米英仏伊日の五大国の代表で構成される十人理事会(一般には十人委員会と呼ばれている)でフォッシュは、東欧各国から兵士を募り、それにロシア人の捕虜から動員した兵士を加えて軍を編成し、ボリシェヴィキと戦うことを提案している。

他方、クラマーシュは、エスエル系のロシア人の活動家であるボリス・サヴィンコフらとの接触をとおして、二月に独自の武力干渉案を作成していた。ドイツにいるロシア人捕虜からなる一〇万人の軍隊を編成し、さらにシベリアの軍団を救出するという目的でチェコスロヴァキアでも一五万人の義勇兵を集めて、モスクワへの遠征を行うという計画であった。このクラマーシュの干渉計画は、第一次世界大戦勃発直前から彼がもっていた「スラヴ帝国」構想とつながるものであったが、この計画は、ロシアでの武力干渉に懐疑的な立場をとっていたマサリク大統領の反対で、実行に移されることはなかった。

一九一九年三月にコルチャーク軍はソヴィエト軍に対する攻勢を開始した。この攻勢は、その初期においては成功をおさめ、コルチャーク軍は支配地域を拡大し、モスクワに迫る勢いを示した。クラマーシュはこのような情勢を踏まえて、シベリアの軍団を再度、前線にもどして、コルチャーク軍の攻勢に参加させ、ソヴィエト政権が打倒されたのちに、陸路で帰国させるという提案を行っている。また、この時期にフランスも、ロシアの軍団を前線にもどすという提案を行っていた。しかし、プラハ政府はこの提案を拒否した。国内情勢がそれを許さないという判断であった。この時期、ハンガリーの社会主義政権との武力紛争が起きており、また連立与党を構成する右派と左派のあいだの亀裂が深まりつつあった(10)。左派を中心に、対ソヴィエト武力干渉に反対する声が高まり、また兵士たちの家族も、軍団員のロシアからの帰国を求めていた。新たな干渉計画への参加は連立与党の崩壊につながりかねない問題だったのである。

クラマーシュが党首を務めていた青年チェコ党は大戦期の再編を経て、一九一九年三月には国民民主党と改称されていたが、その国民民主党は六月にボヘミア諸邦で実施された地方選挙で大敗した。それを受けて、中道右派の農業党と中道左派の社会民主党を中心とする新しい政府がつくられた。その結果、クラマーシュは首相の座を降りた。彼はパリ平和会議の首席代表の地位にはとどまったが、その影響力は後退し、会議でのベネシュの主導権はさらに強まった。

この時期には、ロシアの軍団の帰国を求める国内での声はさらに高まり、ベネシュは軍団の帰国に向けて連合国の支援を求めた。それを受けて、英国陸相であったウィンストン・チャーチルは五万の軍団を二分し、二万はアルハンゲリスク方面へと北進し、そこに派遣されていた連合国の干渉軍と合流、他の三万はウラジオストクへ向かい、そこから帰国するという提案を行った。一九一八年春に英国が同様の提案を行っているが、今回のものは「チャーチル・プラン」と呼ばれる。表向きは軍団の帰国が目的であったが、実質的には北ロシアでの連合国の武力干渉に軍団の兵力を使おうとするものであった。この時期に入るとコルチャーク軍の攻勢は失敗に終わり、同軍は劣勢に立っていた。軍団の一部がアルハンゲリスクに向かうというのは極めて危険であり、また国内でもそのような計画は受け入れがたいことをベネシュは承知していたが、これまでもそうであったように、直ちにそれについて反対することはせず、あいまいな態度をとった。

この時期、対ハンガリー戦争でチェコスロヴァキア軍は失態を演じていた。ハンガリーではロシアから帰国した共産主義者、クン・ベーラを指導者とする社会主義政権が一九一九年三月に樹立されていた。四月末に、チェコスロヴァキア軍側の挑発行動によってハンガリー軍との武力衝突が起き、ハンガリー軍はスロヴァキア東部を占領し、そこにスロヴァキア評議会共和国(一般には「スロヴァキア・ソヴィエト」と呼ばれる)が一時的に樹立された。また、一九一九年一月にはチェコスロヴァキアとポーランドとのあいだでテッシェンをめぐる武力紛争が発生していた。これについても連合国列強のチェコスロヴァキアを見るまなざしは冷たかったのである。フランスは東欧での同盟網の構築を目指していたが、その対象としてはチェコスロヴァキアよりもポーランドが重視されるようになっていた。ベネシュはそのような情勢のなかで、ロシアからの軍団の撤兵について強い姿勢をとることができなかったのである。結局、チャーチル・プランは軍事専門家たちの検討によってその実現性はないという結論となり、立ち消えに終わった。

ちなみに、クンが率いたハンガリーの社会主義政権は、連合国の支援を得たルーマニア軍の軍事干渉で崩壊し、クンは国外に逃れた。そのあとにはホルティ・ミクローシュを摂政とする政権が生まれることになる。ホルティは大戦末期にオーストリア=ハンガリー海軍の総司令長官を務めた軍人であった。またテッシェンは、一九二〇年にチェコスロヴァキアとポーランドとのあいだで分割されることになる。

三　撤　退

コルチャーク政権の崩壊

一九一九年九月二八日に、軍団に対する撤退命令が公表され、(11) 正式の撤退は一〇月二〇日から開始された。(12) しかし、軍団の撤退は困難を極めた。一〇月から一一月にかけて、オムスク政権の崩壊が始まったからである。オムスクから逃れたコルチャークは、軍団の運行する列車で東方へと移動していた。軍団も撤退のため東方へと移動していたが、赤軍の前哨部隊は軍団の最後尾の部隊に接近し、危険な状態となった。その過程で、軍団は保護していたコルチャークをイルクーツクで「政治センター」と呼ばれた現地政府に引き渡した。「政治センター」はその直後に解体され、その結果、コルチャークの身柄は赤軍側に渡ることになった。コルチャークは裁判で死刑判決を受け、一九二〇年二月七日に銃殺された。それと同じ日に、軍団は赤軍と休戦協定に調印した。これもまたロシア人の帝政派の人々からみると「チェコスロヴァキア人の裏切り」行為のひとつとされた。

この混沌とした情勢のなかで、軍団は撤退のためにあらゆる手段をとることを余儀なくされていた。一九二〇年一月に軍団は、その撤退路の安全を確保するために、セミョーノフがイルクーツク方面に派遣した支隊を強制的に武装解除し、六〇〇〇人の兵士を捕虜とした。そのような軍団の行動は、日本軍からは、ロシアの「過激派」と通じているように見えたのである。

当時、ウラジオストクに向けてゆっくりと東進していた軍団兵士たちは、東方へ占領地域を拡大していた赤軍と、沿海州および北満洲で支配権を保持しようとしていた日本軍に挟まれた位置にいた。戦争でシベリアから極東に至る鉄道輸送の状態は悪化していた。軍団員たちは輸送の遅れに苛立《いらだ》ち、中東鉄道の運行を担当する日本の当局者たちに対して軍団員たちの輸送を優先するよう繰り返し要求した。(13)

日本軍と軍団

一九一八年八月に、日本政府はロシアへの派兵を決定したが、その目的は「チェコスロヴァキア軍団の救出」であった。日本が派兵の決定を行ったとき、軍団の一部はウラジオストクから友軍と合流するべく西方に向けて進み、八月末にはイルクーツク方面から東進してきたガイダ傘下の部隊と合流した。それまでのあいだ、軍団と日本軍はともにソヴィエト側の軍隊と戦った。しかし、それ以後、軍団はヴォルガ、ウラル方面での戦闘に従事し、日本軍はバイカル以西には進まなかったので、両軍の接触はごく限られたものになっていた。

軍団は、日本から武器弾薬などの支援を受け、また負傷兵の治療を日本に委ねるなどの協力関係も継続した。その過程で両軍の兵士たちは様々なかたちで交流をもつことになった。しかし、政治というレベルでみると両軍の関係はつねに緊張をはらんでいた(14)。

一九一九年に入ると、軍団はノヴォシビルスクとイルクーツク間の鉄道守備を担当するようになった。この移動の結果、軍団の管轄区はザバイカルを拠点とするセミョーノフ軍と接することになり、鉄道の運行などをめぐって両軍のあいだでは絶え間ない紛争が継続することになる。軍団は、セミョーノフ軍を、彼らが支援しようとしているロシアの「民主派」の敵とみなし、またその粗暴な行動や、日本軍の支援を受けていることも受け入れがたいこととみなしていた。その結果として日本軍と軍団の間の軋轢《あつれき》も増幅した。

日本と軍団のあいだでのもうひとつの対立要因は、朝鮮人の抗日運動への軍団員たちの共感であった。一九一八年春から秋にかけて、連合国列強は国民評議会とチェコスロヴァキア軍を承認し、一〇月末にはチェコスロヴァキア国家が樹立された。劉孝鐘の研究によれば、この成功談はロシアで活動する朝鮮人に刺激を与え、彼らは「チェコに学ぼう」というスローガンを掲げ始めたという。一九一八年九月には、失敗に終わるとはいえ、「朝鮮民族大隊」設立の試みがなされた。この時期、ガイダはウラジオストクにおり、これに関与していたという。また、一九一九年三月にウラジオストクで設立された「大韓国民会議」はチェコスロヴァキア国民評議会を意識したものであった[15]。

一九二〇年に入ると、軍団のロシアからの撤退は本格化する。その時期に日本軍は、軍団から朝鮮人の抗日運動の活動家に武器が流れることを恐れていた。この時期の日本の特別高等警察の報告によれば、朝鮮人活動家に軍団から武器が流れていたという。その真偽を確かめることはできないが、日本当局者たちが撤退後の軍団の武器の行方を案じていたことは確かである。チェコスロヴァキア軍団の存在は極東において朝鮮人のナショナリズムを刺激し、また軍団側もそのようなナショナリズムに共感を示していた。それは、日本軍と軍団のあいだの対立要因となっていたのである。

ハイラル事件

このような混乱のなか、中東鉄道上の一都市、ハイラルで事件が起きた[16]。日本側の史料によれば、ハイラルで日本軍は八人の「過激派」容疑者を逮捕し、そのなかの六人を裁判のために満洲里に送ることを決めた。そこには鉄道職員が含まれていたため、鉄道労働者たちは抗議のストライキを始めた。そのとき駅には軍団の三個梯団が足止めされていた。しかもその梯団は極東で最強と言われた装甲列

図 F-4 装甲列車オルリーク号(Pichlík et al., 1996, p. 192 以降の別刷図版)

車オルリーク号を伴っていた。

一九二〇年四月一一日の夜に、日本軍の警護隊が容疑者たちを別な場所に徒歩で移動させていたとき、発砲と手榴弾の爆発があり、その後、一時間ほどの撃ち合いが続き、日本側と軍団側に死傷者が出た。停戦後、日本軍は、チェコスロヴァキア軍団が日本軍に対して発砲したと非難し、軍団側は銃火を交わしたのは日本軍とロシア軍もしくは中国軍であり、軍団は中立を維持したと主張した。日本側は援軍到着後の四月一三日になって、軍団に最後通牒を突きつけ、装甲列車と軍団が列車のなかに保持していた大量の手榴弾を日本側に引き渡すよう要求した。正面衝突を避けるために、軍団側はその要求を認めることになった。

この事件は日没後の暗闇のなかで起きたもので、事件の責任が誰にあるのかは明らかでない。この紛争は偶発的なものと思われる。おそらくはハイラル駅に駐屯していた日本の小さな部隊が何者かによる最初の発砲と手榴弾の爆発でパニックに陥り、闇雲に発砲を続けたというのが実態であったと思われる。日本の守備隊は三〇〇—五〇〇名にすぎず、それがはるかに多数の軍団兵士(おそらくは二〇〇〇名前後の兵士がいたと思われる)と駅で対峙していたのである。

停戦後に、日本側はこの機会を捉えてオルリーク号と手榴弾を確保しようとした。事件前に日本側はスィロヴィー将軍にオルリーク号の日本軍への譲渡を求めている。日本側はそれが敵対者のいずれかに渡ることを懸念していた。しかも、それは杞憂ではなかった。チェコスロヴァキア外務省文書館に残されている電報によれば、国民評議会と軍団の指導者たちは事件直前にオルリーク号を中国側に売却する可能性を議論していたからである。ともあれ、日本軍はこの事件をこれ以上に大きくすることは避け、軍団側の要求を入れてオルリーク号を返却した。

このような混乱した情勢のなかで軍団のロシアからの撤退は進行し、一九二〇年九月にその最後の部隊がウラジオストクを離れ、一一月にプラハに到着した。こうして軍団のロシアでの物語は幕を閉じた。ウラジオストクから将兵は船で帰国の途に就いた。七万二六四四名が乗船し、うち三〇〇四人が士官、五万三四五五人が兵士と下士官、四九一四人が傷痍軍人、一七二六人が女性、七一七人が子どもであった。ロシアでの戦死者は三六五二人、行方不明者が七三九人であった(17)。

この帰還船には新国家へと帰る軍団の将兵以外の人々が一万人以上も乗船していたが、それは軍団の後方支援組織の成員として工場や鉱山で働いていた人々や、軍団に加わらなかった移民や元捕虜たちであった。女性や子供たちはそれらの人々の妻子が多かったと思われる。ただし、長いロシアでの滞在のなかで妻帯者となった軍団将兵もいたようである。

ロシア帝国の金塊

ここでは、もうひとつのエピソードも紹介しておこう。軍団の保護のもとでコルチャークがオムスクからイルクーツクへ移動しているとき、軍団は大量の「金塊」も輸送しており、その行方がこれまでもしばしば話題になってきた。一般には「金塊」と呼ばれるが、金の延べ棒、ロシアや外国の金貨、金以外の貴金属などがそこには含まれていたという。それは、ロシア帝国が金準備として保有していたもので、大戦期には安全のためペトログラードからカザンに移されていた。一九一八年八月に軍団がロシアの人民軍などとともにカザンを攻略したときにこの金塊は反ボリシェヴィキ側に移り、その後はオムスクのコルチャーク政権のもとにあった。オムスク政権の崩壊が始まると、金塊はいくつかのルートでもち出され、その行き先が不明となった。その一部は日本に渡ったという説もある。

軍団の列車でコルチャークが東方へと逃げるとき、オムスク政権のもとにあった金塊の一部は、軍団の列車によって東方に運ばれていた。その警護には軍団兵士とロシア人兵士が共同で当たっていたという。この軍団が運んでいた金塊の行方についても様々な噂が語られてきた。たとえば、軍団が撤退するときにチェコスロヴァキアへもち帰ったという批判がロシア側からなされてきた。

とりあえず、この件に関する現在のチェコ側の通説となっている説明だけを紹介しておこう。すでに述べたように、一九二〇年二月七日に軍団とソヴィエト軍は休戦協定に調印したが、そのときにこの金塊の引き渡しも条件となっていた。この件については、一九二〇年二月二六日からロシア側と軍団側との交渉が行われ、そこでの合意にもとづいて、三月一日午後七時にそれらの金塊はソヴィエト軍に引き渡されたという(18)。

四　新国家の独立と課題

とりあえず、これまでの物語をまとめてみたい。

第一次世界大戦勃発以前の時期において、チェコ人の政治家たちの多数派は、ボヘミア諸邦のハプスブルク君主国からの独立というシナリオはありえないと考えていた。しかし、ごく少数ではあったが、大戦の勃発によって新国家樹立の可能性が生まれたと判断した政治家たちが現れた。クラマーシュたちはロシアの勝利というカードに賭け、マサリクたちはそのロシア・カードを強く意識しながら西欧カードに賭け、ボヘミア諸邦の君主国からの独立を目指した。しかし、両者ともに国内政治においては少数派にすぎず、政治家たちの主流派は、それまでどおりにハプスブルク君主国が存続するという前提で行動していた。

ここで重要なことは、この三つのグループは異なる選択肢を選びつつも、他のグループと一定の連絡を保持し、つながっていたことである。これらのナショナリストたちは、少なくともそれぞれの目標の実現が、いずれにせよ国際環境に依存しているという認識を共有していた。最終的に、国内の政治家たちは独立国家形成へと踏み出してゆくが、それは君主国のおかれた国際環境が急速に変化し、国外の運動によって独立へと向かう条件が一定のレベルで整った、ということを確認したうえでの行動であった。それが可能であったのは、一九世紀後半からハプスブルク君主国という枠組みのなかで、帝国レベルと領邦レベルでの議会政治の展開を基盤に、少なくともボヘミア諸邦においてはチェコ人のあいだで、政党政治がそれなりに成熟していたからである。

国外の義勇軍はオーストリア＝ハンガリー軍と戦ったが、それはある種の内戦であった。この内戦を戦いつつ、連合国から交戦団体としての法的な承認を得ることで、国家独立のための環境を整えるというのが、マサリクたちの独立運動の戦略であった。そのときに選んだ西欧カードが「勝ち札」となることによって、その目論見は成功した。義勇軍の戦いは、それなりの犠牲を伴ってはいたが、自らの居住地で隣人たちと銃火を交わすというような内戦とは異なり、ボヘミア諸邦やスロヴァキアからは離れた土地で行われた象徴的な内戦であった。この内戦は、チェコ人、スロヴァキア人のあいだにはそれほどの傷は残さなかったように思える。

しかし、この内戦の物語が新国家の建国神話の重要な部分とされることで、新国家に残ったドイツ系、ハンガリー系などのマイノリティを新国家から精神的に遠ざけることになった。また、この物語に登場した主人公たる軍団員たちの大部分はチェコ人であり、そうした意味で、チェコ人とスロヴァキア人とのあいだでのこの神話の受け取り方には差があったといえる。

ロシアの義勇軍が反乱を起こし、それを契機に連合国のロシアでの軍事干渉が始まり、それが西欧でのチェコスロヴァキア独立運動に対する連合国の承認を促進するという偶然が、そこに重なっていた。この反乱と独立の関連をどのように捉えるのかという問題は、軍団をめぐる物語の神話化と脱神話化の重要な部分となった。両大戦間期のチェコスロヴァキア史学の主流派の説明では、反乱が「ドイツおよびそれに操られるソヴィエト政権との闘い」であるという文脈を強調し、建国神話の一貫性を維持しようとした。他方、第二次世界大戦後の共産党時代の公式史観では、独立はロシア十月革命とのつながりで論じられ、反乱と独立は無関係と見なされたのである。

軍団を赤軍に取り込もうとするトロツキーたちの無理な圧力と、軍団を対ソ干渉に利用しようとする連合国の一貫性を欠いた行動、軍団の合議制からくる集団心理、そして若い指揮官たちの無定見な行動が重なった結果として反乱は起きた。それは、少なくとも当初は、ウラジオストクへの東進を継続することが目的であった。しかし、反乱はロシアでの内戦を誘発し、連合国の武力干渉の契機となった。米国の歴史家、ベティー・アンターバーガーは「チェコ人の指導者の政治的、軍事的両面での経験の欠如」[19]を指摘するが、彼らの年齢は二〇歳代後半から三〇歳代前半であった。結局のところ、この反乱が連合国の対ソ政策を動かし、それはその対ハプスブルク君主国政策と結合することで、中欧における国際環境の変動を促進したのである。

おそらく、軍団の反乱という事件は、ロシア史、ソヴィエト史という文脈でも議論じておくべき課題である。残念ながら、著者自身の能力の限界から、そこには十分に踏み込むことはできなかった。軍団の反乱がなくてもヴォルガ、ウラル、シベリアでの内戦は起きていたのかもしれない。それらの地域では様々な反ソヴィエト勢力による武装蜂起の準備がなされていたからである。しかし、一九一八年五月末にペンザからウラジオストクに至るシベリア横断鉄道沿線の主要都市を舞台に始まった軍団の反乱がなければ、その後のロシア革命史はやはり異なるものになっていたであろう。

敵国側で義勇軍を組織し、独立のために戦争に参加するという行為自体はそれほど珍しいものではない。しかし、チェコスロヴァキア独立運動は、そのなかでもきわだった「成功例」といえる。第一次世界大戦が終結したとき、東欧地域を支配していた独墺両国が敗北すると同時に、ロシアも革命と内戦でこの地域への影響力を失っていた。それは、開戦時においては予想できない帰結だった。このきわだった「成功」は、見方を変えれば、新共和国にとってかなりの重荷を課すものであったように思える。その「成功」によって、それまで政治のレベルでは十分に議論されて来なかった「チェコスロヴァキア国民」の形成と、ドイツ系、ハンガリー系マイノリティの新国家への統合という課題を、新共和国は、戦後の新しい国際対立という環境のなかで実現しなくてはならなくなったからである。

こうして出現したチェコスロヴァキア共和国は、一九二一年の調査によれば、人口が一三六一万人であった。そのうち、六五・五パーセントが「チェコスロヴァキア人」、二三・四パーセントが「ドイツ人」、五・六パーセントが「ハンガリー人」であった。公式統計においては、チェコ人とスロヴァキア人の人口は区別されず、「チェコスロヴァキア人」として数えられているが、もし分けるとすれば、スロヴァキア人の人口は二〇〇万人、全人口の一五パーセントほどであった。複雑な複合国家であったハプスブルク君主国は、「国民国家」を標榜するいくつかの継承国家に分裂したが、その継承国家もまた言語面ではやはり複合性の高い国家であった。またそのなかにおけるチェコ人の優位を基礎とする支配と従属という構造に注目するならそれは「小さな帝国[20]」であった。

ともかくも、「チェコスロヴァキア語」を話す「チェコスロヴァキア人」を担い手とする新しい「国民国家」は誕生した。しかし、その国家は、人口の四分の一弱ほどを占めるドイツ系マイノリティを含み、それ以外のマイノリティを足すとそれは人口の三分の一を超えていた。マイノリティたちは平和条約によって保護が与えられることになっており、一定の条件のもとで言語の使用などに関する権利保障がなされた。

しかし、たとえばドイツ系の人々は自分たちの居住地域の自治が認められなかったことを不満とした。それまで、ボヘミアのドイツ語話者たちは、おそらくドイツ帝国のドイツ語話者たちを含む大きなドイツ語文化圏という世界の一員としての意識と、ハプスブルク君主国の住民という意識、さらにボヘミアでのドイツ語話者としての意識からなる、重層的な「ドイツ人意識」のなかで暮らしていた。彼らは、新国家の成立という既成事実のなかで、新たに自らのアイデンティティを模索することになる。

スロヴァキア人は、新国家への参加について事前の十分な議論を行うゆとりはなく、やはり既成事実としての新国家を受け入れることになったといっていい。新国家では、チェコ人とスロヴァキア人はひとつの「チェコスロヴァキア国民」であるという「チェコスロヴァキア主義」が国家の公式の立場となる。一定の範囲でスロヴァキア人もこの「チェコスロヴァキア主義」を受け入れ、それを支えることになるが、それを受け入れることができないスロヴァキア人も少なくなかった。彼らもまた、スロヴァキアの自治を求めることになる。ハプスブルク君主国という複合国家の枠組みのなかでボヘミアのチェコ人が国民意識を形成していったように、スロヴァキア人はチェコスロヴァキアという複合国家の枠のなかで、「スロヴァキア国民」という意識を育んでいくことになる。

ドイツ系の住民については、第二次世界大戦後に「ナチスに協力した」という「集団的な罪」でチェコスロヴァキアから追放されることになり、チェコとスロヴァキアもまた一九九二年末日をもって分裂することになる。それをめぐる歴史は、第一次世界大戦後の第一共和国の成立から始まるということはできるが、ドイツ系住民の追放やチェコとスロヴァキアの分裂がそこから直接、運命づけられていたということではない。両大戦間期の歴史を見れば、一九二〇年代後半から、チェコスロヴァキア主義に立つ政党とドイツ系の政党のあいだで連立政権がつくられ、それは一九三八年の第一共和国の解体まで継続した。またスロヴァキアの住民たちの多くも「チェコスロヴァキア主義」に立つ政党を支持していた。本書で見てきたように、ナショナリズムはその国内要因以上に、外的要因、つまりそれを取り巻く国際環境に規定される。であるとしたら、その後の追放や分離という問題もまた、新国家樹立後の国際環境を含めて考える必要があるということになろう。

コラム　アルフォンス・ムハ(ミュシャ)と「スラヴ叙事詩」

アルフォンス・ムハはパリで活躍したので、ミュシャというフランス語読みの名前で知られているが、ここではチェコ語読みのムハでとおすことにしたい。

ムハは、一八六〇年に南モラヴィアで生まれている。ウィーン、ミュンヘン、パリで絵画を学び、一八九四年に舞台女優のサラ・ベルナールのポスターを作成したことが転機となり、アールヌーボー様式の旗手として、その名声は不動のものとなった。しかしムハ自身は「アールヌーボーの作家」と呼ばれることを嫌っていた。むしろ一九世紀風の歴史画にひかれており、スラヴ人たちの歴史をテーマとする連作を企画していた。

ムハは一九一一年から「スラヴ叙事詩」の制作を開始した。大きなものは縦横が六×八メートルほどもあり、第一作の「揺籃《ようらん》の地のスラヴ人」から最後の「スラヴ人の歴史の賛歌」までの二〇作品が完成したのは一九二八年であった。そこには「ベツレヘム礼拝堂でのヤン・フス師の説教」や、「ヴィートコフの戦いのあと」というチェコ史でおなじみのテーマの作品も含まれている。

最後の「スラヴ人の歴史の賛歌」は、それまでの歴史と重ね合わせるように新共和国の樹立を称えている。向かって左下には、こちらに背を向け、上方の新共和国を象徴する若者の姿を見上げる五人の人物が描かれ、その手にはチェコ人の「国民樹」とされるリーパ（ドイツ語ではリンデンバウム）の小枝をかざしている。その小枝に少し隠れるように、四人の兵士がたたずんでいる。兵士たちは、向かって右からイタリア、フランス、ロシア、セルビアの軍服を着ている。これは、どう見ても軍団の兵士である。リーパの小枝と重ねて彼らを称えているともいえるし、小枝の陰になるような配置はムハのためらいを示しているようにも見える。

ムハは、チェコ人の「国民的な自覚」を促す目的でこの連作を手がけた。しかし、その途中で大戦が起き、作品が完成したときには建国から一〇年がすぎていた。新国家やそれを取り巻く国際環境は、およそムハが思い描いていたものとは違うものになっていた。

この連作の色彩に魅了された人々も多かったが、シュールレアリズムなどの前衛芸術が全盛を迎えていたプラハで、この連作は時代遅れに映るものでもあった。この連作のナショナリズムは、一九三九年にプラハを占領したナチスには危険なものに見え、ムハは秘密警察の尋問を受けることになり、それが原因で体を壊し、その後ほどなくムハは病死した。

二〇一七年に東京の国立新美術館で「ミュシャ展」が開催され、外国ではじめて「スラヴ叙事詩」の全作品がそろって展示された。六五万人をこえる入場者を数えたが、それはこの年のわが国で開催された展覧会のなかでは最大の入場者数であったという。

「スラヴ人の歴史の賛歌」（スラブ叙事詩20），1926年．テンペラ，油彩／カンバス　480×405 cm.（プラハ国立美術館蔵）

［注］

（1）外務省編『日本外交文書』大正七年第一冊、一〇〇八―一〇一一頁。

（2）これについては次も参照。長與進「『チェコスロヴァキア日刊新聞』はM・R・シチェファーニクをどのように報じたか」井桁貞義他編『スラヴャンスキイ・バザアル――ロシアの文学・演劇・歴史』水声社、二〇一二年、二六九―二九三頁。

（3）ロシアにおけるシュチェファーニクと軍団の軋轢《あつれき》および彼の死については、ユリーチェク『彗星と飛行機と幻の祖国と』の第一七、一八章を参照。

（4）パリ平和会議におけるベネシュの言動については次を参照。Margaret MacMillan, *Paris 1919: Six Months that Changed the World*, New York: Random House Trade Paperbacks, 2001, 229-242.

（5）軍団の経済活動については、次の研究が詳しい。Daniela Brádlerová, *Vojáci nebo podnikatelé? Hospodářské a finanční aktivity československých legií během jejich anabáze v Rusku a na Sibiři*, Praha: Academia, 2019.

（6）*Ibid.*, 152.

（7）Konstantin V. Sakharov, *Cheshskie legiony v Sibiri*, Berlin: Globus, 1930.

（8）第一次世界大戦後のこの土地については篠原琢「「名前のないくに」」を参照。

（9）詳しくは、林忠行「パリ平和会議の期間におけるチェコスロヴァキアと「ロシア問題」」『スラヴ研究』三〇号、一九八二年、七一―九四頁を参照。

（10）この時期の内政については、中田瑞穂『農民と労働者の民主主義――戦間期チェコスロヴァキア政治史』名古屋大学出版会、二〇一二年、第一章を参照。

(11) Bradley, *The Czechoslovak Legion in Russia*, 125.

(12) *FRUS*, 1919, Russia, 533.

(13) 参謀本部編『西伯利出兵史――大正七年乃至十一年』新時代社、一九七二年、九三七―九四一頁。

(14) 日本軍と軍団の関係について林忠行「チェコスロヴァキア軍団――未来の祖国に動員された移民と捕虜」山室信一他編『現代の起点　第一次世界大戦 2　総力戦』岩波書店、二〇一四年、五五―七七頁。軍団が日本をどのように見ていたのかについては、長與進「『チェコスロヴァキア日刊新聞』は日本のシベリア出兵をどのように見ていたか」『ロシア史研究』一〇四号、二〇二〇年、一六七―一八〇頁も参照。

(15) 劉孝鐘「チェコスロヴァキア軍団と朝鮮民族運動――極東ロシアにおける三・一運動の形成」ソビエト史研究会編『旧ソ連の民族問題』木鐸社、一九九三年、一〇九―一六三頁。

(16) この事件については、林忠行「チェコスロヴァキア軍団」七〇―七一頁。次も参照。Daniel Lochman, "Chajlarský incident aneb Čechoslováci a Japonci na Sibiři," *Historie a vojenství*, 4 (2009): 47–53; Martin Hošek, "The Hailar Incident: The Nadir of Troubled Relations between the Czechoslovak Legionnaires and the Japanese Army, April 1920," *Acta Slavica Iaponica*, 29 (2011), 103–22.

(17) Pichlík et al., *Českoslovenští legionáři*, 251.

(18) *Ibid.*, 248–250.

(19) Betty Miller Unterberger, *The United States, Revolutionary Russia, and the Rise of Czechoslovakia*, Chapel Hill: University of North Carolina Press, 1989, 200.

(20) Pieter M. Judson, *The Habsburg Empire: A New History*, Cambridge: Belknap Press of Harvard University Press, 2016, 448.

エピローグ――その後の軍団員たち

最後に、軍団にかかわった人々のその後をたどって、この物語を終えることにしよう。

フランス、イタリア、そしてロシアから帰国した軍団員たちは「建国の英雄」として迎えられた。一九一九年七月に制定された法律によって、これらの軍団員たちには様々な優遇策が講じられることになった。公務員などのポストが用意され、土地改革においても彼らは優先的に農地が配分されることになった。また、たばこの販売権などの特権も優先して与えられた。

ロシアの軍団の将校たちの多くは、新共和国の国軍の中核を担う将校団を形成することになる。ロシアの軍団司令官であったスィロヴィーは国軍の参謀総長や国防相などを歴任し、軍監察総監としてその軍歴を終えた。ガイダは、一九一八年末からコルチャーク政権軍の指揮官の一人となるが、一九一九年七月にコルチャークとの対立から同軍を離れ、一一月にはイルクーツクでコルチャーク政権に対する軍事クーデタを起こした。それは失敗に終わり、ガイダはかろうじて軍団に保護され、新国家に強制送還された。帰国後、フランスの陸軍大学への留学をへて、参謀次長となるが、一九二六年に、彼を嫌うマサリク大統領の圧力で退役させられ、その後はファシスト運動の指導者として国会議員に選ばれている。

ヴォイツェホフスキーは軍団を離れたあとコルチャーク軍に参加し、さらにそれが崩壊したのちにはクリミアでピョートル・ヴランゲリの率いる白軍に加わり、最後はイスタンブールを経由してチェコスロヴァキアに逃れた。その後は、チェコスロヴァキア軍の将校として生き、プラハ軍管区司令官で現役を終えている。またガイダおよびヴォイツェホフスキーとともに一九一八年の反乱を指揮したチェチェクは、二年間のフランス陸軍大学での留学ののち、大統領府軍事部長となり、その後、第五師団長であった一九三〇年に病死した。享年四三歳であった。

ロシアでは国民評議会ロシア支部の指導者として、また反乱期には臨時執行委員会の委員長として行動したボフダン・パヴルーは、帰国後は外交官として活躍した。ブルガリア、デンマークの公使をへて外務次官となり、さらに一九三五年から一九三七年という極めて重要な時期に駐ソ連公使となっている。帰任後に再度、外務次官となるが、一九三八年五月、まさに国家存亡の危機をまえにして交通事故で死去した。

一九一八年一〇月末の独立から二〇年をへた一九三八年九月末に、チェコスロヴァキアはミュンヘン協定を受け入れて、ボヘミア諸邦のドイツ人居住地域である「ズデーテン地方」をドイツに割譲した。こうして、「第一共和国」と呼ばれる時代が終わった。それにつづく「第二共和国」は、翌年三月にドイツによって解体され、残っていたボヘミア諸邦はドイツに併合され「ボヘミア・モラヴィア保護領」となり、スロヴァキアはドイツの保護のもとで独立国家となった。一九三九年九月からのドイツ軍によるポーランド侵攻によって第二次世界大戦が始まり、ドイツが一九四五年五月に降伏するまでの五年八か月にわたって戦争は続いた。

マサリクは一九三五年に大統領を辞し、一九三七年に八七年の生涯を終えた。マサリクのあとを継いで大統領となったベネシュは、第二次世界大戦勃発後にロンドンで亡命政権をつくり、再度、国外での独立運動を指導した。そのもとでチェコ人、スロヴァキア人の義勇軍が編成されて、ナチ・ドイツとの戦いが行われたのである。

この時期の義勇軍としては、英国を拠点とするチェコスロヴァキア出身のパイロットたちからなる航空部隊が有名である。一九三九年三月に「第二共和国」が解体されたあと、一群の将兵はフランスに逃れ、一九四〇年にフランスがドイツに降伏すると、彼らは英国に渡った。そのなかに空軍のパイロットが含まれていた。彼らは英国空軍に参加し、一九四〇年から四一年にかけて展開されたドーバー海峡と英国上空での制空権を賭けた戦い、「バトル・オブ・ブリテン」に加わった。この航空部隊を率いたカレル・ヤノウシェクは第一次大戦期のロシアの軍団員で、ズボロフの戦いで負傷するという経験をもっていた。

また別のグループは、共和国解体後にポーランドに赴き、そこにおいて九月からの対独戦に参加した。ポーランドでの戦いののちソ連側に収容された将兵たちは、その後、ソ連において第一チェコスロヴァキア軍団を編成し、ソ連軍とともに祖国の解放戦に参加した。この軍団を指揮したのはルドヴィーク・スヴォボダで、彼もまたズボロフとバフマチでの戦闘を経験した軍団員であった。本書の冒頭でヴィートコフの無名戦士の墓の経緯に触れたが、そこで述べた第二次世界大戦期のドゥクラ峠の戦いは、このスヴォボダ指揮下の部隊によるものであった。

もう一人、軍団出身の政治家を紹介しておこう。ズデニェク・フィエルリンゲルはドルジナ生え抜きの将校の一人で、ズボロフの戦いには第一連隊第三大隊長として参加している。その後、米国に派

コラム　ルドヴィーク・スヴォボダ

ルドヴィーク・スヴォボダは一八九五年にモラヴィアの農村で生まれた。農業専門学校を卒業後、一九一五年に召集され、その年の九月にロシア軍の捕虜となった。スヴォボダは、一九一六年八月にチェコスロヴァキア義勇軍に入隊し、一九一七年から翌年にかけてズボロフとバフマチの戦いにも参加した。義勇軍内の士官養成コースを経て将校となり、一九二〇年九月に帰国したが、そのときの階級は大尉であった。帰国後は家業の農家を継いだが、一九二一年に軍務へと戻った。

両大戦間期を職業軍人としてすごした。一九三九年三月にチェコスロヴァキア国家はドイツによって解体されたが、一群の将兵はポーランドに移り、九月に始まった戦争にポーランド側で参加した。スヴォボダはそのとき中佐で、この義勇軍の指揮官となった。ポーランドの降伏後、スヴォボダたちはソ連に収容された。一九四一年六月に独ソ戦がはじまったが、その翌年からソ連軍のもとでチェコ人、スロヴァキア人将兵たちからなる部隊の編成がはじまり、一九四三年にはウクライナでの戦闘に加わった。部隊は、チェコスロヴァキア出身のチェコ人、スロヴァキア人以外の兵士も加わり、きわめて多様な構成の部隊となった。また多くの女性兵士も含まれていたという。部隊は一九四四年に入ると「第一チェコスロヴァキア軍団」と呼ばれるようになった。

軍団は一九四四年秋からはじまる「カルパチア・ドゥクラ作戦」に参加した。本書の「プロローグ」で紹介したヴィートコフの記念館の無名戦士の墓に、ズボロフで戦死した兵士とともに納められているのは、このときの戦いで倒れた兵士の遺骨である。その後、軍団傘下の部隊はスヴォボダの指揮下で、ソ連軍とともにスロヴァキアからボヘミア諸邦へと進

スヴォボダ，1968 年
(Stehlík et al., 2015, p. 9)

み、一九四五年五月はじめに祖国の首都であるプラハに入城した。スヴォボダはこのときに元帥に昇格し、祖国解放の英雄となった。

スヴォボダは国防相に就任し、一九五〇年四月までその地位にあった。スヴォボダは一九四八年に共産党に入党していたが、一九五〇年代の粛清裁判に連座し、投獄されることになった。政府の方針に忠実でなかったとされたのである。しかし、間もなく釈放され、公的な生活に復帰した。スターリンの死後にソ連で頭角を現すニキタ・フルシチョフの支援があったとされている。フルシチョフとスヴォボダはウクライナでの対独戦をともに戦った仲であった。

一九六八年になると、チェコスロヴァキアでは「プラハの春」と呼ばれる改革運動が共産党の主導で始まる。改革派におされて同年三月にスヴォボダは大統領に選出された。しかし、同年八月からのソ連軍による軍事干渉で改革は終焉を迎えた。スヴォボダは大統領としてモスクワに乗り込み、ソ連軍に拉致された党や政府の幹部の釈放を求め、交渉による問題解決をはかろうとした。このときのスヴォボダの毅然たる姿勢は評価されたが、結果としては、ソ連の要求に屈せざるを得なかった。その後も大統領職にとどまったが、一九七五年にその職を退き、一九七九年にその生涯を閉じた。

遣され、米国移民からの義勇兵募集の任についた。独立後は外交官として活躍し、一九三七年から駐ソ連公使となり、第二次世界大戦中もモスクワでロンドン亡命政府の代表を務め、一九四五年四月から国民戦線政府の首相となった。社会民主党員であったが、第二次世界大戦後は社会民主党と共産党の合同で中心的な役割を果たし、その後の共産党政権では副首相や国会議長などを歴任した。

第二次世界大戦期には国内においてもレジスタンス闘争が行われた。スロヴァキアでは一九四四年八月末から一〇月末まで、スロヴァキア国民蜂起と呼ばれる対ドイツ武力闘争が展開された。この蜂起軍の司令官の一人となったルドルフ・ヴィエストも軍団出身者であった。ヴィエストは、一九一五年にロシア軍の捕虜となり、ガイダと同様にセルビア人の義勇軍に参加し、ドブロジャでの戦闘で負傷した。その後、チェコスロヴァキア義勇軍に移り、将校として活躍した。独立後も軍人として生き、第二次大戦が始まるとロンドンの亡命政府に加わりその国防相となったが、スロヴァキアでの蜂起が始まると祖国に戻り、司令官として対ドイツ蜂起を戦った。この蜂起はドイツ軍によって制圧されたが、そのとき、ヴィエストはドイツ軍に捕らえられ、銃殺されたといわれる。

またボヘミア・モラヴィア保護領でもレジスタンス闘争が組織され、一九四五年五月のソ連軍による解放にあわせてプラハで武装蜂起が行われた。これらの一連の闘争においても、第一次世界大戦期のチェコスロヴァキア軍団出身の元将兵が活躍している。たとえば、すでに年金生活に入っていたヴォイツェホフスキーがその指導者の一人として参加していたことが知られている。

第二次世界大戦後、チェコスロヴァキア国家は復活するが、ソ連の政治・軍事的な勢力圏に組み込まれ、一九四八年には共産党による事実上の一党支配体制が確立する。その過程で元軍団員たちの運命も翻弄されることになる。共産党体制下でも活躍をするスヴォボダやフィエルリンゲルのような例もあったが、第一共和国で「建国の英雄」であった軍団員たちは、一転して「反ソ、反革命」の烙印を押されることになるからである。

スィロヴィーは一九三八年のミュンヘン危機の時期に首相となり、ドイツの保護領時代にもその閣僚を務めた。とくにその保護領時代の責任を問われて、戦後の「国民裁判」において禁固二〇年の判決を受けて投獄された。一九六〇年に恩赦で出獄し、一九七〇年に亡くなっている。他方、一九一八年五月の反乱を指揮したガイダも戦後に逮捕され、「ファシズムの扇動」で有罪判決を受けて投獄されたが、間もなく解放され、一九四八年に人知れずこの世を去った。ガイダとともに反乱を指揮したヴォイツェホフスキーは、チェコスロヴァキアがソ連によって解放された直後に、ソ連の秘密警察によって連れ去られ、一九五一年にシベリアの強制収容所で死亡した。また、第二次世界大戦期に英国でチェコ人、スロヴァキア人の航空隊を指揮したヤノウシェクは、大戦終結後に祖国へと帰還し、軍高官の地位に返り咲くが、共産党政権成立後に政治的理由で有罪判決を受けて終身刑となった。その後、減刑され、ついで恩赦で釈放されるが、完全な名誉回復はなされないまま一九七一年にプラハで死去している。

彼らとともにロシアで戦った五万余の無名の将兵たちも、おそらくは帰国後に町や村の英雄となり、第二次世界大戦後はその思い出を語ることを禁じられたまま、それぞれの生涯を終えていったのであろう。新聞報道によれば、最後の軍団員とされる人物は二〇〇三年にプラハで生涯を終えた。一〇七歳であった。彼もまた両大戦間期にファシズム運動にかかわったとされ、共産党時代は不遇の人生を

送ったという。(1)

［注］

（1）Luděk Navara, "Poslední legionář své jméno očistit nestihl," *iDnes, Zpravodajství, Domací,* 2003/8/13.

あとがき

本書で扱ったテーマは、大学院修士課程に入ったときに選んだものと重なるので、かれこれ四十数年の付き合いになる。大学院での指導教員が故細谷千博先生であったことは、このテーマを選ぶうえで決定的な要因であった。先生自身がこのテーマに並々ならぬ関心を寄せていたからである。それは、まだ若かった私には重荷でもあった。

大学院での研究を終えて教員としての生活を始めてからは、他のテーマに研究の重点は移ったが、それでも間歇的にこのテーマに立ち返った。北海道大学スラブ研究センター(現スラブ・ユーラシア研究センター)で原暉之氏やデイヴィド・ウルフ氏が同僚であったことも、関心の継続には重要であった。

また、二〇一一年に今の職場である京都女子大学に移ったが、当時、京都大学人文科学研究所で山室信一氏、岡田暁生氏たちが主宰する研究プロジェクト「第一次世界大戦の総合的研究」に参加できたことも、本書執筆のきっかけとして重要であった。数多くの関連報告を聞きながら、視野を大きく広げることができたからである。このプロジェクトのまとめとして二〇一四年に刊行された『現代の起点　第一次世界大戦』全四巻(岩波書店)のなかの第二巻に私の論文を掲載していただいたが、そのころから大戦終結の一〇〇周年となる二〇一八年までにはこのテーマで本を出そうと考え始めていた。しかし、職場での学長職就任という思わぬ事情が生じ、結局それは果たせなかった。それでも、時間をみつけては文献を読み、少しずつ原稿を書き進めた。さいわい二〇二〇年五月に学長職は終わり、そこからこの原稿を一気に仕上げることができた。

本書は、どちらかといえば、歴史に関心をもつ広い読者を想定して書いた。したがって、わかりやすくかつ広い視野で書くことを心がけた。個々の「事実発見」ということよりも、大戦中に起きたいくつかの重要な物語を軍団という存在をとおしてひとつに結びつけることを重視したからである。その結果として、二次文献に多くを頼ることになっているし、注や参考文献の紹介も最小限にとどめている。より詳細な専門的情報については、私の関連論文を参照してほしい。

草稿段階で長與進氏、薩摩秀登氏、池田嘉郎氏に原稿をお読みいただき、それぞれの観点から貴重な指摘をいただくことができた。それによって多くの不備を正すことができたが、なお残る誤りは私の責任である。

本書の編集については、右で述べた『現代の起点　第一次世界大戦』でのご縁から、岩波書店の石橋聖名氏にお世話になった。なんとか、本書が出来上がったのは同氏の力量によるところが大きい。お礼を申し上げる。

いまとなっては、「遅れたレポート」といったところではあるが、本書を細谷千博先生のご霊前にささげたい。

二〇二一年五月一五日

林　忠行

林 忠行

1950年生まれ．東京都立大学法学部卒．カレル大学(プラハ)留学，一橋大学大学院法学研究科博士後期課程単位取得退学．広島大学法学部助教授，同教授，北海道大学スラブ研究センター教授，同大学理事・副学長等を経て，現在，京都女子大学現代社会学部教授(2014-2020年まで学長)．

専門はチェコスロヴァキア史，東欧地域研究，国際関係史．

著書に『中欧の分裂と統合――マサリクとチェコスロヴァキア建国』(中公新書，1993年)，『ポスト冷戦時代のロシア外交』(共編，有信堂高文社，1999年)，『ポスト社会主義期の政治と経済――旧ソ連・中東欧の比較』(共編，北海道大学出版会，2011年)ほか．

チェコスロヴァキア軍団――ある義勇軍をめぐる世界史

2021年7月28日　第1刷発行

著　者　林《はやし》 忠《ただ》行《ゆき》

発行者　坂本政謙

発行所　株式会社 岩波書店
〒101-8002 東京都千代田区一ツ橋2-5-5
電話案内 03-5210-4000
https://www.iwanami.co.jp/

印刷・精興社　製本・牧製本

ISBN 978-4-00-061476-4　　Printed in Japan

索　引

ア　行

カ　行

サ 行

タ　行

ナ　行

ハ　行

マ　行

ヤ　行

ラ　行

史料・文献リスト

邦語史料集

外務省編(1968)『日本外交文書』大正7年第1冊，外務省.

邦語参照文献

池田嘉郎(2017)『ロシア革命　破局の8か月』岩波新書.

石川達夫(1995)『マサリクとチェコの精神——アイデンティティと自律性を求めて』成文社.

井出匠(2017)「二〇世紀初頭のスロヴァキア語印刷メディアによる「国民化」の展開」井内敏夫編『ロシア・東欧史における国家と国民の相貌』晃洋書房，101-122頁.

オーキー，ロビン(2010)『ハプスブルク君主国 1765-1918　マリア＝テレジアから第一次世界大戦まで』三方洋子訳，NTT出版.

大津留厚(1995)『ハプスブルクの実験』中公新書／増補改訂版(2007)春風社.

大津留厚他編(2013)『ハプスブルク史研究入門——歴史のラビリンスへの招待』昭和堂.

大津留厚(2021)『さまよえるハプスブルク　捕虜たちが見た帝国の崩壊』岩波書店.

唐渡晃弘(2003)『国民主権と民族自決——第一次世界大戦中の言説の変化とフランス』木鐸社.

桐生裕子(2012)『近代ボヘミア農村と市民社会——19世紀後半ハプスブルク帝国における社会変容と国民化』刀水書房.

桐生裕子(2020)「帝国の遺産——チェコスロヴァキアの行政改革の事例から」大津留厚編『「民族自決」という幻影——ハプスブルク帝国の崩壊と新生諸国家の成立』昭和堂，147-175頁.

小関隆(2018)『アイルランド革命 1913-23——第一次世界大戦と二つの国家の誕生』岩波書店.

佐々木洋子(2013)『ハプスブルク帝国の鉄道と汽船——19世紀の鉄道建設と河川・海運航行』刀水書房.

参謀本部編(1972)『西伯利出兵史——大正七年乃至十一年』新時代社.

幣原平和財団編(1955)『幣原喜重郎』幣原平和財団.

篠原琢(2008)「祭典熱の時代――「つくられたチェコ性」によせて」近藤和彦編『歴史的ヨーロッパの政治社会』山川出版社，553-592頁.
篠原琢(2012)「国民が自らの手で！――チェコ国民劇場の建設運動」篠原琢・中澤達哉編『ハプスブルク帝国政治文化史――継承される正統性』昭和堂，183-240頁.
篠原琢(2020)「「名前のないくに」――「小さな帝国」チェコスロヴァキアの辺境支配」大津留厚編『「民族自決」という幻影――ハプスブルク帝国の崩壊と新生諸国家の成立』昭和堂，109-145頁.
柴宜弘(2020)「それぞれのユーゴスラヴィア――セルビア義勇軍の理念と実態」大津留厚編『「民族自決」という幻影――ハプスブルク帝国の崩壊と新生諸国家の成立』昭和堂，37-61頁.
高橋和(1990)「社会主義者のジレンマ――ボフミール・シュメラルとチェコスロヴァキア独立運動」羽場久浘子編『ロシア革命と東欧』彩流社，43-60頁.
高原秀介(2020)「ウッドロー・ウィルソン政権の対ロシア政策」『国際政治』198号，32-47頁.
チャペック，カレル(1993)『マサリクとの対話――哲人大統領の生涯と思想』石川達夫訳，成文社.
鐵道院運輸局編(1919)『西伯利鉄道旅行案内』鐵道院(アジア学叢書119，大空社，2004所収).
中澤達哉(2009)『近代スロヴァキア国民形成思想史研究――「歴史なき民」の近代国民法人説』刀水書房.
中澤達哉(2014)「二重制の帝国から「二重制の共和国」と「王冠を戴く共和国」へ」池田嘉郎編『第一次世界大戦と帝国の遺産』山川出版社，135-165頁.
中田瑞穂(2012)『農民と労働者の民主主義――戦間期チェコスロヴァキア政治史』名古屋大学出版会.
中根一貴(2018)『政治的一体性と政党間競合――20世紀初頭チェコ政党政治の展開と変容』吉田書店.
長與進(1990)「シロバール博士の多忙な日々」羽場久浘子編『ロシア革命と東欧』彩流社，61-80頁.
長與進(2020)「『チェコスロヴァキア日刊新聞』は日本のシベリア出兵をどのように見ていたか」『ロシア史研究』104号，167-180頁.
長與進(2021)「『チェコスロヴァキア日刊新聞』はM・R・シチェファーニクをどのように報じたか」井桁貞義他編『スラヴャンスキイ・バザアル――ロ

シアの文学・演劇・歴史』水声社，269-297 頁.
野村真理(2013)『隣人が敵国人になる日――第一次世界大戦と東中欧の諸民族』人文書院.
野村真理(2014)「帝国崩壊と東中欧の民族的再編の行方――オーストリア領ガリツィア戦線によせて」山室信一他編『現代の起点　第一次世界大戦 4　遺産』岩波書店，105-128 頁.
パイプス，リチャード(2000)『ロシア革命史』西山克典訳，成文社.
ハシェク，ヤロスラフ(1972～1974)『兵士シュヴェイクの冒険』全 4 巻，栗栖継訳，岩波文庫.
橋本聡・林忠行編(2008)『カレル・チャペック　その生涯と時代　没後 70 周年展』北海道大学総合博物館企画展示図録.
馬場優(2020)「オーストリア・ハンガリー帝国の解体とウィルソン主義」『国際政治』198 号，32-47 頁.
林忠行(1978)「チェコスロヴァキア独立運動――エドヴァルト・ベネシュの活動をめぐって」『東欧史研究』1 号，136-150 頁.
林忠行(1982)「パリ平和会議の期間におけるチェコスロヴァキアと「ロシア問題」」『スラブ研究』30 号，71-94 頁.
林忠行(1983)「チェコスロヴァキア独立運動の理念――T. G. マサリックの主張をめぐって」『共産主義と国際政治』7 巻 4 号，19-37 頁.
林忠行(1983)「イギリスとチェコスロヴァキア独立運動　1914-1918 年」『一橋論叢』90 巻 1 号，120-127 頁.
林忠行(1990)「チェコ「帝国内改革派」の行動と挫折――ズデニェク・トボルカを中心にして」羽場久浘子編『ロシア革命と東欧』彩流社，24-42 頁.
林忠行(1993)『中欧の分裂と統合――マサリクとチェコスロヴァキア建国』中公新書.
林忠行(2008)「戦略としての地域――世界戦争と東欧認識をめぐって」家田修編『講座 スラブ・ユーラシア学 1　開かれた地域研究へ――中域圏と地球化』講談社，91-118 頁.
林忠行(2014)「チェコスロヴァキア軍団――未来の祖国に動員された移民と捕虜」山室信一他編『現代の起点　第一次世界大戦 2　総力戦』岩波書店，55-77 頁.
林忠行(2015)「チェコスロヴァキア軍団再考――第一次世界大戦と国外のナショナリズム」『西洋史研究』44 号，139-155 頁.
林忠行(2018)「チェコスロヴァキア建国とロシア革命」『ロシア・東欧研究』

47号, 1-16頁.
原暉之(1989)『シベリア出兵——革命と干渉 1917-1922』筑摩書房.
福田宏(2006)『身体の国民化——多極化するチェコ社会と体操運動』北海道大学出版会.
細谷千博(2005)『シベリア出兵の史的研究』岩波現代文庫／初版(1955), 有斐閣.
牧野雅彦(2009)『ヴェルサイユ条約——マックス・ウェーバーとドイツの講和』中公新書.
マサリク, T. G.(2002～2005)『ロシアとヨーロッパ——ロシアにおける精神潮流の研究』Ⅰ～Ⅲ, 石川達夫, 長與進訳, 成文社.
南塚信吾編(1999)『新版世界各国史 19　ドナウ・ヨーロッパ史』山川出版社.
村田優樹(2017)「第一次世界大戦, ロシア革命とウクライナ・ナショナリズム」『スラヴ研究』64号, 1-40頁.
メイア, A. J.(1983)『ウィルソン対レーニン——新外交の政治的起源　1917-1918年』Ⅰ～Ⅱ, 斉藤孝, 木畑洋一訳, 岩波書店.
ユリーチェク, ヤーン(2015)『彗星と飛行機と幻の祖国と——ミラン・ラスチスラウ・シチェファーニクの生涯』長與進訳, 成文社.
劉孝鐘(1993)「チェコスロヴァキア軍団と朝鮮民族運動——極東ロシアにおける三・一運動の形成」ソビエト史研究会編『旧ソ連の民族問題』木鐸社, 109-163頁.

外国語史料集

Beneš, Edvard, *Světová válka a naše revoluce: vzpomínky a úvahy z bojů za svobodu národa, Dokumenty*, III, Praha: Orbis a Čin, 1928.
Bunyan, James, *Intervention, Civil War, and Communism in Russia, April-December 1918: Documents and Materials*, New York: Octagon Books, 1976.
Cheshsko-Slovatskii(Chekhoslovatskii) korpus 1914-1920: Dokumenty i materialy, I-II, Moskva: Novalis/Kuchkovo plle, 2013/2018.
FRUS: Papers Relating to the Foreign Relations of the United States, Washington: United States Government Printing Office, 1931-1940.

外国語定期刊行物

Československá samostatnost　(パリで国民評議会が発行していたチェコ語の

機関紙）
La Nation Tchèque（パリで国民評議会が発行していたフランス語の機関誌）
Národní listy（青年チェコ党の機関紙）
Venkov（農業党の機関紙）
Večer（チェコ語の夕刊紙）

外国語参照文献

Beneš, Edvard, *Světová válka a naše revoluce: vzpomínky a úvahy z bojů za svobodu národa*, I–II, Praha: Orbis a Čin, 1927.

Beneš, Jakub B., *Workers and Nationalism: Czech and German Social Democracy in Habsburg Austria, 1890–1918*, Oxford: Oxford University Press, 2017.

Bianchi, Leonard, *Dejiny štátu a práva na území Československa v období kapitalizmu*, II(1848–1945), Bratislava, 1973.

Bisher, Jamie, *White Terror: Cossack Warlords of the Trans-Siberian*, London: Routledge, 2005.

Brádlerová, Daniela, *Vojáci nebo podnikatelé? Hospodářské a finančiní aktivity československých legií během jejich anabáze v Rusku a na Sibiři*, Praha: Academia, 2019.

Bradley, J. F. N., *The Czechoslovak Legion in Russia, 1914–1920*, Boulder: East European Monographs, 1991.

Calder, Kenneth J., *Britain and the Origins of the New Europe 1914–1918*, Cambridge: Cambridge University Press, 1976.

Carley, Michael, *Revolution and Intervention: The French Government and the Russian Civil War, 1917–1919*, Buffalo: McGill-Queen's University Press, 1983.

Ference, Gregory C., *Sixteen Months of Indecision: Slovak American Viewpoints Toward Compatriots and the Homeland from 1914 to 1915 as Viewed by the Slovak Language Press in Pennsylvania*, Selingsgrove: Susquehanna University Press, 1995.

Fic, Victor M., *Revolutionary War for Independence and the Russian Question*, New Delhi: Abhinav Publications, 1977.

Fic, Victor M., *The Bolsheviks and Czechoslovak Legion: Origin of Their Armed Conflict, March to May, 1918*, New Delhi: Abhinav Publications,

1978.

Fic, Victor M., *The Collapse of American Policy in Russia and Siberia, 1918: Wilson's Decision not to Intervene(March-October, 1918)*, New York: Columbia University Press, 1995.

Fidler, Jiří, *Generálové legionáři*, Brno: Books, 1999.

Galandauer, Jan, *Vznik Československé republiky 1918: Programy, projekty, perspektivy*, Praha: Svoboda, 1988.

Hayashi, Tadayuki, "T. G. Masaryk, československé legie a Japonsko," Jaroslav Opat, ed. *První světová válka, moderní demokracie a T. G. Masaryk*, Praha: Ústav T. G. Masaryka, 1995, 89-95.

Hayashi, Tadayuki, "Masaryk's 'Zone of Small Nations' in His Discourse during World War I," Tadayuki Hayashi, Hiroshi Fukuda, eds., *Regions in Central and Eastern Europe: Past and Present*, Sapporo: Slavic Research Center, 2007, 3-20.

Hayashi, Tadayuki, "The Czechoslovak Legion and Japan in Siberia, 1918-1920," David Wolff et al., eds., *Russia's Great War and Revolutions in the Far East: Re-imagining the Northeast Asian Theater, 1914-1922*, Bloomington, Slavica Publishers, 2018, 309-328.

Hledíková, Zdeňka et al., *Dějiny správy v českých zemích: od počátků státu po současnost*, Praha: Nakladelství Lidové noviny, 2005.

Horčička, Václav, "The Relationship between Austria-Hungary and the United States in 1918," *Prague Papers on the History of International Relations*, I(2015), 57-92.

Hošek, Martin, "The Hailar Incident: The Nadir of Troubled Relations between the Czechoslovak Legionnaires and the Japanese Army, April 1920," *Acta Slavica Iaponica*, 29(2011), 103-22.

Hovi, Kalervo, *Cordon Sanitaire or Barrière de L'est? The Emergence of the New French Eastern European Alliance Policy 1917-1919*, Turku: Turun Yliopisto, 1975.

Jakubec, Ivan, "Laurin & Klement jest nejlepší známkou světa," Drahomír Jančík, Barbora Štolleová, eds., *Pivo, zbraně i tvarůžky*, Praha: Maxdorf, 2014, 35-47.

Judson, Pieter M., *The Habsburg Empire: A New History*, Cambridge: Belknap Press of Harvard University Press, 2016.

Kalvoda, Josef, *The Genesis of Czechoslovakia*, New York: Columbia University Press, 1986.

Kann, Robert A., *A History of the Habsburg Empire 1526–1989*, Berkeley/Los Angeles/London: University of California Press, 1974.

Kováč, Dušan, *Dějiny Slovenska*, Praha: Nakadatelství Lidové noviny, 1998.

Kratochvil, Jaroslav, *Cesta revoluce: československé legie v Rusku*, Praha: Čin, 1922.

Křížek, Jaroslav, *Penza, slavná bojová tradice čs. rudoarmějců*, Praha: Naše vojsko, 1956.

Kudela, Josef, ed., *Deník plukovníka Švece*, Praha: Památník odboje, 1929.

Lášek, Radan, *Československá generárita: Generárové Fassati, Fiala, Gajda, Husák, Lášek, Matoušek, Rytíř, Syrový a Šidlík slovem a obrazm*, Praha: Cody print, 2013.

Lein, Richard, "The 'Betrayal' of the k. u. k. Infantry Regiment 28: Truth or Legend? Arnold Suppan, Richard Lein, eds., *East European Identities in the 19th and 20th Century*, Münster: LIT Verlag, 2009, 231–255.

Lein, Richard, "Military Conducts of the Austro-Hungarian Czechs in the First World War," *The Historian*, 76–3(2014), 518–549.

Lochman, Daniel, "Chajlarský incident aneb Čechoslováci a Japonci na Sibiři," *Historie a vojenství*, 4(2009): 47–53.

Lustigová, Martina, *Karel Kramář: První československý premier*, Praha: Vyšehrad, 2007.

MacMillan, Margaret, *Paris 1919: Six Months that Changed the World*, New York: Random House Trade Paperbacks, 2001.

McNamara, Kevin J., *Dreams of a Great Small Nation: Mutinous Army that Threatened a Revolution, Destroyed an Empire, Founded a Republic, and Remade tha Map of Europe*, New York: Public Affairs, 2016.

Masaryk, Tomáš G., *Světová revoluce za války a ve válce 1914–1918 vzpomíná a uvažuje*, Praha: Orbis a Čin, 1925.

Mojžíš, Milan, ed., *Československé legie 1914–1920. Katalog k výstavám*, Praha: Československé obce legionářské, 2017.

Národní museum, *Národní památník na Vítkově*, n. d.

Navara, Luděk, "Poslední legionář své jméno očistit nestihl," *iDnes*, Zpravodajství, Domací, 2003/8/13〈https://www.idnes.cz/zpravy/domaci/posledni-

legionar-sve-jmeno-ocistit-nestihl.A030807_215840_domaci_mad〉.

Nolte, Claire E., "All for One! One for All! The Federation of Slavic Sokols and the Failure of Neo-Slavism," Pieter M. Judson, Marsha L. Rozenblit, eds., *Constructing Nationalities in East Central Europe*, New York: Berghahn Books, 2005, 126-140.

Pánek, Jaroslav, Oldřích Tůma, eds., *A History of the Czech Lands*, Prague: Karolinum Press, 2011.

Pastor, Peter, "Hungarian Prisoners of War in Russia during the Revolution and Civil War," Samuel R. Williamon Jr., Peter Pastor, eds., *Essays on World War I: Origins and Prisoners of War*, New York: Columbia University Press, 1983, 149-162.

Paulová, Milada, *Dějiny mafie: odboj Čechů a Jihoslovanů za světové války 1914-1918*, I-II, Praha: Československá grafická unie, 1937.

Paulová, Milada, *Tajný výbor Maffie a spolupráce s Juhoslovany v letech 1916-1918*, Praha: Academia, 1968.

Perman, Dagmar, *The Shaping of the Czechoslovak State: Diplomatic History of the Boundaries of Czechoslovakia, 1914-1920*, Leiden: E. J. Brill, 1962.

Peroutka, Ferdinand, *Budování státu*, I, Praha: Fr. Borvý, 1933.

Pichlík, Karel, *Zahraniční odboj 1914-1918 bez legend*, Praha: Svoboda, 1968.

Pichlík, Kalel et al., *Českoslovenští legionáři(1914-1920)*, Praha: Mladá fronta, 1996.

Proházka, Zdeněk et al., eds., *Vojenské dějiny Československa*, II, Praha: Naše vojsko, 1986.

Rees, H. Louis, *The Czechs during World War I: Path to Independence*, New York: Boulder: Eastern European Monographs, 1992.

Sakharov, Konstantin V., *Cheshskie legiony v Sibiri*, Berlin: Globus, 1930.

Šedivý, Ivan, *Češi, české země a Velká válka: 1914-1918*, Praha: Nakladatelství Lidové noviny, 2001.

Seidl, František, František Syřiště, *Zborovský hrdina Karel Vašátko: Životopis a korespondence, vzpomínky přátel a spolubojovníků*, Brno, Moravský legionář, 1937.

Seton-Watson, R. W., *Masaryk in England*, London: Cambridge University Press, 1943.

Stehlík, Eduard et al., *Legionáři s lipovou ratolestí*, II, Praha: TVÁŘE, 2015.

Šteidler, František, *Československé hnutí na Rusi*, Praha: Památník odboje, 1921.

Šteidler, František, *Naše vystoupení v Rusku r. 1918*, Praha: Památník odboje, 1923.

Stevenson, David, *French War Aims against Germany: 1914-1919*, New York: Clarendon Press of Oxford University Press, 1982.

Swain, G. R., "Maugham, Masaryk and the 'Mensheviks,'" *Revolutionary Russia*, 7-1(1994), 78-97.

Swain, Geoffrey, *The Origins of the Russian Civil War*, New York/London: Routledge, 2014.

Thunig-Nittner, Gerburg, *Die Tchechoslowakische Legion in Russland*, Wiesbaden: Otto Harrassowitz, 1970.

Tobolka, Zdeněk, *Politické dějiny československého národa od r. 1848 až do dnešní doby*. IV(1914-1948), 1937.

Tobolka, Zdeněk, *Můj deník z První světové války*, Praha: Nakladatelství Karolinum, 2008.

Ullman, Richard Henry, *Anglo-Soviet Relations, 1917-1921*, I, Princeton, Princeton University Press, 1961.

Unterberger, Betty Miller, *The United States, Revolutionary Russia, and the Rise of Czechoslovakia*, Chapel Hill: University of North Carolina Press: 1989.

Vaněk, Otakar et al., eds., *Za svobodu: obrázková kronika československého revolučního hnutí na Rusi 1914-1920*, Praha: Památník odboje, I-IV, 1928 [1925].

Voska, Emanuel Viktor, William Henry Irvin, *Spy and Counter-Spy*, London: Harrap, 1941.

Vyšný, Paul, *Neo-Slavism and the Czechs, 1898-1914*, New York: Cambridge University Press, 1977.

Wingfield, Nancy M., "The Battle of Zborov and the Politics of Commemoration in Czechoslovakia," *East European Politics and Societies: and Cultures*, 17-4(2003), 654-681.

Zeman, Z. A. B., *The Break-Up of the Habsburg Empire 1914-1918: A Study in National and Social Revolution*, New York: Oxford University Press, 1961.